AF589947

OFFICE DE STATISTIQUE D'ALSACE ET DE LORRAINE

RÉPERTOIRE DES COMMUNES

MINISTÈRE DU TRAVAIL, DE L'HYGIÈNE, DE L'ASSISTANCE
ET DE LA PRÉVOYANCE SOCIALES

STATISTIQUE GÉNÉRALE DE LA FRANCE

OFFICE DE STATISTIQUE
D'ALSACE ET DE LORRAINE

RÉPERTOIRE DES COMMUNES

DES DÉPARTEMENTS DU BAS-RHIN, DU HAUT-RHIN ET DE LA MOSELLE

LIBRAIRIE ISTRA
MAISON D'ÉDITION DE L'IMPRIMERIE STRASBOURGEOISE
STRASBOURG
15, RUE DES JUIFS

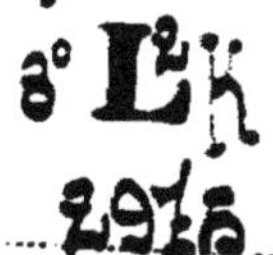

Quelques Ouvrages indispensables:

JUNO, Rob., Dr en Droit:

LA LOI DU 10 AOUT 1927 SUR LA NATIONALITÉ. Texte de la loi et du Décret du 10 Août 1927 ainsi que d'autres documents législatifs, diplomatiques et administratifs relatifs à la Nationalité française avec traduction en langue allemande.

Das Gesetz vom 10. August 1927 über Erwerb und Verlust der französischen Staatsangehörigkeit. Text des Gesetzes und anderer einschlägigen Bestimmungen mit deutscher Übersetzung und deutschen Erläuterungen.

PRIX 12 fr.

CONDOM, Paul, Dr en Droit:

LE NOUVEAU DROIT COMMERCIAL D'ALSACE ET DE LORRAINE. Commentaire pratique à l'Usage des Commerçants et des Industriels. Préface de M. F. Herrenschmidt, Président de la Chambre de Commerce de Strasbourg.

PRIX 25 fr.

FEHNER, Paul, et Aug. HERRMANN:

DICTIONNAIRE JURIDIQUE ET ADMINISTRATIF français-allemand et allemand-français suivi de trois Appendices.

Wörterbuch der deutschen und französischen Rechts- und Verwaltungssprache mit drei Anhängen.

Relié en toile

PRIX 60 fr.

RIEDER, L., Chef du Service de la Répression des Fraudes:

RECUEIL DE LOIS, DÉCRETS ET RÈGLEMENTS CONCERNANT LA RÉPRESSION DES FRAUDES, LE RÉGIME DES VINS et la Protection des Appelations d'origine.

En français et en allemand

PRIX 10 fr.

MAISON D'ÉDITION DE L'IMPRIMERIE STRASBOURGEOISE

STRASBOURG

15, rue des Juifs, 15

MINISTÈRE DU TRAVAIL, DE L'HYGIÈNE, DE L'ASSISTANCE
ET DE LA PRÉVOYANCE SOCIALES

STATISTIQUE GÉNÉRALE DE LA FRANCE

OFFICE DE STATISTIQUE
D'ALSACE ET DE LORRAINE

RÉPERTOIRE
DES
COMMUNES

DES DÉPARTEMENTS
DU BAS-RHIN, DU HAUT-RHIN
ET DE LA MOSELLE

LIBRAIRIE ISTRA
MAISON D'ÉDITION DE L'IMPRIMERIE STRASBOURGEOISE, S. A.
STRASBOURG
15, RUE DES JUIFS

INTRODUCTION

Avant la guerre, l'Office régional de statistique publiait, tous les cinq ans les principaux résultats du dénombrement de la population d'Alsace et de Lorraine dans un *Répertoire des Communes*, paru sous le titre: «Ortschaftsverzeichnis von Elsass-Lothringen». Le dernier volume, édité en 1912, contient les données du recensement de 1910.

Depuis la guerre, à deux reprises, les 6 mars 1921 et 7 mars 1926, la population des départements recouvrés a été dénombrée, en même temps d'ailleurs que celle des autres départements français. Les résultats par commune du dénombrement de 1921 ont été publiés dans le fascicule N° 8 des «*Comptes Rendus Statistiques*» de l'année 1921. Ceux du dénombrement de 1926 ont pu être présentés sous forme d'un «Répertoire des Communes», analogue à celui d'avant-guerre. Il a paru utile de reproduire dans ce volume certains renseignements (tels que le bureau de perception et la station de chemin de fer de chaque commune), qui, avant la guerre, avaient trouvé leur place dans les volumes «Staatshandbuch» (annuaire administratif) et «Übersicht der Ortsentfernungen» (répertoire des distances des localités d'Alsace et de Lorraine); d'autre part, il a été fait état de la population étrangère par commune. L'incorporation de ces renseignements dans le présent Répertoire se trouve justifiée par les nombreuses modifications intervenues depuis 1910.

Office de Statistique d'Alsace et de Lorraine

Jean Becker.

Disposition du Répertoire des Communes.

I. — Tableau principal des Communes.

Dans le tableau principal, (page 2 à 79) les communes sont groupées par département, arrondissement et canton; dans chaque canton, elles figurent dans l'ordre alphabétique. Ainsi classées, il leur a été attribué un numéro d'ordre. *L'orthographe des communes est conforme à l'arrêté, en date du 15 Août 1924. de M. le Commissaire Général de la République à Strasbourg,* approuvant la dénomination officielle des communes des départements du Bas-Rhin, du Haut-Rhin et de la Moselle.

Les communes marquées d'un astérisque sont celles dont le cadastre a été renouvelé.

Le tableau principal assigne à chaque commune sa population propre qui se compose des habitants *résidants,* avec la distinction nécessaire pour l'application de certaines lois municipales et d'impôts (population totale, population municipale, population comptée à part population agglomérée).

Aux termes de l'instruction ministérielle du 6 décembre 1925, concernant les opérations du dénombrement, est considérée comme *population agglomérée* la population rassemblée dans les maisons contiguës ou réunies entre elles par des parcs, jardins, vergers, chantiers, ateliers ou autres enclos de ce genre, lors même que ces habitations ou enclos seraient séparés l'un de l'autre par une rue, un fossé, un ruisseau, une rivière ou une promenade. L'agglomération existe toutes les fois qu'il peut y avoir continuité de communication et qu'on peut aller d'une habitation à une autre, même en franchissant les clôtures qui séparent ou limitent les propriétés; mais elle est interrompue par des terrains non clos, vagues ou en culture.

La *population éparse* est constituée par les agglomérations, sections, villages, hameaux, fermes et habitations situées en dehors de l'agglomération du chef-lieu légal.

La population agglomérée au chef-lieu et la population éparse forment ensemble la *population municipale,* celle qui sert de base à l'application des lois municipales et d'impôts.

La *population comptée à part* se compose des éléments suivants : militaires et marins des corps de troupe de terre et de mer, logés dans les casernes et quartiers; détenus dans les maisons centrales de force et de correction; individus recueillis dans les dépôts de mendicité, asiles d'aliénés, hospices; élèves internes des lycées, collèges communaux, écoles normales primaires, écoles spéciales, séminaires, maisons d'éducation et écoles publiques ou privées avec pensionnat; membres des communautés religieuses, à l'exception de ceux qui sont détachés au service des hospices ou des écoles; ouvriers étrangers à la commune occupés aux chantiers temporaires de travaux publics.

La *population totale* (total général de la population) se compose de la population municipale augmentée de la population comptée à part; *elle comprend, par conséquent, les militaires.*

En ce qui concerne la distance des communes à leur *station de chemin de fer,* cette distance est calculée du milieu de l'agglomération principale à la gare.

II. — Nomenclature des principales Annexes.

Le tableau principal est suivi d'une nomenclature indiquant le *nombre de maisons et d'habitants de chaque commune et de ses principales annexes,* telles qu'elles ressortent des listes nominatives établies par les soins des maires, lors du dénombrement de la population du 7 mars 1926. Les communes y figurent dans le même ordre et portent le même numéro que dans le tableau principal. Sont considérées comme *annexes,* les agglomérations et les habitations isolées faisant partie de la population éparse. Faute de détails plus précis, on borné à reproduire dans cette nomenclature les écarts ayant une population d'une quinzaine d'habitants, au moins. *Les nombres de maisons et d'habitants de chaque annexe sont dans ceux de la commune dont elle fait partie.*

III. — Table alphabétique.

La nomenclature des annexes est suivie d'une *table alphabétique* des noms des communes et des annexes faisant connaître le numéro d'ordre sous lequel les communes et les annexes sont classées dans les deux tableaux précités. Cette même table contient, en outre, les anciennes dénominations allemandes des communes, y compris les modifications introduites par la loi du 2 septembre 1915.

IV. — Tableaux récapitulatifs.

Les tableaux des pages VII à XIX fournissent les résultats généraux du dénombrement de la population du 7 mars 1926, par canton, arrondissement et département, les communes ayant plus de 2000 habitants ainsi que la répartition numérique des communes des trois départements alsaciens et lorrain, classées suivant l'importance de leur population.

Liste des abréviations.

B.-Rh.	Bas-Rhin	*faub.*	faubourg
H.-Rh.	Haut-Rhin	*h., ham.*	hameau
Mos.	Moselle	*hab.*	habitation
M.-et-M.	Meurthe-et-Moselle	*hôt.*	hôtel
arr.	arrondissement	*m., mais.*	maison(s)
c.	commune	*mais. for.*	maison forestière
bar.	baraque(s)	*mét.*	métairie
cas.	caserne(s)	*moul.*	moulin
chât.	château	*san.*	sanatorium
col.	colonie	*tuil.*	tuilerie
fab.	fabrique	*v.*	voir
		vil.	village

Tableau numérique des communes
des départements du Bas-Rhin, du Haut-Rhin et de la Moselle
classées suivant l'importance de leur population

Départements	Nombre des communes ayant une population de															Nombre total des communes
	moins de 50 h.	51—100	101—200	201—300	301—400	401—500	501—1000	1001—1500	1501—2000	2001—3000	3001—4000	4001—5000	5001—10000	10001—20000	plus de 20000	
Bas-Rhin ..	—	3	49	74	66	63	181	53	30	22	8	1	6	4	1	561
Haut-Rhin.	—	4	88	50	53	43	104	42	12	13	12	6	5	1	2	385
Moselle ...	7	34	143	164	97	66	152	35	20	12	8	2	15	7	1	763
Als. et Lorr.	7	41	280	288	216	172	437	130	62	47	28	9	26	12	4	1 709

Tableau des communes de plus de 2000 habitants.

Département du Bas-Rhin.

Plus de 100 000 habitants.

Communes	Population en 1926	Population en 1921
1. — Strasbourg	174 492	166 767

de 10 001 à 100 000 habitants.

Communes	Population en 1926	Population en 1921
1. — Schiltigheim	19 226	17 [illegible]
2. — Haguenau	17 671	15 [illegible]
3. — Bischheim	10 240	9 [illegible]
4. — Sélestat	10 165	9 943

de 5 001 à 10 000 habitants.

Communes	Population en 1926	Population en 1921
1. — Bischwiller	8 142	7 210
2. — Saverne	7 916	7 316
3. — Illkirch-Graffenstaden	6 [illegible]79	6 450
4. — Brumath	5 743	5 277
5. — Erstein	5 549	5 465
6. — Wissembourg	5 332	5 116

de 2 001 à 5 000 habitants.

Communes	Population en 1926	Population en 1921
1. — Barr	4 185	4 176
2. — Obernai	3 946	3 702
3. — Wasselonne	3 491	3 212
4. — Soufflenheim	3 287	3 204
5. — Molsheim	3 190	2 816
6. — Reichshoffen	3 [illegible]	3 055

de 2 001 à 5 000 habitants *(suite)*.

Communes	Population en 1926	Population en 1921
7. — Niederbronn-les-Bains	3 068	3 131
* 8. — La Broque	3 055	2 [illegible]
9. — Hœrdt	3 048	2 [illegible]
10. — Lingolsheim	2 988	2 [illegible]
11. — Bouxwiller	2 759	2 [illegible]
12. — Sarre-Union	2 748	2 705
13. — Rosheim	2 679	2 [illegible]
14. — Benfeld	2 655	2 [illegible]
15. — Hœnheim	2 611	2 [illegible]
16. — La Wantzenau	2 588	2 407
17. — Mutzig	2 587	2 [illegible]
18. — Châtenois 1)	2 565	2 [illegible]
19. — Hochfelden	2 517	2 461
20. — Ingwiller	2 398	2 [illegible]
21. — Eckbolsheim	2 351	2 [illegible]
22. — Gambsheim	2 320	2 178
23. — Herrlisheim	2 212	2 [illegible]
24. — Mertzwiller	2 180	2 115
25. — Scherwiller	2 1[illegible]2	2 [illegible]
26. — Weyersheim	2 119	2 047
27. — Geispolsheim	2 118	2 [illegible]
28. — Drusenheim	2 100	1 [illegible]
29. — Oberhoffen-sur-Moder	2 0[illegible]	2 [illegible]
* 30. — Dettwiller	2 068	1 [illegible]
* 31. — Dambach-la-Ville	2 0[illegible]	1 [illegible]

Département du Haut-Rhin.

De 10 001 à 100 000 habitants.

Communes	Population en 1926	Population en 1921
1. — Mulhouse	99 892	99 [illegible]
2. — Colmar	43 167	42 [illegible]
3. — Guebwiller	11 654	11 [illegible]

de 5 001 à 10 000 habitants.

Communes	Population en 1926	Population en 1921
1. — Ste-Marie-aux-Mines	9 460	9 [illegible]
2. — Thann	6 623	6 [illegible]
3. — Riedisheim	6 326	5 777
4. — Cernay	6 084	3 [illegible]
5. — Saint-Louis	5 700	5 276

de 2 001 à 5 000 habitants.

Communes	Population en 1926	Population en 1921
1. — Ribeauvillé	4 977	5 [illegible]
* 2. — Illzach	4 735	3 [illegible]
3. — Munster	4 641	3 [illegible]
4. — Soultz (Haut-Rhin)	4 5[illegible]	4 [illegible]
5. — Wittelsheim	4 547	3 [illegible]
6. — Rouffach	4 188	3 [illegible]
7. — Pfastatt	3 987	3 [illegible]
8. — Huningue	3 656	3 [illegible]
9. — Altkirch	3 [illegible]	3 [illegible]

1) Voir la note de la page 10.

* Les communes marquées d'un astérisque sont des communes rurales [illegible] par 2000 habitants.

Tableau des communes de plus de 2000 habitants.

Communes	Population en 1926	Population en 1921	Communes	Population en 1926	Population en 1921
*10. — Orbey	3 622	3 232	21. — Ingersheim	2 695	2 542
11. — Rixheim	3 568	3 326	22. — Kaysersberg	2 540	2 405
12. — Brunstatt	3 528	3 329	23. — Turckheim	2 441	2 309
13. — Wintzenheim	3 468	3 520	24. — Village-Neuf	2 350	2 273
14. — Masevaux	3 329	3 428	*25. — Soultzmatt	2 335	2 400
15. — Lutterbach	3 292	3 106	26. — Moosch	2 186	2 204
*16. — Ste-Croix-aux-Mines	3 082	3 185	*27. — Saint-Amarin	2 104	2 071
17. — Ensisheim	3 080	2 617	*28. — Neuf-Brisach	2 100	1 [illegible]
18. — Buhl	3 071	2 936	29. — Morschwiller-le-Bas	2 080	1 [illegible]
*19. — Wittelsheim	2 770	1 947	30. — Hégenheim	2 078	2 111
*20. — Blotzheim	2 635	2 516	31. — Bitschwiller	2 034	2 [illegible]

Département de la Moselle.

De 10 001 à 100 000 habitants.

Communes	1926	1921
1. — Metz	69 624	62 311
2. — Sarreguemines	13 812	14 197
3. — Thionville	13 040	12 404
4. — Montigny-les-Metz	11 782	11 289
5. — Hayange	11 758	10 641
6. — Forbach 1)	11 569	10 514
7. — Moyeuvre-Grande	10 397	9 190
8. — Petite-Rosselle	10 392	8 [illegible]

de 5 001 à 10 000 habitants.

Communes	1926	1921
1. — Algrange	9 528	6 947
2. — Stiring-Wendel	8 452	6 451
3. — Basse-Yutz	8 107	7 278
4. — Creutzwald-la-Croix	8 023	3 226
5. — Freyming	7 912	5 232
6. — Nilvange	7 400	6 256
7. — Merlebach	7 040	4 740
8. — Rombas	6 495	6 200
9. — Sarrebourg	6 485	[illegible]
10. — L'Hôpital	6 287	6 100
11. — Knutange	6 264	5 [illegible]
12. — Audun-le-Tiche	6 101	4 441
13. — Amnéville	5 583	[illegible]
14. — Hagondange	5 495	[illegible]
15. — Saint-Avold	5 412	[illegible]

de 2 001 à 5 000 habitants.

Communes	1926	1921
1. — Florange	4 173	2 709
2. — Maizières-les-Metz	4 155	3 420
3. — Rosselange	3 832	3 704
4. — Sarralbe	3 715	3 500
5. — Fontoy	3 609	2 [illegible]
6. — Ottange	3 538	2 437
7. — Bitche	3 486	3 151
8. — Ars-sur-Moselle	3 274	2 756
9. — Clouange	3 238	2 090
*10. — Dabo	3 004	2 953
11. — Hettange-Grande	2 708	2 384
*12. — Morhange	2 631	4 034
13. — Uckange	2 625	2 298
*14. — Phalsbourg	2 476	3 073
15. — Dieuze	2 407	2 527
16. — Aumetz	2 260	2 020
17. — Hombourg-Haut	2 253	2 [illegible]
*18. — Bouzonville	2 251	1 [illegible]
19. — Grosbliederstroff	2 243	2 100
20. — Boulay-Moselle	2 150	2 [illegible]
*21. — Borny	2 064	1 [illegible]
22. — Talange	2 038	1 [illegible]

1) Voir la note de la page 10.

(*) [illegible] d'un astérisque [illegible] des communes rurales (et non des communes urbaines), leur population [illegible] dépassant pas 2 000 habitants.

Résultats généraux du dénombrement de la population du 7 mars 1926.

Récapitulation par Canton.

Département du Bas-Rhin

Cantons et Arrondissements	Superficie en ha	Nombre de communes	Population municipale agglomérée au chef-lieu	Population municipale éparse	Population municipale totale	comptés à part	Population totale Français	Population totale Étrangers	Population totale Ensemble	Population totale en 1921	Augmentation ou diminution de 1921 à 1926 en nombres absolus	Augmentation ou diminution de 1921 à 1926 en %	Religion Catholiques	Religion Protestants	Religion Israélites	Religion autre et non déclarée
Cantons :																
Benfeld	13 293,00	13	12 437	386	12 823	560	13 253	130	13 383	13 259	+ 124	+ 0,9	11 961	1 033	147	242
Erstein	13 444,05	13	13 563	836	14 399	56	14 267	188	14 455	14 182	+ 273	+ 1,9	12 053	2 141	207	54
Geispolsheim	14 169,45	14	23 373	1 198	24 571	44	23 997	618	24 615	22 905	+ 1 710	+ 7,5	16 233	7 269	369	744
Obernai	9 508,61	10	10 407	179	10 586	208	10 727	67	10 794	10 882	— 88	— 0,8	9 698	857	221	18
Arrondissement d'ERSTEIN	50 415	50	59 780	2 599	62 379	868	62 244	1 003	63 247	61 228	+ 2 019	+ 3,3	49 945	11 300	944	1 058
Cantons :																
Bischwiller	17 995,64	21	27 293	366	27 659	1 231	28 182	708	28 890	27 630	+ 1 260	+ 4,6	18 902	9 313	385	290
Haguenau	35 792,82	16	24 220	1 871	26 091	2 776	28 313	554	28 867	26 912	+ 1 955	+ 7,3	24 709	2 905	668	585
Niederbronn-les-Bains	20 614,02	21	18 557	1 486	20 043	168	19 764	447	20 211	20 147	+ 64	+ 0,3	10 724	9 056	402	29
Arrondissement de HAGUENAU	74 402	58	70 070	3 723	73 793	4 175	76 259	1 709	77 968	74 689	+ 3 279	+ 4,4	54 335	21 274	1 455	904
Cantons :																
Molsheim	18 722,11	18	18 124	784	18 908	445	18 922	431	19 353	18 644	+ 709	+ 3,8	17 126	1 892	153	182
Rosheim	14 332	10	9 443	855	10 298	183	10 400	81	10 481	10 547	— 66	— 0,6	10 041	338	95	7
Saales	8 604,06	7	3 488	1 454	4 942	355	4 735	562	5 297	4 649	+ 648	+ 13,9	4 811	416	—	70
Schirmeck	16 752	16	10 452	2 847	13 299	211	12 922	588	13 510	13 119	+ 391	+ 3,0	9 734	3 687	39	50
Wasselonne	15 610,90	19	13 032	1 165	14 197	36	14 032	201	14 233	14 207	+ 26	+ 0,2	8 995	4 554	334	350
Arrondissement de MOLSHEIM	74 023	70	54 539	7 105	61 644	1 230	61 011	1 863	62 874	61 166	+ 1 708	+ 2,8	50 707	10 887	621	659
Cantons :																
Bouxwiller	11 724,88	21	13 438	200	13 638	182	13 592	228	13 820	13 313	+ 507	+ 3,8	1 913	11 357	485	65
Drulingen	19 803	30	12 979	392	13 371	—	13 306	65	13 371	13 700	— 329	— 2,4	1 966	11 208	76	121
La Petite-Pierre	24 600,04	22	11 224	1 525	12 749	21	12 669	101	12 770	13 011	— 241	— 1,9	3 652	8 952	135	31
Marmoutier	12 248	25	8 589	620	9 209	101	9 232	78	9 310	9 413	— 103	— 1,1	8 829	401	76	4
Sarre-Union	19 074,1	18	12 185	539	12 724	45	12 568	201	12 769	13 299	— 530	— 4,0	5 762	6 844	126	37
Saverne	12 973,14	18	16 739	691	17 430	841	17 931	340	18 271	17 526	+ 745	+ 4,3	12 456	5 260	340	215
Arrondissement de SAVERNE	100 424,28	134	75 154	3 967	79 121	1 190	79 298	1 013	80 311	80 262	+ 49	+ 0,1	34 578	44 022	1 238	473
Cantons :																
Barr	16 582	16	14 977	521	15 498	253	15 382	369	15 751	15 836	— 85	— 0,5	11 593	3 814	251	93
Marckolsheim	21 998,1	21	15 415	435	15 850	198	15 768	280	16 048	16 490	— 442	— 2,7	12 694	3 138	189	27
Sélestat	13 479	8	17 083	1 312	18 395	642	18 746	291	19 037	18 698	+ 339	+ 1,8	15 181	618	296	2 942
Villé	11 568,31	18	8 180	1 328	9 508	4	9 338	174	9 512	10 014	— 502	— 5,0	9 334	122	49	7
Arrondissement de SÉLESTAT	63 628	63	55 655	3 596	59 251	1 097	59 234	1 114	60 348	61 038	— 690	— 1,1	48 802	7 692	785	3 069

Cantons et Arrondissements	Superficie en ha	Nombre de communes	Population municipale: agglomérée au chef-lieu	éparse	totale	à part	Population totale		Ensemble	totale en 1921	Augmentation ou diminution de 1921 à 1926: en nombres absolus	en %	Religion: Catholiques	Protestants	Israélites	autres et non
Cantons :																
Brumath	20 455,17	21	23 745	853	24 598	1 581	25 832	297	26 129	24 723	+ 1 406	+ 5,7	15 207	10 376	415	131
Hochfelden	13 634,00	30	14 087	158	14 245	74	14 223	96	14 319	14 433	− 114	− 0,8	8 112	5 901	298	8
Schiltigheim	9 268,70	18	44 836	1 164	46 000	115	44 697	1 418	46 115	43 021	+ 3 094	+ 7,2	21 725	16 582	482	7 326
Truchtersheim	13 560,80	33	11 166	13	11 179	—	10 995	184	11 179	11 186	− 7	− 0,1	7 441	3 582	149	7
Arrondissement de Strasbourg-Campagne	56 918,84	102	93 834	2 188	96 022	1 720	95 747	1 995	97 742	93 363	+ 4 379	+ 4,7	52 485	36 441	1 344	7 472
Arrondissement de Strasbourg-Ville	7 782,87	1	164 136	615	164 751	9 741	159 390	15 102	[illegible]	166 767	+ 7 725	+ 4,6	87 450	42 363	6 248	38 431
Cantons :																
Lauterbourg	4 405,71	5	4 131	—	4 131		3 995	168	4 163	4 204	− 41	− 1,0	3 976	115	48	24
Seltz	11 563,[illegible]	16	9 618	171	9 789	21	9 713	97	[illegible]	9 862	− 52	− 0,5	8 828	892	87	5
Soultz-sous-Forêts	14 452,77	26	13 797	688	14 485	1	14 241	245	14 486	14 212	+ 274	+ 1,9	6 888	7 298	194	106
Wissembourg	18 716,[illegible]	15	13 768	880	14 648	[illegible]	14 704	737	15 441	15 229	+ 212	+ 1,4	9 508	4 882	167	949
Woerth	11 754,[illegible]	21	9 540	561	10 101	2	9 957	146	[illegible]	9 966	+ 137	+ 1,4	6 011	3 994	46	52
Arrondissement de Wissembourg	60 893,12	83	50 854	2 300	53 154	849	52 610	[illegible]	[illegible]	53 473	+ 530	+ 1,0	35 206	17 119	542	1 136

Département du Haut-Rhin.

Cantons et Arrondissements	Superficie en ha	Nombre de communes	agglomérée au chef-lieu	éparse	totale	à part	Population totale		Ensemble	totale en 1921	en nombres absolus	en %	Catholiques	Protestants	Israélites	autres et non
Cantons :																
Altkirch	15 599,[illegible]	28	15 547	177	15 724	[illegible]	15 278	594	15 872	14 610	+ 1 262	+ 8,6	15 277	395	149	111
Dannemarie	13 170,[illegible]	32	8 526	248	8 774	[illegible]	8 428	432	[illegible]	8 740	+ 120	+ 1,4	8 620	178	17	45
Ferrette	21 609,47	31	11 005	295	11 300	[illegible]	10 848	476	[illegible]	11 353	− 29	− 0,3	10 856	259	98	111
Hirsingue	15 596,[illegible]	25	11 264	165	11 429	6	11 133	302	11 435	11 199	+ 236	+ 2,1	11 236	154	45	—
Arrondissement d'ALTKIRCH	65 376,31	116	46 342	885	47 227		667	1 804	47 491	45 902	+ 1 589	+ 3,5	45 989	[illegible]	309	267
Cantons :																
Andolsheim	14 028,17	19	9 784	113	9 897	—	9 813	84	9 897	9 944	− 47	− 0,5	5 134	4 561	179	3
Colmar	9 114,00	2	39 985	205	40 190	4 [illegible]	176	1 315	[illegible]	43 525	+ 966	+ 2,2	34 286	8 170	1 106	927
Munster	19 131,20	16	12 771	3 458	16 229		15 812	569	16 381	13 716	+ 2 665	+ 19,4	7 875	8 250	26	230
Neuf-Brisach	15 711,04	16	7 656	456	8 109	1	9 620	90	9 710	9 003	+ 707	+ 7,9	7 646	959	215	880
Wintzenheim	8 251,00	19	10 213	1 067	11 250		11 097	227	[illegible]	11 340	− 16	− 0,1	10 824	277	223	—
Arrondissement de COLMAR	66 236,[illegible]	63	80 419	5 256	85 675	6	848	2 255	[illegible]	87 528	+ 4 275	+ 4,9	65 767	22 287	1 749	2 050
Cantons :																
Ensisheim	27 136,04	17	11 652	705	12 357		[illegible]	759	12 761	12 108	+ 653	+ 5,2	12 309	294	100	58
Guebwiller	10 188,[illegible]	11	19 235	1 498	20 731			674	[illegible]	20 804	+ 195	+ 0,9	18 801	980	186	1 052
Rouffach	11 337,[illegible]	8	9 188	890	10 089			298	[illegible]	11 075	+ 317	+ 2,9	10 984	248	145	10
Soultz	10 291,87	11	12 944	244	13 188			1 090	13 467	11 957	+ 1 490	+ 12,5	12 589	344	91	473
Arrondissement de GUEBWILLER	58 951,70	47	53 019	3 325	56 344			[illegible]	[illegible]	55 944	+ 2 [illegible]	+ 4,7	54 648	1 841	562	1 578

Cantons et Arrondissements	Superficie en ha	Nombre de communes	Population municipale: agglomérée au chef-lieu	Population municipale: éparse	Population municipale: totale	comptée à part
Cantons :						
Habsheim	22 159,04	16	20 280	3 685	23 965	358
Huningue	14 122,44	22	24 727	795	25 522	67
Landser	14 712,21	21	9 599	611	10 210	19
Mulhouse-Nord (1)	8 289,22	7	109 445	2 557	112 002	3 406
Mulhouse-Sud (2)	5 715,40	8	10 082	164	10 246	288
Arrondissement de MULHOUSE	64 998,91	74	174 133	7 812	181 945	4 138
Cantons :						
Kaysersberg	11 304,04	13	12 673	1 135	13 808	232
Lapoutroie	12 096,14	5	4 363	4 357	8 720	108
Ribeauvillé	11 641,00	9	9 684	675	10 359	778
Ste-Marie-aux-Mines	10 832,77	5	11 748	4 133	15 881	106
Arrondissement de RIBEAUVILLÉ	45 864,86	32	38 468	10 300	48 768	1 299
Cantons :						
Cernay	13 127,00	11	12 847	1 500	14 347	668
Masevaux	13 444,21	15	9 758	647	10 405	106
Saint-Amarin	16 747,90	16	13 087	1 760	14 847	60
Thann	9 103,98	11	15 843	189	16 032	234
Arrondissement de THANN	52 423,86	53	51 585	4 096	55 631	1 065

Cantons et Arrondissements	Population totale: Français	Population totale: Étrangers	Population totale: Ensemble	totale en 1921	Augmentation ou diminution de 1921 à 1926: en nombres absolus	en %	Religion: Catholiques	Protestants	Israélites	autres et non déc.
Cantons :										
Habsheim	22 675	1 648	24 323	21 773	+ 2 550	+ 11,7	22 074	2 080	44	175
Huningue	22 850	3 239	25 589	24 317	+ 1 272	+ 5,2	23 058	2 160	207	74
Landser	9 950	270	10 229	10 339	− 110	− 1,0	10 040	126	90	3
Mulhouse-Nord (1)	106 540	8 868	115 408	112 235	+ 3 173	+ 2,8	94 386	13 300	2 271	5 501
Mulhouse-Sud (2)	10 068	466	10 534	9 439	+ 1 095	+ 11,5	10 172	340	8	9
Arrondissement de MULHOUSE	171 587	14 491	186 078	178 108	+ 7 975	+ 4,5	159 650	17 956	2 710	5 762
Cantons :										
Kaysersberg	13 834	226	14 060	14 178	− 118	− 0,8	11 374	2 601	31	54
Lapoutroie	8 534	291	8 828	8 556	+ 272	+ 3,2	8 71[illegible]	48	3	13
Ribeauvillé	10 912	220	11 132	11 384	− 252	− 2,2	9 811	1 227	82	12
Ste-Marie-aux-Mines	15 695	292	15 987	16 233	− 246	− 1,5	11 511	4 041	73	362
Arrondissement de RIBEAUVILLÉ	48 975	1 092	50 067	50 351	− 344	− 0,7	41 460	7 917	189	441
Cantons :										
Cernay	13 314	1 701	15 015	9 946	+ 5 069	+ 51,0	14 538	397	24	56
Masevaux	10 204	304	10 508	10 733	− 225	− 2,1	10 251	176	39	42
Saint-Amarin	14 601	306	14 907	15 062	− 155	− 1,0	14 552	262	54	39
Thann	15 621	645	16 266	15 374	+ 892	+ 5,8	14 917	787	107	455
Arrondissement de THANN	53 740	2 956	56 696	51 115	+ 5 581	+ 10,9	51 258	1 622	224	592

Département de la Moselle.

Cantons et Arrondissements	Superficie en ha	Nombre de communes	Population municipale: agglomérée au chef-lieu	Population municipale: éparse	Population municipale: totale	comptée à part
Cantons :						
Boulay	22 711,35	36	10 677	1 286	11 963	56
Bouzonville	24 306,86	33	19 304	3 414	22 718	172
Faulquemont	24 536,58	32	9 297	1 008	10 305	59
Arrondissement de BOULAY	71 554,78	101	39 278	5 708	44 986	287
Cantons :						
Albestroff	21 718,31	26	6 849	416	7 265	32
Château-Salins	23 735,80	34	7 338	377	7 715	184
Delme	20 606,94	35	6 390	143	6 533	108
Dieuze	16 788,00	23	6 644	290	6 934	44
Vic-sur-Seille	17 230,80	14	5 131	200	5 331	30
Arrondissement de CHATEAU-SALI	100 080,71	132	32 352	1 426	33 778	383
Cantons :						
Forbach	14 190,44	21	36 714	11 984	48 698	[illegible]
Grostenquin	23 807,70	32	9 876	694	10 570	[illegible]
Saint-Avold	20 323,58	21	28 903	1 974	30 877	1 2[illegible]
Sarralbe	14 071,14	14	8 443	2 997	11 440	[illegible]
Arrondissement de FORBACH	72 393,26	88	83 936	17 649	101 585	3 [illegible]

Cantons et Arrondissements	Population totale: Français	Population totale: Étrangers	Population totale: Ensemble	totale en 1921	Augmentation ou diminution de 1921 à 1926: en nombres absolus	en %	Religion: Catholiques	Protestants	Israélites	autres et non déc.
Cantons :										
Boulay	11 505	514	12 019	11 721	+ 298	+ 2,5	11 697	113	208	1
Bouzonville	17 107	5 783	22 890	17 184	+ 5 706	+ 33,2	22 062	452	201	175
Faulquemont	10 088	276	10 364	10 204	+ 160	+ 1,6	9 790	50	76	439
Arrondissement de BOULAY	38 700	6 573	45 273	39 109	+ 6 164	+ 15,8	43 549	924	485	615
Cantons :										
Albestroff	7 220	77	7 297	7 469	− 172	− 2,2	6 869	350	74	4
Château-Salins	7 680	219	7 899	8 226	− 327	− 4,0	7 720	76	33	70
Delme	6 447	189	6 636	7 239	− 603	− 8,3	6 517	25	79	15
Dieuze	6 783	195	6 978	7 347	− 369	− 5,0	6 649	208	105	16
Vic-sur-Seille	5 196	155	5 351	5 731	− 380	− 6,6	5 258	63	15	15
Arrondissement de CHATEAU-SALI	33 326	835	34 161	36 012	− 1 851	− 5,1	33 018	722	306	120
Cantons :										
Forbach	[illegible]	15 811	49 087	42 299	+ 7 388	+ 17,5	46 471	2 420	236	560
Grostenquin	[illegible]	244	11 439	13 089	− 1 650	− 12,6	10 888	217	90	135
Saint-Avold	[illegible]	11 307	32 104	26 944	+ 5 160	+ 19,2	30 375	1 374	112	243
Sarralbe	[illegible]	296	11 845	11 307	+ 238	+ 2,1	11 175	208	144	18
Arrondissement de FORBACH	77 177	27 599	104 775	93 639	+ 11 136	+ 11,9	99 009	4 219	591	956

1) Y compris la section Sud de la ville de Mulhouse. 2) Sans la section Sud de la ville de Mulhouse.

Cantons et Arrondissements	Superficie en ha	Nombre de communes	Population municipale			Comptée à part	Population totale			Population totale en 1921	Augmentation ou diminution de 1921 à 1926		Religion			
			agglomérée au chef-lieu	éparse	totale			Étrangers	Ensemble		en nombres absolus	en %	Catholiques	Protestants	Israélites	autre et non décl.
Cantons :																
Gorze	14 268,27	18	11 223	640	11 863	443	11 090	1 226	12 306	11 067	+ 1 239	+ *11.2*	11 995	223	50	38
Metz-Campagne	23 540,09	37	50 821	5 901	56 722	4 471	48 554	12 639	61 193	54 937	+ 6 256	+ *11.4*	54 386	4 891	235	1 681
Pange	24 351,29	34	6 886	1 554	8 440	—	8 165	275	8 440	8 503	— 63	— *0.7*	8 114	237	80	9
Verny	25 950,57	38	8 331	1 260	9 591	677	9 939	329	10 268	10 369	— 101	— *1.0*	10 079	108	34	47
Vigy	19 022,86	24	4 657	1 308	5 960	134	5 763	331	6 094	5 969	+ 125	+ *2.1*	5 901	117	48	28
Arrondissement de METZ-CAMPAGNE	107 133,88	151	81 918	10 656	92 576	5 725	83 501	14 800	98 301	90 845	+ 7 456	+ *8.2*	90 475	5 576	447	1 803
Arrondissement de METZ-VILLE	1 968,34	1	63 125	—	63 125	6 499	57 976	11 648	69 624	62 311	+ 7 313	+ *11.7*	59 318	4 183	3 259	2 864
Cantons :																
Fénétrange	19 060,78	21	7 814	312	8 126	375	8 436	65	8 501	8 787	— 286	— *3.3*	6 486	1 118	35	861
Lorquin	21 058,46	18	5 147	1 082	6 229	120	6 171	178	6 349	6 817	— 486	— *7.1*	6 059	255	8	27
Phalsbourg	18 305,94	26	11 156	3 362	14 515	113	14 430	198	14 628	15 604	— 976	— *3.3*	12 156	2 275	178	19
Réchicourt-le-Château	19 580,88	15	4 360	654	5 014	10	4 922	102	5 024	5 340	— 316	— *5.9*	4 843	172	—	9
Sarrebourg	22 852,26	25	16 872	2 452	19 324	771	19 482	613	20 095	22 357	— 2 262	— *10.1*	17 932	1 374	302	487
Arrondissement de SARREBOURG	100 868,46	105	45 346	7 862	53 208	1 389	53 441	1 156	54 597	58 925	— 4 328	— *7.3*	47 476	5 194	524	1 403
Cantons :																
Bitche	30 167,84	17	11 518	1 735	13 253	913	13 966	200	14 166	14 155	+ 11	+ *0.1*	12 325	1 520	57	264
Rohrbach	18 218,79	15	11 892	1 922	13 814	43	13 747	110	13 857	14 075	— 218	— *1.5*	13 752	105	—	—
Sarreguemines	17 941,54	25	30 701	724	31 425	1 004	30 369	2 060	32 429	32 598	— 169	— *0.5*	29 358	2 172	661	243
Volmunster	13 249,71	16	6 826	1 309	8 135	—	8 080	55	8 135	8 399	— 264	— *3.1*	8 079	52	—	4
Arrondissement de SARREGUEMINES	79 577,87	73	60 937	5 690	66 627	1 960	66 162	2 425	68 587	69 227	— 640	— *0.9*	63 509	3 849	718	511
Cantons :																
Cattenom	20 692,37	24	11 332	2 388	13 720	61	10 870	2 911	13 781	13 046	+ 735	+ *5.6*	13 495	145	79	62
Metzervisse	23 411,44	25	8 870	2 655	11 525	204	10 769	960	11 729	10 842	+ 887	+ *8.2*	11 877	205	120	—
Sierck	18 044,66	23	8 892	1 905	10 797	188	10 304	681	10 985	10 826	+ 159	+ *1.5*	10 833	49	92	11
Thionville	5 645,46	7	22 289	2 081	24 370	1 341	21 647	4 064	25 711	25 154	+ 557	+ *2.2*	21 901	2 284	308	655
Arrondissement de THIONVILLE-Est	67 793,92	79	51 483	8 929	60 412	1 794	53 590	8 616	62 206	59 868	+ 2 338	+ *3.9*	58 196	2 683	509	728
Cantons :																
Fontoy	12 099,40	12	18 749	3 827	22 586	—	9 765	12 821	22 586	17 259	+ 5 327	+ *30.9*	21 811	673	3	99
Hayange	10 721,56	15	48 948	3 896	52 844	209	33 491	19 562	53 053	44 077	+ 8 976	+ *20.4*	49 442	3 045	259	307
Moyeuvre-Grande	3 467,61	6	19 389	895	20 284	14	11 923	8 375	20 298	17 868	+ 2 430	+ *13.6*	19 430	756	52	60
Arrondissement de THIONVILLE	26 288,46	33	87 086	8 628	95 714	223	55 179	40 758	95 937	79 204	+ 16 733	+ *21.1*	90 683	4 474	314	466

Résultats généraux du dénombrement de la population du 7 mars 1926.

Récapitulation par Arrondissement et par Département.

Arrondissements et Départements	Superficie en ha	Habitants par km²	Nombre de cantons	Nombre de communes	Population municipale : agglomérée au chef-lieu	Population municipale : éparse	Population municipale : totale	Population comptée à part	Population totale : Français	Population totale : Étrangers	Population totale : Ensemble	Population totale en 1921	Augmentation ou diminution de 1921 à 1926 : en nombres absolus	Augmentation ou diminution de 1921 à 1926 : en %	Religion : Catholiques	Religion : Protestants	Religion : Israélites	Religion : autres et non
Erstein	50 415,09	125,5	4	50	59 780	2 599	62 379	888	62 244	1 023	63 267	61 228	+ 2 019	+ 3,3	49 945	11 300	944	1 058
Haguenau	74 402,20	104,2	3	58	70 070	3 723	73 793	4 175	76 259	1 709	77 968	74 689	+ 3 279	+ 4,4	54 835	21 274	1 455	904
Molsheim	74 023,26	84,2	5	70	54 539	7 105	61 644	1 230	61 011	1 863	62 874	61 166	+ 1 708	+ 2,8	50 707	10 887	621	659
Saverne	100 424,36	80,0	6	134	75 154	3 967	79 121	1 190	79 298	1 013	80 311	80 262	+ 49	+ 0,1	34 578	44 022	1 238	473
Sélestat	63 623,05	94,0	4	63	55 655	3 596	59 251	1 097	59 234	1 114	60 348	61 038	— 690	— 1,1	48 892	7 682	785	3 069
Strasbourg-Campagne	56 918,04	171,7	4	102	93 884	2 138	96 022	1 720	96 747	1 095	97 742	93 863	+ 4 879	+ 4,7	52 485	36 441	1 344	7 472
Strasbourg-Ville	7 782,07	2 242,0	4	1	164 136	615	164 751	9 741	159 390	15 102	174 492	166 767	+ 7 725	+ 4,6	87 450	42 363	6 248	38 431
Wissembourg	60 893,22	88,7	5	83	50 854	2 300	53 154	849	52 610	1 388	54 003	53 473	+ 530	+ 1,0	35 206	17 119	542	1 136
BAS-RHIN	488 484,87	137,4	35	561	624 022	26 093	650 115	20 870	645 793	25 192	670 985	651 986	+ 18 999	+ 2,9	413 508	191 029	13 177	53 202
Altkirch	65 876,31	72,6	4	116	46 342	885	47 227	254	45 687	1 804	47 481	45 902	+ 1 579	+ 3,5	45 989	926	309	257
Colmar	66 288,87	138,6	5	63	80 409	5 266	85 675	6 193	89 518	2 285	91 868	87 593	+ 4 275	+ 4,9	65 787	22 237	1 749	2 050
Guebwiller	58 951,10	99,4	4	47	53 019	3 325	56 344	2 235	55 751	2 828	58 579	55 944	+ 2 635	+ 4,7	54 643	1 841	522	1 573
Mulhouse	64 998,91	286,3	5	74	174 133	7 812	181 945	4 133	171 587	14 491	186 078	178 103	+ 7 975	+ 4,5	159 650	17 163	2 710	5 702
Ribeauvillé	45 884,06	109,0	4	72	38 468	10 300	48 768	1 239	48 925	1 082	50 007	50 351	— 344	— 0,7	41 460	7 917	189	441
Thann	52 423,09	108,1	4	53	51 585	4 096	55 681	1 015	53 740	2 956	56 696	51 115	+ 5 581	+ 10,9	54 258	1 622	224	592
HAUT-RHIN	358 351,61	136,7	26	385	443 906	31 684	475 590	15 064	465 256	25 398	490 654	468 943	+ 21 711	+ 4,6	421 767	52 489	5 703	10 695
Boulay	71 554,78	63,2	3	101	39 278	5 708	44 986	287	38 700	6 573	45 273	39 109	+ 6 164	+ 15,8	43 549	624	485	615
Château-Salins	100 080,71	34,1	5	132	32 352	1 426	33 778	383	33 296	865	34 161	36 012	— 1 851	— 5,1	33 013	722	306	120
Forbach	72 398,38	144,7	4	86	83 936	17 649	101 585	3 190	77 177	27 598	104 775	93 639	+ 11 136	+ 11,9	99 009	4 219	591	956
Metz-Campagne	107 133,50	91,7	5	151	81 918	10 658	92 576	2 725	80 501	14 800	95 301	87 845	+ 7 456	+ 8,2	88 475	5 576	447	1 816
Metz-Ville	1 968,24	3 537,6	3	1	63 125	—	63 125	6 497	57 976	11 646	69 622	62 311	+ 7 318	+ 11,7	59 318	4 183	3 250	2 864
Sarrebourg	100 888,40	54,1	5	105	45 346	7 862	53 208	1 389	53 441	1 156	54 597	58 905	— 4 308	— 7,3	47 476	5 194	524	1 403
Sarreguemines	79 577,57	86,2	4	78	60 937	5 690	66 627	1 960	66 162	2 425	68 587	69 227	— 640	— 0,9	63 509	3 849	718	511
Thionville-Est	67 798,92	91,7	4	79	51 483	8 929	60 412	1 793	58 589	3 616	62 205	59 866	+ 2 339	+ 3,9	58 195	2 683	599	728
Thionville-Ouest	26 299,45	364,9	3	33	87 086	8 628	95 714	223	55 179	40 758	95 937	79 204	+ 16 733	+ 21,1	90 683	4 474	314	466
MOSELLE	627 656,25	100,9	36	763	545 461	66 550	612 011	21 480	519 082	114 409	633 491	589 150	+ 44 341	+ 7,5	585 228	31 524	7 243	9 496
ALSACE et LORRAINE	1 469 994,60	122,1	97	1 709	1 613 389	124 327	1 737 716	57 414	1 630 108	164 997	1 795 130	1 710 079	+ 85 051	+ 5,0	1 420 503	275 121	26 123	73 393

TABLEAU PRINCIPAL

DES

COMMUNES

DES DÉPARTEMENTS DU BAS-RHIN
DU HAUT-RHIN
ET DE LA MOSELLE

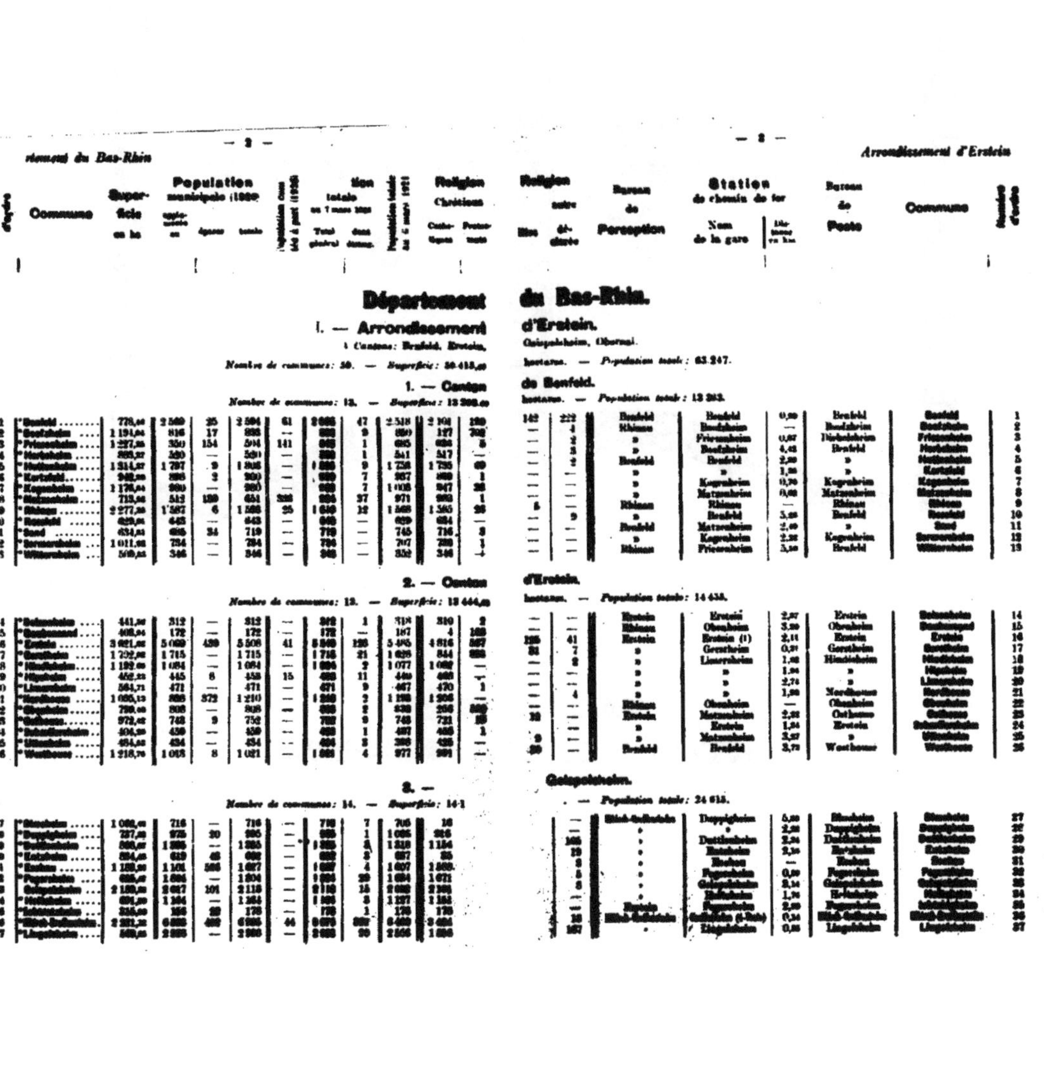

Département du Bas-Rhin.

I. — Arrondissement d'Erstein.

4 Cantons: Benfeld, Erstein, Geispolsheim, Obernai.

Nombre de communes: 50. — *Superficie:* 50 418,[illegible] hectares. — *Population totale:* 63 247.

1. — Canton de Benfeld.

Nombre de communes: 13. — *Superficie:* 13 208,[illegible] hectares. — *Population totale:* 13 283.

Numéro d'ordre	Commune	Superficie en ha	Population municipale (1926) agglomérée	éparse	totale	Population comptée à part (1926)	Population totale au 7 mars 1926 Total général	dont étrangers	Population totale au 6 mars 1921	Religion Chrétiens Catholiques	Protestants	Religion autre Israélites	non déclarée	Bureau de Perception	Station de chemin de fer Nom de la gare	Distance en km	Bureau de Poste	Commune	Numéro d'ordre
1	*Benfeld	778,44	2 569	25	2 594	61	[illegible]	47	2 518	2 101	[illegible]	142	222	Benfeld	Benfeld	0,50	Benfeld	Benfeld	1
2	*Boofzheim	1 194,04	816	17	[illegible]	—	[illegible]	9	[illegible]	127	[illegible]	—	4	Rhinau	Boofzheim	—	Boofzheim	Boofzheim	2
3	*Friesenheim	1 227,35	350	154	504	141	[illegible]	1	685	[illegible]	5	—	2	»	Friesenheim	0,67	Diebolsheim	Friesenheim	3
4	*Herbsheim	889,27	530	—	530	—	[illegible]	1	541	517	—	—	3	»	Boofzheim	4,42	Benfeld	Herbsheim	4
5	*Huttenheim	1 314,27	1 797	9	1 806	—	[illegible]	9	1 758	1 735	69	—	2	Benfeld	Benfeld	2,20	»	Huttenheim	5
6	*Kertzfeld	942,30	898	2	900	—	[illegible]	7	957	[illegible]	1	—	—	»	»	1,20	»	Kertzfeld	6
7	*Kogenheim	1 176,04	980	—	980	—	[illegible]	7	1 008	947	[illegible]	—	—	»	Kogenheim	0,70	Kogenheim	Kogenheim	7
8	*Matzenheim	713,98	512	[illegible]	651	[illegible]	[illegible]	37	971	[illegible]	1	—	—	»	Matzenheim	0,60	Matzenheim	Matzenheim	8
9	*Rhinau	2 277,30	1 587	6	[illegible]	25	[illegible]	12	[illegible]	1 565	[illegible]	5	—	Rhinau	Rhinau	—	Rhinau	Rhinau	9
10	*Rossfeld	[illegible]	643	—	643	—	[illegible]	—	[illegible]	[illegible]	—	—	9	»	Benfeld	3,25	Benfeld	Rossfeld	10
11	*Sand	634,21	[illegible]	34	719	—	719	—	745	716	3	—	—	Benfeld	Matzenheim	2,00	»	Sand	11
12	*Sermersheim	1 011,02	784	—	784	—	[illegible]	—	[illegible]	[illegible]	1	—	—	»	Kogenheim	2,32	Kogenheim	Sermersheim	12
13	*Witternheim	[illegible]	346	—	346	—	[illegible]	—	352	346	—	—	—	Rhinau	Friesenheim	3,50	Benfeld	Witternheim	13

2. — Canton d'Erstein.

Nombre de communes: 13. — *Superficie:* 13 444,[illegible] hectares. — *Population totale:* 14 635.

Numéro d'ordre	Commune	Superficie en ha	Population municipale (1926) agglomérée	éparse	totale	Population comptée à part (1926)	Population totale au 7 mars 1926 Total général	dont étrangers	Population totale au 6 mars 1921	Religion Chrétiens Catholiques	Protestants	Religion autre Israélites	non déclarée	Bureau de Perception	Station de chemin de fer Nom de la gare	Distance en km	Bureau de Poste	Commune	Numéro d'ordre
14	*Bolsenheim	441,30	312	—	312	—	[illegible]	1	318	310	2	—	—	Erstein	Erstein	2,87	Erstein	Bolsenheim	14
15	*Daubensand	408,94	172	—	172	—	172	—	167	4	[illegible]	—	—	Rhinau	Obenheim	3,20	Obenheim	Daubensand	15
16	*Erstein	3 921,[illegible]	5 069	439	5 508	41	[illegible]	[illegible]	5 495	4 816	[illegible]	[illegible]	41	Erstein	Erstein (1)	2,11	Erstein	Erstein	16
17	*Gerstheim	1 792,[illegible]	1 715	—	1 715	—	[illegible]	21	[illegible]	844	[illegible]	[illegible]	7	»	Gerstheim	0,37	Gerstheim	Gerstheim	17
18	*Hindisheim	1 192,00	1 084	—	1 084	—	[illegible]	2	1 077	[illegible]	—	—	2	»	Limersheim	1,42	Hindisheim	Hindisheim	18
19	*Hipsheim	452,22	445	8	453	15	[illegible]	11	[illegible]	[illegible]	—	—	—	»	»	1,94	»	Hipsheim	19
20	*Limersheim	584,71	471	—	471	—	471	9	467	470	1	—	—	»	»	2,74	»	Limersheim	20
21	*Nordhouse	1 085,13	[illegible]	372	1 210	—	[illegible]	2	[illegible]	1 206	—	—	4	»	»	1,90	Nordhouse	Nordhouse	21
22	*Obenheim	790,00	808	—	808	—	[illegible]	2	[illegible]	[illegible]	[illegible]	—	—	Rhinau	Obenheim	—	Obenheim	Obenheim	22
23	*Osthouse	972,42	743	9	752	—	[illegible]	9	748	721	[illegible]	[illegible]	—	Erstein	Matzenheim	2,22	Osthouse	Osthouse	23
24	*Schaeffersheim	404,20	[illegible]	—	[illegible]	—	[illegible]	1	[illegible]	[illegible]	1	—	—	»	Erstein	1,84	Erstein	Schaeffersheim	24
25	*Uttenheim	454,02	434	—	434	—	[illegible]	3	[illegible]	[illegible]	—	9	—	»	Matzenheim	3,27	»	Uttenheim	25
26	*Westhouse	1 218,70	1 013	8	1 021	—	[illegible]	4	977	[illegible]	—	[illegible]	—	Benfeld	Benfeld	3,72	Westhouse	Westhouse	26

3. — Canton de Geispolsheim.

Nombre de communes: 14. — *Superficie:* 14 1[illegible] hectares. — *Population totale:* 24 615.

Numéro d'ordre	Commune	Superficie en ha	Population municipale (1926) agglomérée	éparse	totale	Population comptée à part (1926)	Population totale au 7 mars 1926 Total général	dont étrangers	Population totale au 6 mars 1921	Religion Chrétiens Catholiques	Protestants	Religion autre Israélites	non déclarée	Bureau de Perception	Station de chemin de fer Nom de la gare	Distance en km	Bureau de Poste	Commune	Numéro d'ordre
27	*Blaesheim	1 089,[illegible]	716	—	716	—	[illegible]	7	705	18			—	Illkirch-Graffenstaden	Duppigheim	5,80	Blaesheim	Blaesheim	27
28	*Duppigheim	737,[illegible]	[illegible]	20	[illegible]	—	[illegible]	1	1 085	[illegible]			—	»	»	2,28	Duppigheim	Duppigheim	28
29	*Duttlenheim	[illegible]	[illegible]	—	[illegible]	—	[illegible]	[illegible]	1 318	1 154			165	»	Duttlenheim	2,24	Duttlenheim	Duttlenheim	29
30	*Entzheim	[illegible]	[illegible]	[illegible]	[illegible]	—	[illegible]	3	[illegible]	[illegible]			19	»	Entzheim	2,30	Entzheim	Entzheim	30
31	*Eschau	1 158,[illegible]	1 101	[illegible]	[illegible]	—	[illegible]	4	1 607	[illegible]			3	»	Eschau	—	Eschau	Eschau	31
32	*Fegersheim	[illegible]	[illegible]	—	1 804	—	[illegible]	[illegible]	[illegible]	1 671			5	»	Fegersheim	0,[illegible]	Fegersheim	Fegersheim	32
33	Geispolsheim	2 159,[illegible]	[illegible]	101	2 118	—	[illegible]	15	[illegible]	[illegible]			5	»	Geispolsheim	2,14	Geispolsheim	Geispolsheim	33
34	*Holtzheim	[illegible]	1 164	—	1 164	—	[illegible]	3	1 127	[illegible]			—	»	Holtzheim	1,76	Holtzheim	Holtzheim	34
35	*Ichtratzheim	[illegible]	[illegible]	[illegible]	178	—	178	1	178	178			—	Erstein	Fegersheim	2,50	Fegersheim	Ichtratzheim	35
36	*Illkirch-Graffenstaden	2 221,22	[illegible]	[illegible]	[illegible]	44	[illegible]	[illegible]	[illegible]	[illegible]			[illegible]	Illkirch-Graffenstaden	Graffenstaden (A-Rh.)	0,34	Illkirch-Graffenstaden	Illkirch-Graffenstaden	36
37	*Lingolsheim	[illegible]	[illegible]	—	[illegible]	—	[illegible]	20	[illegible]	[illegible]			157	»	Lingolsheim	0,85	Lingolsheim	Lingolsheim	37

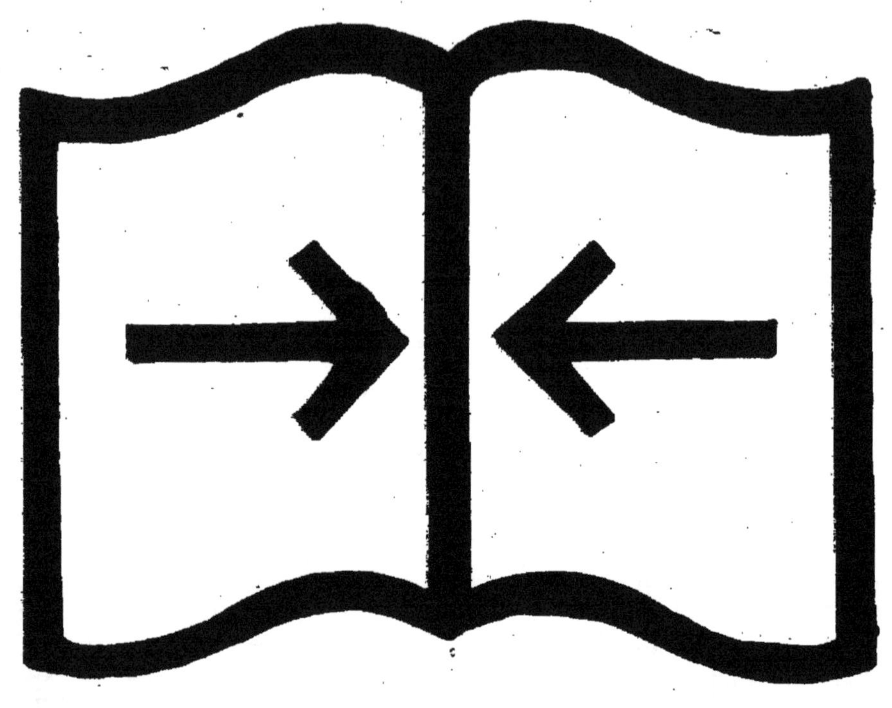

Numéro d'ordre	Commune	Superficie en ha	Population municipale (1926) agglomérée	éparse	totale	Population comptée à part (1926)	totale au 7 mars 1926 Total général	dont étrangers	Population totale au 6 mars 1921	Religion Chrétiens Catholiques	Protestants	[illegible]	autre ou non déclarée	Bureau de Perception	Station de chemin de fer Nom de la gare	Distance en km	Bureau de Poste	Commune	Numéro d'ordre
38	[illegible]	[illegible]	646	—	646	—	[illegible]	4	611	[illegible]	11	—	1	[illegible]	Fegersheim	0,[illegible]	Fegersheim	Lipsheim	38
39	*Ostwald	711,[illegible]	1 885	—	1 885	—	[illegible]	55	1 557	1 2[illegible]	[illegible]	—	113	»	[illegible] (G-Sud)	1,94	Ostwald	Ostwald	39
40	Plobsheim	1 454,[illegible]	1 474	84	1 558	—	[illegible]	22	1 4[illegible]	[illegible]	1 2[illegible]	—	4	Erstein	Plobsheim	0,12	Plobsheim	Plobsheim	40

4. — Canton [illegible]

Nombre de communes : 10. — Superficie : [illegible] — Population totale : 10 794.

Numéro d'ordre	Commune	Superficie en ha	agglomérée	éparse	totale	Population comptée à part	Total général	dont étrangers	Population totale 1921	Catholiques	Protestants	[illegible]	autre ou non déclarée	Bureau de Perception	Nom de la gare	Distance en km	Bureau de Poste	Commune	Numéro d'ordre
41	*[illegible]	555,[illegible]	772	3	775	—	775	2	[illegible]	778	—	—	—	Obernai	Obernai	2,47	Bernardswiller	[illegible]	41
42	*[illegible]	[illegible],15	175	5	180	—	[illegible]	1	183	10	[illegible]	—	1	»	Goxwiller	2,71	Gertwiller	[illegible]	42
43	*[illegible]	[illegible]	556	—	556	—	[illegible]	5	572	[illegible]	[illegible]	—	3	»	»	0,45	Goxwiller	[illegible]	43
44	*[illegible]	[illegible]	708	—	708	—	[illegible]	1	[illegible]	708	—	—	—	»	Duttlenheim	3,[illegible]	Krautergersheim	[illegible]	44
45	*[illegible]	[illegible]	1 180	—	1 180	—	[illegible]	1	1 2[illegible]	1 180	—	[illegible]	—	»	Bischoffsheim	5,[illegible]	»	[illegible]	45
46	*[illegible]	1 201,74	1 113	—	1 113	—	[illegible]	—	1 125	1 105	8	—	6	»	Obernai	5,77	Meistratzheim	[illegible]	46
47	*[illegible]	1 155,[illegible]	645	33	678	—	[illegible]	2	704	672	—	6	—	»	»	3,47	Niedernai	[illegible]	47
48	*[illegible]	2 [illegible]	3 600	138	3 738	308	[illegible]	[illegible]	3 7[illegible]	3 [illegible]	[illegible]	—	8	»	»	0,57	Obernai	[illegible]	48
49	*[illegible]	1 601,[illegible]	970	—	970	—	[illegible]	1	1 0[illegible]	[illegible]	2	18	—	»	Goxwiller	2,76	Valff	[illegible]	49
50	*[illegible]	877,70	[illegible]	—	[illegible]	—	[illegible]	2	720	674	—	9	—	»	Barr	3,[illegible]	Zellwiller	[illegible]	50

II. — Arrondissement [illegible] Haguenau.

3 Cantons : Bischwiller, Haguenau, [illegible]-les-Bains.

Nombre de communes : [illegible]. — Superficie : 74 [illegible] — Population totale : 77 [illegible].

1. — Canton [illegible] Bischwiller.

Nombre de communes : 21. — Superficie : 17 [illegible] — Population totale : 28 [illegible].

Numéro d'ordre	Commune	Superficie en ha	agglomérée	éparse	totale	Population comptée à part	Total général	dont étrangers	Population totale 1921	Catholiques	Protestants	[illegible]	autre ou non déclarée	Bureau de Perception	Nom de la gare	Distance en km	Bureau de Poste	Commune	Numéro d'ordre
51	*[illegible]	[illegible]	418	15	433	—	[illegible]	—	449	316	127	—	—	[illegible]	[illegible]	1,42	[illegible]	[illegible]	51
52	*[illegible]	1 721,[illegible]	4 [illegible]	—	6 [illegible]	1 148	[illegible]	[illegible]	7 2[illegible]	[illegible]	4 [illegible]	[illegible]	74	Bischwiller	Bischwiller	0,67	Bischwiller	[illegible]	52
53	*[illegible]	744,[illegible]	556	—	556	—	[illegible]	10	567	[illegible]	[illegible]	—	—	[illegible]	[illegible]	2,[illegible]	[illegible]	[illegible]	53
54	*[illegible]	1 [illegible]	[illegible]	50	2 [illegible]	—	[illegible]	[illegible]	1 [illegible]	[illegible]	[illegible]	—	—	Bischwiller	Drusenheim	0,61	Drusenheim	[illegible]	54
55	*[illegible]	[illegible]	457	—	457	—	[illegible]	6	[illegible]	[illegible]	[illegible]	—	—	[illegible]	Roppenheim	2,47	[illegible]	[illegible]	55
56	*[illegible]	1 [illegible]	227	—	227	—	[illegible]	8	[illegible]	[illegible]	—	—	2	»	[illegible]	4,75	»	[illegible]	56
57	*[illegible]	1 457,[illegible]	2 [illegible]	—	2 [illegible]	8	[illegible]	[illegible]	2 [illegible]	[illegible]	—	—	3	Bischwiller	Herrlisheim	0,46	Herrlisheim	[illegible]	57
58	*[illegible]	[illegible]	[illegible]	16	[illegible]	—	[illegible]	1	[illegible]	[illegible]	—	—	—	[illegible]	[illegible]	2,32	[illegible]	[illegible]	58
59	*[illegible]	1 [illegible]	740	12	[illegible]	—	[illegible]	1	[illegible]	[illegible]	—	—	—	»	»	1,98	»	[illegible]	59
60	*[illegible]	204,[illegible]	[illegible]	[illegible]	[illegible]	—	[illegible]	—	[illegible]	[illegible]	—	—	—	»	Roppenheim	4,[illegible]	»	[illegible]	60
61	*[illegible]	1 [illegible]	2 [illegible]	—	2 [illegible]	[illegible]	[illegible]	4	2 [illegible]	[illegible]	—	[illegible]	—	Bischwiller	[illegible]	1,[illegible]	[illegible]	[illegible]	61
62	*[illegible]	1 [illegible]	1 [illegible]	—	1 [illegible]	—	[illegible]	4	1 [illegible]	1	—	[illegible]	[illegible]	»	Herrlisheim	2,14	Offendorf	[illegible]	62
63	*[illegible]	[illegible]	1 [illegible]	—	1 [illegible]	—	[illegible]	17	1 [illegible]	1	—	—	2	[illegible]	[illegible]	0,[illegible]	[illegible]	[illegible]	63
64	*[illegible]	[illegible]	[illegible]	18	[illegible]	—	[illegible]	—	[illegible]	[illegible]	—	—	—	Bischwiller	Herrlisheim	4,30	[illegible]	[illegible]	64
65	*[illegible]	[illegible]	[illegible]	—	[illegible]	—	[illegible]	2	[illegible]	[illegible]	—	—	[illegible]	[illegible]	Roppenheim	1,07	[illegible]	[illegible]	65
66	*[illegible]	[illegible]	[illegible]	14	[illegible]	—	[illegible]	[illegible]	[illegible]	[illegible]	—	—	—	»	[illegible]	0,[illegible]	[illegible]	[illegible]	66
67	*[illegible]	[illegible]	1 [illegible]	—	1 [illegible]	—	[illegible]	[illegible]	1 [illegible]	1	—	—	—	Bischwiller	Schirrhein	0,[illegible]	Schirrhein	[illegible]	67
68	*[illegible]	[illegible]	[illegible]	—	[illegible]	—	[illegible]	9	[illegible]	[illegible]	—	[illegible]	121	»	»	0,[illegible]	»	[illegible]	68
69	*[illegible]	[illegible]	778	137	[illegible]	—	[illegible]	14	[illegible]	[illegible]	—	—	1	[illegible]	[illegible]	3,[illegible]	[illegible]	[illegible]	69
70	*[illegible]	1 [illegible]	3 [illegible]	[illegible]	3 [illegible]	—	[illegible]	[illegible]	3 [illegible]	[illegible]	—	—	1	»	[illegible]	0,[illegible]	[illegible]	[illegible]	70
71	*[illegible]	[illegible]	378	—	378	—	[illegible]	—	[illegible]	[illegible]	—	—	1	»	[illegible]	1,[illegible]	[illegible]	[illegible]	71

2. — [illegible]

Nombre de communes : 16. — [illegible] totale : 28 [illegible].

Numéro d'ordre	Commune	Superficie en ha	agglomérée	éparse	totale	Population comptée à part	Total général	dont étrangers	Population totale 1921	Catholiques	Protestants	[illegible]	autre ou non déclarée	Bureau de Perception	Nom de la gare	Distance en km	Bureau de Poste	Commune	Numéro d'ordre
72	[illegible]	[illegible]	[illegible]	—	[illegible]	—	[illegible]	2	[illegible]	[illegible]	[illegible]	[illegible]	[illegible]	Haguenau II	[illegible]	[illegible]	[illegible]	[illegible]	72
73	[illegible]	[illegible]	[illegible]	—	[illegible]	—	[illegible]	—	[illegible]	[illegible]	[illegible]	[illegible]	[illegible]	[illegible]	[illegible]	[illegible]	[illegible]	[illegible]	73
74	[illegible]	[illegible]	[illegible]	[illegible]	1 [illegible]	—	[illegible]	[illegible]	[illegible]	[illegible]	[illegible]	[illegible]	[illegible]	[illegible]	[illegible]	[illegible]	[illegible]	[illegible]	74
75	[illegible]	[illegible]	[illegible]	[illegible]	[illegible]	[illegible]	[illegible]	[illegible]	[illegible]	[illegible]	[illegible]	[illegible]	[illegible]	[illegible]	[illegible]	[illegible]	[illegible]	[illegible]	75
76	[illegible]	[illegible]	[illegible]	[illegible]	[illegible]	[illegible]	[illegible]	[illegible]	[illegible]	[illegible]	[illegible]	[illegible]	[illegible]	[illegible]	[illegible]	[illegible]	[illegible]	[illegible]	76
77	[illegible]	[illegible]	[illegible]	[illegible]	[illegible]	[illegible]	[illegible]	[illegible]	[illegible]	[illegible]	[illegible]	[illegible]	[illegible]	[illegible]	[illegible]	[illegible]	[illegible]	[illegible]	77

Numéro d'ordre	Commune	Superficie en ha	Population municipale (1926) agglomérée	Population municipale (1926) éparse	Population municipale (1926) totale	Population comptée à part (1926)	Population totale au 7 mars 1926 Total général	Population totale au 7 mars 1926 dont dénomb.	Population totale au 6 mars 1921	Religion Chrétiens Catholiques	Religion Chrétiens Protestants	Religion Israélites	Religion autre déclarée	Bureau de Perception	Station de chemin de fer Nom de la gare	Station de chemin de fer Distance en km	Bureau de Poste	Commune	Numéro d'ordre
78	*Kaltenhouse ...	371,02	1 047	—	1 047	—	[illegible]	25	1 017	981	[illegible]	—	21	Haguenau I	Marienthal	1,25	Kaltenhouse	Kaltenhouse	78
79	*Morschwiller ...	461,01	520	—	520	—	[illegible]	—	530	519	—	—	1	•	Pfaffenhoffen	4,00	Ettendorf	Morschwiller	79
80	*Schirrhein ...	624,22	1 020	—	1 020	—	[illegible]	1	980	1 019	—	—	1	Haguenau II	Haguenau	5,76	Schirrhein	Schirrhein	80
81	*Ohlungen ...	838,70	708	80	788	—	[illegible]	—	782	788	—	—	—	Haguenau I	Schweighausen	4,20	Schweighausen	Ohlungen	81
82	*Schweighausen ...	1 045,24	1 675	—	1 675	—	[illegible]	54	1 612	959	[illegible]	39	68	•	•	1,10	•	Schweighausen	82
83	*Uhlwiller ...	744,07	316	155	671	—	671	2	650	671	—	—	—	•	Neubourg	3,28	Dauendorf	Uhlwiller	83
84	*Wahlenheim ...	254,87	247	—	247	—	247	1	257	247	—	—	—	Haguenau II	Mommenheim	3,07	Brumath	Wahlenheim	84
85	*Weitbruch ...	1 311,36	1 681	23	1 704	—	[illegible]	—	1 695	996	708	—	—	•	Kurtzenhausen	3,74	Weitbruch	Weitbruch	85
86	*Wintershausen ...	386,25	391	10	401	—	[illegible]	—	[illegible]	402	—	—	—	•	Schweighausen	5,10	Schweighausen	Wintershausen	86
87	*Wittersheim ...	705,30	440	39	479	—	479	3	468	472	2	5	—	•	Mommenheim	3,05	Mommenheim	Wittersheim	87

3. — Canton de Niederbronn-les-Bains.

Nombre de communes : 21. — *Superficie :* 20 614,02 hectares. — *Population totale :* 20 211.

Numéro d'ordre	Commune	Superficie en ha	Agglomérée	Éparse	Totale	Comptée à part	Total général	dont dénomb.	Pop. 1921	Catholiques	Protestants	Israélites	Autre déclarée	Bureau de Perception	Nom de la gare	Distance en km	Bureau de Poste	Commune	Numéro d'ordre
88	*Bitschhoffen ...	253,[illegible]	284	—	284	—	[illegible]	—	275	284	—	—	—	Mertzwiller	Pfaffenhoffen	2,44	Pfaffenhoffen	Bitschhoffen	88
89	*Dambach ...	3 050,46	275	431	706	—	706	16	720	638	68	—	—	Niederbronn-les-Bains	Niederbronn-les-Bains	11,50	Dambach	Dambach	89
90	*Engwiller ...	373,00	402	—	402	—	402	2	411	—	402	—	—	Mertzwiller	Mietesheim	4,37	Pfaffenhoffen	Engwiller	90
91	*Griesbach ...	306,10	446	14	460	—	460	4	364	135	325	—	—	•	•	1,05	Mertzwiller	Griesbach	91
92	*Gumbrechtshoffen-Niederbronn ...	241,10	834	—	834	—	834	—	806	463	371	—	—	•	Gundershoffen	1,50	Gumbrechtshoffen	Gumbrechtshoffen-Niederbronn	92
93	*Gumbrechtshoffen-Oberbronn ...	333,20	307	—	307	—	307	—	313	103	204	—	—	•	•	2,30	•	Gumbrechtshoffen-Oberbronn	93
94	*Gundershoffen ...	1 301,00	1 349	115	1 464	—	1 464	23	1 514	512	890	62	—	Niederbronn-les-Bains	•	0,65	Gundershoffen	Gundershoffen	94
95	*Kindwiller ...	586,10	529	7	536	—	536	—	552	598	1	—	—	Mertzwiller	Pfaffenhoffen	2,75	Pfaffenhoffen	Kindwiller	95
96	*Mertzwiller ...	666,00	2 180	—	2 180	—	2 180	54	2 115	1 227	812	140	1	•	Mertzwiller	0,50	Mertzwiller	Mertzwiller	96
97	*Mietesheim ...	848,51	603	14	617	—	617	1	627	16	601	—	—	•	Mietesheim	1,37	•	Mietesheim	97
98	*Niederbronn-les-Bains	3 165,07	2 899	199	3 098	—	3 098	123	3 131	1 290	1 726	82	20	Niederbronn-les-Bains	Niederbronn-les-Bains	0,75	Niederbronn-les-Bains	Niederbronn-les-Bains	98
99	*Oberbronn ...	2 111,05	925	145	1 070	168	1 238	58	1 255	485	728	25	—	•	•	2,30	Oberbronn	Oberbronn	99
100	*Offwiller ...	1 301,75	826	4	830	—	830	1	807	7	823	—	—	Mertzwiller	Ingwiller	7,50	Offwiller	Offwiller	100
101	*Reichshoffen ...	1 464,20	2 624	471	3 095	—	3 095	108	3 055	2 542	467	81	5	Niederbronn-les-Bains	Reichshoffen-Ville	0,24	Reichshoffen	Reichshoffen	101
102	*Rothbach ...	798,74	470	—	470	—	470	—	507	6	464	—	—	Mertzwiller	Ingwiller	6,24	Rothbach	Rothbach	102
103	*Uberach ...	301,25	834	9	843	—	843	4	788	837	6	—	—	•	Pfaffenhoffen	1,25	Pfaffenhoffen	Uberach	103
104	*Uhrwiller ...	1 102,29	758	—	758	—	758	4	778	214	541	—	3	•	•	5,90	Uhrwiller	Uhrwiller	104
105	*Uttenhoffen ...	194,75	138	—	138	—	138	—	146	15	123	—	—	•	Gundershoffen	1,00	Gundershoffen	Uttenhoffen	105
106	*Walk ...	68,02	785	—	785	—	785	6	690	729	44	12	—	•	Pfaffenhoffen	0,75	Pfaffenhoffen	Walk	106
107	*Windstein ...	1 196,20	179	77	256	—	256	6	254	91	165	—	—	Niederbronn-les-Bains	Niederbronn-les-Bains	8,27	Niederbronn-les-Bains	Windstein	107
108	*Zinswiller ...	714,16	920	—	920	—	920	37	940	604	306	—	—	Mertzwiller	Gundershoffen	5,25	Zinswiller	Zinswiller	108

III. — Arrondissement de Molsheim.

5 Cantons : Molsheim, Rosheim, Schirmeck, Wasselonne.

Nombre de communes : 70. — *Superficie :* 74 [illegible] hectares. — *Population totale :* 62 874.

1. — Canton de Molsheim.

Nombre de communes : 18. — *Superficie :* 18 [illegible] hectares. — *Population totale :* 19 262.

Numéro d'ordre	Commune	Superficie en ha	Agglomérée	Éparse	Totale	Comptée à part	Total général	dont dénomb.	Pop. 1921	Catholiques	Protestants	Israélites	Autre déclarée	Bureau de Perception	Nom de la gare	Distance en km	Bureau de Poste	Commune	Numéro d'ordre
109	Altorf ...	1 015,50	765	12	777	—	777	2	744	765	[illegible]	—	4	Molsheim	Dachstein	2,60	Molsheim	Altorf	109
110	Avolsheim ...	180,50	542	—	542	—	542	—	542	542	—	—	—	•	Avolsheim	0,50	Avolsheim	Avolsheim	110
111	Dachstein ...	741,51	484	33	517	—	517	14	517	500	—	—	—	•	Dachstein	2,40	Dachstein	Dachstein	111
112	Dinsheim ...	400,50	1 130	52	1 182	—	1 182	32	1 006	1 156	—	—	1	Mutzig	Gresswiller	1,50	Dinsheim	Dinsheim	112
113	Dorlisheim ...	1 144,50	[illegible]	60	[illegible]	40	[illegible]	27	1 632	[illegible]	3	5	2	Molsheim	Dorlisheim	0,50	Dorlisheim	Dorlisheim	113
114	Duppigheim ...	640,50	[illegible]	15	604	35	[illegible]	[illegible]	[illegible]	[illegible]	—	—	—	•	Avolsheim	2,50	Duttlenheim	Duppigheim	114
115	Duttlenheim ...	[illegible]	[illegible]	—	[illegible]	—	[illegible]	7	[illegible]	[illegible]	—	—	—	•	Duttlenheim	2,50	Duttlenheim	Duttlenheim	115
116	Gresswiller ...	[illegible]	794	26	[illegible]	—	[illegible]	1	[illegible]	[illegible]	—	—	—	Mutzig	Gresswiller	[illegible]	Dinsheim	Gresswiller	116

Numéro d'ordre	Commune	Superficie en ha	Population municipale (1936) agglomérée	éparse	totale	Population comptée à part (1936)	totale au 7 mars 1936 Total	dont [illegible]	Population totale au 8 mars 1931	Religion Chrétiens Catholiques	Protestants	Religion Israélites	autres déclarés	Bureau de Perception	Station de chemin de fer Nom de la gare	Distance en km	Bureau de Poste	Commune	Numéro d'ordre
117	Heiligenberg ...	580,10	329	45	374	—	[illegible]	6	357	370	4	—	—	Mutzig	Heiligenberg	2,41	Heiligenberg	Heiligenberg	117
118	Lutzelhouse ...	2 926,57	941	187	1 129	—	1 1[illegible]	30	1 079	1084	34			»	Lutzelhouse	0,40	Lutzelhouse	Lutzelhouse	118
119	Molsheim ...	1 088,40	3 040	26	3 066	124	[illegible]	101	2 816	[illegible]	[illegible]	43	98	Molsheim	Molsheim	0,[illegible]	Molsheim	Molsheim	119
120	Mutzig ...	842,[illegible]	2 516	—	2 516	71	[illegible]	45	2 6[illegible]	2 307		23	73	Mutzig	Mutzig	0,[illegible]	Mutzig	Mutzig	120
121	Niederhaslach ...	576,18	785	—	785	—	[illegible]	10	758	782	3	—	—	»	Urmatt	2,66	Niederhaslach	Niederhaslach	121
122	Oberhaslach ...	2 4[illegible]	932	44	976	—	[illegible]	7	944	962	10	—	4	»	»	3,[illegible]	Oberhaslach	Oberhaslach	122
123	Soultz-les-Bains ...	349,40	571	25	596	—	[illegible]	4	627	575	9	12	—	Molsheim	Soultz-les-Bains	0,45	Soultz-les-Bains	Soultz-les-Bains	123
124	Still ...	2 325,70	1 014	41	1 055	113	1 168	29	1 197	1 152	16	—	—	Mutzig	Gresswiller	3,04	Still	Still	124
125	Urmatt ...	1 416,70	929	25	954	—	954	11	928	939	15	—	—	»	Urmatt	1,17	Urmatt	Urmatt	125
126	Wolxheim ...	313,30	637	121	758	—	760	7	782	757	1	—	—	Molsheim	Avolsheim	1,87	Wolxheim	Wolxheim	126

2. — Canton de Rosheim.

Nombre de communes : 10. — *Superficie :* 14 [illegible] hectares. — *Population totale :* 10 481.

Numéro d'ordre	Commune	Superficie en ha	Population municipale (1936) agglomérée	éparse	totale	Population comptée à part (1936)	totale au 7 mars 1936 Total	dont [illegible]	Population totale au 8 mars 1931	Religion Chrétiens Catholiques	Protestants	Religion Israélites	autres déclarés	Bureau de Perception	Station de chemin de fer Nom de la gare	Distance en km	Bureau de Poste	Commune	Numéro d'ordre
127	Bischoffsheim ...	1 254,36	1 346	18	1 364	19	[illegible]	4	1 406	1 378		—	—	Rosheim	Bischoffsheim	0,67	Bischoffsheim	Bischoffsheim	127
128	Boersch ...	2 357,60	879	354	1 233	—	[illegible]	18	1 159	1 071	[illegible]	—	2	»	Boersch	0,35	Boersch	Boersch	128
129	Grendelbruch ...	1 496,36	1 067	116	1 183	—	[illegible]	12	1 196	1 157	[illegible]	1	—	»	Lutzelhouse	4,[illegible]	Grendelbruch	Grendelbruch	129
130	Griesheim-près-Molsheim ...	492,04	811	—	811	—	811	—	827	811		—	—	»	Bischoffsheim	3,30	Bischoffsheim	Griesheim-près-Molsheim	130
131	Mollkirch ...	1 261,[illegible]	341	1[illegible]	50[illegible]	—	[illegible]	—	[illegible]	[illegible]		—	—	»	Heiligenberg	2,41	Heiligenberg	Mollkirch	131
132	[illegible]-sur-Bruche ...	340,14	611	41	652	—	[illegible]	5	[illegible]	[illegible]		—	—	Mutzig	Lutzelhouse	0,60	Lutzelhouse	[illegible]-sur-Bruche	132
133	Ottrott ...	2 595,65	1 085	104	1 189	25	1 214	14	1 275	1 150		13	1	Rosheim	Ottrott	0,67	Ottrott	Ottrott	133
134	Rosenwiller ...	[illegible],61	579	—	579	—	579	—	[illegible]	572		4	—	»	Rosheim-Ville	2,60	Rosheim	Rosenwiller	134
135	Rosheim ...	3 022,32	2 483	57	2 540	139	[illegible]	34	[illegible]	[illegible]	[illegible]	77	4	»	»	0,20	»	Rosheim	135
136	*St-Nabor ...	191,30	241	3	244	—	[illegible]	4	272	[illegible]	[illegible]	—	—	»	St-Nabor	0,50	Ottrott	St-Nabor	136

3. — Canton de Saales.

Nombre de communes : 7. — *Superficie :* 8 [illegible] hectares. — *Population totale :* 5 297.

Numéro d'ordre	Commune	Superficie en ha	Population municipale (1936) agglomérée	éparse	totale	Population comptée à part (1936)	totale au 7 mars 1936 Total	dont [illegible]	Population totale au 8 mars 1931	Religion Chrétiens Catholiques	Protestants	Religion Israélites	autres déclarés	Bureau de Perception	Station de chemin de fer Nom de la gare	Distance en km	Bureau de Poste	Commune	Numéro d'ordre
137	Bourg-Bruche ...	1 501,27	496	130	626	85	711	81	[illegible]	[illegible]		—	—	St-Blaise-la-Roche	Bourg-Bruche	1,60	Bourg-Bruche	Bourg-Bruche	137
138	Colroy-la-Roche ...	811,20	[illegible]	[illegible]	[illegible]	61	[illegible]	70	[illegible]	417		—	3	»	St-Blaise-la-Roche-[Poutay]	2,[illegible]	St-Blaise-la-Roche	Colroy-la-Roche	138
139	Plaine ...	2 7[illegible]	397	712	1 109	36	[illegible]	35	1 037	1 037		—	41	»	»	2,40	»	Plaine	139
140	Ranrupt ...	1 514,65	294	[illegible]	656	—	[illegible]	3	[illegible]	[illegible]		—	—	»	»	4,91	»	Ranrupt	140
141	Saales ...	957,25	1 200	—	1 200	153	[illegible]	107	[illegible]	[illegible]		—	16	»	Saales	0,52	Saales	Saales	141
142	St-Blaise-la-Roche ...	[illegible]	273	26	[illegible]	42	[illegible]	65	[illegible]	[illegible]		—	3	»	St-Blaise-la-Roche-[Poutay]	0,[illegible]	St-Blaise-la-Roche	St-Blaise-la-Roche	142
143	Saulxures ...	1 276,34	550	104	654	18	[illegible]	84	[illegible]	[illegible]		—	2	»	Saulxures	1,[illegible]	Saulxures	Saulxures	143

4. — Canton de Schirmeck.

Nombre de communes : 16. — *Superficie :* [illegible] hectares. — *Population totale :* 13 510.

Numéro d'ordre	Commune	Superficie en ha	Population municipale (1936) agglomérée	éparse	totale	Population comptée à part (1936)	totale au 7 mars 1936 Total	dont [illegible]	Population totale au 8 mars 1931	Religion Chrétiens Catholiques	Protestants	Religion Israélites	autres déclarés	Bureau de Perception	Station de chemin de fer Nom de la gare	Distance en km	Bureau de Poste	Commune	Numéro d'ordre
144	[illegible] ...	1 087,[illegible]	719	16	735	—	[illegible]	[illegible]	[illegible]			—	1	Schirmeck	Schirmeck	1,[illegible]	Schirmeck	[illegible]	144
145	[illegible] ...	702,[illegible]	[illegible]	16	[illegible]	—	[illegible]	1	[illegible]			—	3	St-Blaise-la-Roche	Fouday	2,[illegible]	Waldersbach	[illegible]	145
146	[illegible] ...	1 0[illegible]	[illegible]	—	[illegible]	—	[illegible]	—	[illegible]			—	—	»	»	[illegible]	»	[illegible]	146
147	[illegible] ...	[illegible],37	87	—	87	—	87	3	[illegible]			[illegible]	[illegible]	»	»	[illegible]	Fouday	[illegible]	147
148	[illegible] ...	211,[illegible]	[illegible]	—	[illegible]	74	[illegible]	[illegible]	[illegible]			[illegible]	[illegible]	»	»	[illegible]	[illegible]	[illegible]	148
149	[illegible] ...	[illegible]	[illegible]	[illegible]	[illegible]	—	[illegible]	[illegible]	[illegible]			[illegible]	[illegible]	Schirmeck	Schirmeck	[illegible]	[illegible]	[illegible]	149
150	La Broque ...	[illegible]817,[illegible]	1 474	[illegible]	[illegible]	21	[illegible]	[illegible]	[illegible]	3		[illegible]	[illegible]	»	[illegible]	[illegible]	[illegible]	La Broque	150
151	[illegible] ...	741,[illegible]	[illegible]	19	[illegible]	—	[illegible]	[illegible]	[illegible]			[illegible]	[illegible]	»	»	[illegible]	[illegible]	[illegible]	151
152	[illegible] ...	957,[illegible]	[illegible]	7	[illegible]	—	[illegible]	[illegible]	[illegible]	1		[illegible]	[illegible]	»	Rothau	[illegible]	[illegible]	[illegible]	152
153	[illegible] ...	[illegible]	1 6[illegible]	14	[illegible]	—	[illegible]	77	1			[illegible]	[illegible]	»	»	[illegible]	[illegible]	[illegible]	153
154	[illegible] ...	1 1[illegible]	[illegible]	[illegible]	[illegible]	—	[illegible]	5				[illegible]	[illegible]	»	[illegible]	[illegible]	[illegible]	[illegible]	154
155	[illegible] ...	1 14[illegible]	[illegible]	[illegible]	[illegible]	111	[illegible]	[illegible]				[illegible]	[illegible]	»	[illegible]	[illegible]	[illegible]	[illegible]	155
156	[illegible] ...	[illegible]	[illegible]	—	[illegible]	[illegible]	[illegible]	[illegible]				[illegible]	[illegible]	St-Blaise-la-Roche	[illegible]	[illegible]	[illegible]	[illegible]	156
157	[illegible] ...	[illegible]	[illegible]	—	[illegible]	—	[illegible]	—				[illegible]	[illegible]	»	[illegible]	[illegible]	[illegible]	[illegible]	157
158	[illegible] ...	[illegible]	[illegible]	—	[illegible]	—	[illegible]	[illegible]				[illegible]	[illegible]	Schirmeck	[illegible]	[illegible]	[illegible]	[illegible]	158
159	[illegible] ...	1 [illegible]	[illegible]	611	[illegible]	—	[illegible]					[illegible]	[illegible]	»	[illegible]	[illegible]	[illegible]	[illegible]	159

5. — Canton de Wasselonne.

Nombre de communes : 19. — *Superficie :* 15 610,20 hectares. — *Population totale :* 14 232.

Numéro d'ordre	Commune	Superficie en ha	Population municipale (1926) agglomérée au chef-lieu	éparse	totale	Population comptée à part (1926)	Population totale au 7 mars 1926 Total général	dont étrang.	Population totale au 6 mars 1921	Religion Chrétiens Catholiques	Protestants	Israélites	autres ou déclarée	Bureau de Perception	Station de chemin de fer Nom de la gare	Distance en km	Bureau de Poste	Commune	Numéro d'ordre
160	Balbronn	1 047,20	648	4	652	—	[illegible]	—	687	156	491	65	—	Westhoffen	Westhoffen	2,31	Balbronn	Balbronn	160
161	*Bergbieten	440,20	506	—	506	—	[illegible]	—	[illegible]	506	—	—	—	»	Soultz-les-Bains	2,90	Bergbieten	Bergbieten	161
162	*Cosswiller	1 388,37	390	—	390	—	[illegible]	5	385	31	349	—	—	Wasselonne	Romanswiller	1,76	Wasselonne	Cosswiller	162
163	*Dahlenheim	546,20	549	4	553	—	[illegible]	1	549	553	—	—	—	Westhoffen	Scharrachbergheim	2,20	Scharrachbergheim	Dahlenheim	163
164	*Dangolsheim	458,57	468	—	468	—	[illegible]	1	452	467	1	—	—	»	Soultz-les-Bains	2,15	Bergbieten	Dangolsheim	164
165	Engenthal	1 847,07	578	623	1 201	—	1 204	—	1 171	1 193	8	—	—	Wasselonne	Romanswiller	9,00	Wangenbourg	Engenthal	165
166	Flexbourg	176,20	345	—	345	—	[illegible]	2	[illegible]	344	1	—	—	Westhoffen	Soultz-les-Bains	5,00	Balbronn	Flexbourg	166
167	*Irmstett	80,07	113	—	113	—	113	—	115	113	—	—	—	Wasselonne	Scharrachbergheim	0,95	Scharrachbergheim	Irmstett	167
168	*Kirchheim	241,00	325	5	330	—	[illegible]	8	[illegible]	218	14	—	—	»	Kirchheim (1)	0,32	Marlenheim	Kirchheim	168
169	Marlenheim	1 442,00	1 220	91	1 311	36	1 347	22	1 279	[illegible]	[illegible]	8	—	»	Marlenheim (2)	0,35	»	Marlenheim	169
170	*Nordheim	646,70	568	—	568	—	[illegible]	3	614	544	24	—	—	»	Marlenheim (3)	3,00	»	Nordheim	170
171	*Odratzheim	162,20	393	—	393	—	[illegible]	17	277	364	13	26	—	»	Odratzheim	0,30	»	Odratzheim	171
172	*Romanswiller	1 165,44	821	27	848	—	[illegible]	11	758	342	440	62	4	»	Romanswiller	1,05	Romanswiller	Romanswiller	172
173	*Scharrachbergheim	251,56	390	—	390	—	[illegible]	—	385	81	406	13	—	Westhoffen	Scharrachbergheim	0,67	Scharrachbergheim	Scharrachbergheim	173
174	Traenheim	306,00	370	4	374	—	376	2	406	64	310	—	—	»	Traenheim	0,78	Westhoffen	Traenheim	
175	*Wangen	404,70	614	—	614	—	644	1	[illegible]	197	417	—	—	»	Wangen	1,21	Marlenheim	Wangen	174
176	Wangenbourg	1 250,00	116	83	199	—	[illegible]	2	[illegible]	188	10	—	1	Wasselonne	Romanswiller	11,22	Wangenbourg	Wangenbourg	175
177	Wasselonne	1 485,44	3 171	320	3 491	—	3 [illegible]	107	3 352	2 072	1 008	77	341	»	Wasselonne	0,92	Wasselonne	Wasselonne	176
178	Westhoffen	2 080,00	1 437	4	1 441	—	1 [illegible]	19	1 [illegible]	273	1 088	83	4	Westhoffen	Westhoffen	0,61	*Westhoffen	Westhoffen	177
																			178

IV. — Arrondissement de Saverne.

6 Cantons : Bouxwiller, Drulingen, La-Petite-Pierre, Marmoutier, Sarre-Union, Saverne.

Nombre de communes : 134. — *Superficie :* 100 424,20 hectares. — *Population totale :* 90 311.

1. — Canton de Bouxwiller.

Nombre de communes : 21. — *Superficie :* 11 794,92 hectares. — *Population totale :* 12 930.

Numéro d'ordre	Commune	Superficie en ha	Population municipale (1926) agglomérée au chef-lieu	éparse	totale	Population comptée à part (1926)	Population totale au 7 mars 1926 Total général	dont étrang.	Population totale au 6 mars 1921	Religion Chrétiens Catholiques	Protestants	Israélites	autres ou déclarée	Bureau de Perception	Station de chemin de fer Nom de la gare	Distance en km	Bureau de Poste	Commune	Numéro d'ordre
179	Bischholtz	259,67	226	—	226	—	[illegible]	—	227	—	[illegible]	—	—	Ingwiller	Ingwiller	5,70	Rothbach	Bischholtz	179
180	Bosselshausen	325,41	265	—	265	—	[illegible]	1	[illegible]	7	[illegible]	—	—	Bouxwiller	Bouxwiller	4,00	Bouxwiller	Bosselshausen	180
181	Bouxwiller	1 381,70	2 672	49	2 721	38	2 759	75	2 [illegible]	495	2 137	116	28	»	»	0,08	»	Bouxwiller	181
182	Buswiller	290,00	237	—	237	—	[illegible]	—	[illegible]	7	[illegible]	7	—	»	Bitche	9,02	Ringendorf	Buswiller	182
183	Griesbach-le-Bastberg	270,02	181	—	181	—	[illegible]	—	194	2	179	—	—	»	Neuwiller	2,45	Bouxwiller	Griesbach-le-Bastberg	183
184	Imbsheim	650,02	706	—	706	—	[illegible]	—	[illegible]	16	[illegible]	—	—	»	Hattmatt	2,05	»	Imbsheim	184
185	Ingwiller	1 798,20	2 134	115	2 249	144	[illegible]	76	2 [illegible]	611	1 [illegible]	233	9	Ingwiller	Ingwiller	0,20	Ingwiller	Ingwiller	185
186	Kirrwiller	491,04	513	—	513	—	[illegible]	—	[illegible]	150	[illegible]	—	—	Bouxwiller	Obermodern	3,35	Bouxwiller	Kirrwiller	186
187	Menchhoffen	425,04	312	7	319	—	[illegible]	—	319	[illegible]	[illegible]	—	—	Ingwiller	Menchhoffen	0,35	Ingwiller	Menchhoffen	187
188	Mulhausen	[illegible]	470	—	470	—	[illegible]	—	[illegible]	[illegible]		30	—	»	Mulhausen	[illegible]	Mulhausen	Mulhausen	188
189	Niedermodern	487,30	482	14	496	—	[illegible]	[illegible]	[illegible]	151		—	3	Bouxwiller	Pfaffenhoffen	0,70	Pfaffenhoffen	Niedermodern	189
190	Niedersoultzbach	413,30	297	—	297	—	[illegible]	—	312	—		—	—	Ingwiller	Obersoultzbach	1,02	Bouxwiller	Niedersoultzbach	190
191	Obermodern	770,07	[illegible]	—	[illegible]	—	[illegible]	16	[illegible]	[illegible]		1	4	Bouxwiller	Obermodern	0,74	Obermodern	Obermodern	191
192	Obersoultzbach	515,00	[illegible]	7	427	—	[illegible]	—	447	—		—	—	Ingwiller	Obersoultzbach	0,08	Bouxwiller	Obersoultzbach	192
193	Pfaffenhoffen	351,41	1 252	—	1 252	—	[illegible]	30	1 [illegible]	270		[illegible]	1	Bouxwiller	Pfaffenhoffen	0,45	Pfaffenhoffen	Pfaffenhoffen	193
194	Riedheim	284,11	216	—	216	—	[illegible]	1	[illegible]	[illegible]		—	—	»	Bouxwiller	2,00	Bouxwiller	Riedheim	194
195	Schalkendorf	[illegible]	[illegible]	5	[illegible]	—	[illegible]	—	[illegible]	—		—	—	»	Obermodern	2,40	Ringendorf	Schalkendorf	195
196	Schillersdorf	751,31	[illegible]	—	[illegible]	—	[illegible]	—	[illegible]	—		—	—	Ingwiller	Menchhoffen	2,10	Ingwiller	Schillersdorf	196
197	Uttwiller	[illegible]	[illegible]	2	212	—	[illegible]	—	[illegible]	1		—	—	»	»	1,00	Bouxwiller	Uttwiller	197
198	Weinbourg	[illegible]	537	—	537	—	[illegible]	1	[illegible]	[illegible]		—	—	»	Obersoultzbach	[illegible]	Weinbourg	Weinbourg	198
199	Zutzendorf	659,00	[illegible]	—	[illegible]	—	[illegible]	—	[illegible]	—		—	25	Bouxwiller	Obermodern	2,50	Obermodern	Zutzendorf	199

2. — Canton de Drulingen.

Nombre de communes : 30. — *Superficie :* 19 [illegible] hectares. — *Population totale :* 13 371.

Numéro d'ordre	Commune	Superficie en ha	Population municipale (1926) agglomérée au chef-lieu	éparse	totale	Population comptée à part (1926)	Population totale au 7 mars 1926 Total général	dont étrang.	Population totale au 6 mars 1921	Religion Chrétiens Catholiques	Protestants	Israélites	autres ou déclarée	Bureau de Perception	Station de chemin de fer Nom de la gare	Distance en km	Bureau de Poste	Commune	Numéro d'ordre
200	Adamswiller	340,00	302	30	332	—	[illegible]	—	317	11		—	—	Diemeringen	Adamswiller	1,55	Adamswiller	Adamswiller	200
201	Asswiller	601,20	242	34	276	—	[illegible]	—	294	10		—	—	Drulingen	Drulingen	2,50	»	Asswiller	201
202	[illegible]	[illegible]	425	—	425	—	[illegible]	2	443	423		—	3	»	Fénétrange	5,70	Fénétrange ([illegible])	[illegible]	202

(1) Station de Tramway : 0,40. — (2) Station de Tramway : 0,06. — (3) Station de Tramway : 3,02.

Numéro d'ordre	Commune	Superficie en ha	Population municipale (1936) agglomérée	éparse	totale	Population comptée à part (1936)	totale au 7 mars 1936 Total général	dont étrang.	Population totale au 6 mars 1931	Religion Chrétiens Catholiques	Protestants	Religion Israélites	autre dénomination	Bureau de Perception	Station de chemin de fer Nom de la gare	Distance en km	Bureau de Poste	Commune	Numéro d'ordre
203	Berg	771,01	457	68	525	—	[illegible]	4	[illegible]	34	[illegible]	—	—	Drulingen	Rexingen	2,30	Berg	Berg	203
204	Bettwiller	[illegible]	[illegible]	—	[illegible]	—	[illegible]	—	321	—	[illegible]	—	—	»	Drulingen	1,70	Drulingen	Bettwiller	204
205	Burbach	[illegible]	386	4	390	—	[illegible]	—	[illegible]	1	[illegible]	—	—	Sarre-Union	Pisdorf	4,09	Pisdorf	Burbach	205
206	Bust	673,[illegible]	511	7	518	—	[illegible]	—	525	7	[illegible]	—	—	Drulingen	Bust	0,[illegible]	Bust	Bust	206
207	Diedendorf	1 082,[illegible]	377	36	413	—	[illegible]	2	412	8	[illegible]	—	12	Sarre-Union	Wolfskirchen	1,11	Wolfskirchen	Diedendorf	207
208	Diemeringen	[illegible]	[illegible]	9	[illegible]	—	[illegible]	12	[illegible]	79	[illegible]	75	1	Diemeringen	Diemeringen	0,[illegible]	Diemeringen	Diemeringen	208
209	Drulingen	489,[illegible]	[illegible]	—	[illegible]	—	[illegible]	5	679	[illegible]	624	—	—	Drulingen	Drulingen	1,15	Drulingen	Drulingen	209
210	Durstel	851,[illegible]	309	24	333	—	[illegible]	—	353	23	330	—	—	»	Rexingen	2,71	Adamswiller	Durstel	210
211	Eschwiller	348,[illegible]	205	—	205	—	[illegible]	—	215	205	—	—	—	»	Wolfskirchen	5,[illegible]	Wolfskirchen	Eschwiller	211
212	Eywiller	481,[illegible]	401	—	401	—	[illegible]	12	393	165	[illegible]	—	1	»	Drulingen	5,37	»	Eywiller	212
213	Gœrlingen	376,[illegible]	299	—	299	—	[illegible]	—	285	11	[illegible]	—	—	»	Sarraltroff	4,[illegible]	Sarraltroff (Mos.	Gœrlingen	213
214	Gungwiller	164,[illegible]	297	—	297	—	[illegible]	6	300	—	297	—	—	»	Drulingen	2,74	Drulingen	Gungwiller	214
215	Hirschland	1 071,[illegible]	487	25	512	—	[illegible]	2	[illegible]	4	[illegible]	—	—	»	Weyer	6,47	Hirschland	Hirschland	215
216	Kirrberg	685,16	250	—	250	—	[illegible]	—	254	2	[illegible]	—	—	»	Fénétrange	3,[illegible]	Fénétrange (Mos.	Kirrberg	216
217	Mackwiller	901,[illegible]	725	—	725	—	[illegible]	—	[illegible]	122	[illegible]	—	—	Diemeringen	Mackwiller	0,94	Diemeringen	Mackwiller	217
218	Ottwiller	507,[illegible]	279	—	279	—	[illegible]	—	[illegible]	[illegible]	[illegible]	—	20	Drulingen	Drulingen	4,[illegible]	Drulingen	Ottwiller	218
219	Pisdorf	779,[illegible]	384	4	388	—	[illegible]	2	[illegible]	15	[illegible]	—	—	Sarre-Union	Pisdorf	0,[illegible]	Pisdorf	Pisdorf	219
220	Rauwiller	488,[illegible]	317	—	317	—	[illegible]	—	347	—	[illegible]	—	—	Drulingen	Schalbach	4,[illegible]	Lixheim (Moselle	Rauwiller	220
221	Rexingen	251,[illegible]	166	18	184	—	[illegible]	2	[illegible]	[illegible]	176	—	—	»	Rexingen	1,[illegible]	Drulingen	Rexingen	221
222	Siewiller	625,[illegible]	[illegible]	—	[illegible]	—	[illegible]	1	486	312	171	—	—	»	[illegible]	0,70	»	Siewiller	222
223	Thal-Drulingen	324,[illegible]	316	—	316	—	[illegible]	1	316	67	244	—	5	»	Rexingen	3,77	Berg	Thal-Drulingen	223
224	Volksberg	[illegible]	473	82	555	—	[illegible]	1	613	40	515	—	—	Diemeringen	Puberg	4,[illegible]	Tieffenbach	Volksberg	224
225	Waldhambach	1 250,[illegible]	[illegible]	—	[illegible]	—	[illegible]	—	[illegible]	19	[illegible]	—	—	»	Adamswiller	2,[illegible]	Waldhambach	Waldhambach	225
226	Weislingen	701,[illegible]	[illegible]	38	[illegible]	—	[illegible]	4	654	151	[illegible]	—	—	»	»	2,[illegible]	Tieffenbach	Weislingen	226
227	Weyer	1 191,[illegible]	681	—	681	—	[illegible]	2	[illegible]	117	[illegible]	—	—	Drulingen	Weyer	0,[illegible]	Weyer	Weyer	227
228	Wolfskirchen	[illegible]	[illegible]	28	[illegible]	—	[illegible]	3	[illegible]	21		—	—	Sarre-Union	Wolfskirchen	1,29	Wolfskirchen	Wolfskirchen	228
229	Zollingen	480,[illegible]	190	5	195	—	[illegible]	2	200	19	1	—	—	»	Pisdorf	2,11	Pisdorf	Zollingen	229

8. — Canton de La-Petite-Pierre.

Nombre de communes : 22. — *Superficie :* 24 [illegible] hectares. — *Population totale :* 13 770.

Numéro d'ordre	Commune	Superficie en ha	agglomérée	éparse	totale	Population comptée à part	Total général	dont étrang.	Population totale 1931	Catholiques	Protestants	Israélites	autre dénomination	Bureau de Perception	Nom de la gare	Distance en km	Bureau de Poste	Commune	Numéro d'ordre
230	Dossenheim-sur-Zinsel	1 712,[illegible]	841	60	901	21	[illegible]	38	[illegible]	149	[illegible]	4	26	Bouxwiller	Dossenheim	0,[illegible]	Dossenheim-sur-Zinsel	Dossenheim-sur-Zinsel	230
231	Erckartswiller	1 048,14	[illegible]	—	[illegible]	—	[illegible]	1	[illegible]	12	[illegible]	—	—	La-Petite-Pierre	[illegible]	3,[illegible]	La-Petite-Pierre	Erckartswiller	231
232	Eschbourg	1 404,[illegible]	[illegible]	215	815	—	[illegible]	—	[illegible]	[illegible]	[illegible]	—	—	»	Graufthal	4,[illegible]	Graufthal	Eschbourg	232
233	Frohmuhl	165,[illegible]	272	—	272	—	[illegible]	1	[illegible]	264	[illegible]	—	—	»	Frohmuhl	0,37	Tieffenbach	Frohmuhl	233
234	Hinsbourg	327,[illegible]	134	—	134	—	[illegible]	—	130	3	[illegible]	—	—	»	»	2,[illegible]	»	Hinsbourg	234
235	La-Petite-Pierre	1 982,[illegible]	[illegible]	45	713	—	[illegible]	3	[illegible]	157	[illegible]	—	3	»	[illegible]	2,[illegible]	La-Petite-Pierre	La-Petite-Pierre	235
236	Lichtenberg	1 265,[illegible]	[illegible]	115	[illegible]	—	[illegible]	—	[illegible]	[illegible]	[illegible]	—	—	Ingwiller	Wimmenau	6,[illegible]	Lichtenberg	Lichtenberg	236
237	Lohr	1 041,[illegible]	[illegible]	21	[illegible]	—	[illegible]	—	[illegible]	14	[illegible]	—	—	La-Petite-Pierre	[illegible]	2,37	Petersbach	Lohr	237
238	Neuwiller-lès-Saverne	3 180,[illegible]	1 142	80	1 222	—	[illegible]	8	[illegible]	648	[illegible]	46	—	Bouxwiller	Neuwiller	[illegible]	Neuwiller-lès-Saverne	Neuwiller-lès-Saverne	238
239	Petersbach	[illegible]	[illegible]	—	[illegible]	—	[illegible]	2	[illegible]	[illegible]	[illegible]	—	—	La-Petite-Pierre	[illegible]	[illegible]	Petersbach	Petersbach	239
240	Pfalzweyer	[illegible]	[illegible]	—	[illegible]	—	[illegible]	—	[illegible]	[illegible]	[illegible]	—	—	»	[illegible]	[illegible]	[illegible]	Pfalzweyer	240
241	Puberg	[illegible]	[illegible]	—	[illegible]	—	[illegible]	—	[illegible]	[illegible]	[illegible]	—	—	»	Puberg	[illegible]	[illegible]	Puberg	[illegible]
242	Reipertswiller	1 [illegible]	[illegible]	[illegible]	571	—	[illegible]	1	[illegible]	[illegible]	[illegible]	—	—	Ingwiller	[illegible]	[illegible]	[illegible]	Reipertswiller	[illegible]
243	Rosteig	[illegible]	[illegible]	[illegible]	[illegible]	—	[illegible]	—	[illegible]	[illegible]	[illegible]	—	1	La-Petite-Pierre	Rosteig	[illegible]	[illegible]	Rosteig	[illegible]
244	Schœnbourg	[illegible]	[illegible]	[illegible]	[illegible]	—	[illegible]	[illegible]	[illegible]	[illegible]	[illegible]	—	—	»	[illegible]	[illegible]	[illegible]	Schœnbourg	[illegible]
245	Sparsbach	1 [illegible]	[illegible]	[illegible]	[illegible]	—	[illegible]	—	[illegible]	[illegible]	[illegible]	—	—	»	[illegible]	[illegible]	[illegible]	Sparsbach	[illegible]
246	Struth	[illegible]	[illegible]	37	[illegible]	—	[illegible]	19	[illegible]	[illegible]	[illegible]	[illegible]	—	»	[illegible]	[illegible]	[illegible]	Struth	[illegible]
247	Tieffenbach	[illegible]	[illegible]	—	[illegible]	—	[illegible]	[illegible]	[illegible]	[illegible]	[illegible]	—	—	»	»	[illegible]	»	Tieffenbach	[illegible]
248	Weiterswiller	[illegible]	[illegible]	7	[illegible]	—	[illegible]	14	[illegible]	[illegible]	[illegible]	[illegible]	1	»	[illegible]	[illegible]	Weiterswiller	Weiterswiller	[illegible]
249	Wimmenau	2 [illegible]	[illegible]	27	[illegible]	—	[illegible]	[illegible]	[illegible]	[illegible]	[illegible]	[illegible]	1	Ingwiller	Wimmenau	[illegible]	Wimmenau	Wimmenau	[illegible]
250	Wingen-sur-Moder	1 [illegible]	[illegible]	[illegible]	[illegible]	—	[illegible]	7	[illegible]	[illegible]	[illegible]	—	—	»	Wingen-sur-Moder	[illegible]	Wingen-sur-Moder	Wingen-sur-Moder	[illegible]
251	Zittersheim	[illegible]	[illegible]	30	[illegible]	—	[illegible]	1	[illegible]	[illegible]	[illegible]	—	—	La-Petite-Pierre	»	4,[illegible]	»	Zittersheim	[illegible]

Numéro d'ordre	Commune	Superficie en ha	Population municipale (1926) agglomérée au chef-lieu	Population municipale (1926) éparse	Population municipale (1926) totale	Population comptée à part (1926)	Population totale au 7 mars 1926 Total général	Population totale au 7 mars 1926 dont étrang.	Population totale au 6 mars 1921	Religion Chrétiens Catholiques	Religion Chrétiens Protestants	Religion Israélites	Religion autre ou non déclarée	Bureau de Perception	Station de chemin de fer Nom de la gare	Station de chemin de fer Distance en km	Bureau de Poste	Commune	Numéro d'ordre
	4. — Canton de Marmoutier.																		
	Nombre de communes : 25. — Superficie : 12 248,30 hectares. — Population totale : 9 310.																		
252	**Allenwiller**	586,04	397	5	402	—	**402**	—	400	203	199	—	—	Marmoutier	Romanswiller	3,00	Romanswiller	**Allenwiller**	252
253	**Birkenwald**	312,43	343	—	343	—	**343**	—	381	343	—	—	—	»	Marmoutier	4,58	Marmoutier	**Birkenwald**	253
254	**Crastatt**	334,30	237	—	237	—	**237**	—	317	237	—	—	—	»	Romanswiller	3,50	Wasselonne	**Crastatt**	254
255	**Dimbsthal**	190,84	198	—	198	—	**198**	—	208	198	—	—	—	»	Marmoutier	2,73	Marmoutier	**Dimbsthal**	255
256	**Gottenhausen**	125,00	202	2	204	—	**204**	—	208	204	—	—	—	Saverne	Otterswiller	1,86	Otterswiller	**Gottenhausen**	256
257	**Hagen**	2 081,02	448	55	503	—	**503**	4	496	486	16	—	1	»	Saverne	4,32	Saverne	**Hagen**	257
258	**Hengwiller**	214,40	131	—	131	—	**131**	—	139	131	—	—	—	Marmoutier	Marmoutier	4,84	Marmoutier	**Hengwiller**	258
259	**Hohengoeft**	346,52	370	—	370	—	**370**	—	417	370	—	—	—	»	Wasselonne	1,15	Wasselonne	**Hohengoeft**	259
260	**Jetterswiller**	352,80	217	—	217	—	**217**	—	227	217	—	—	—	»	Marmoutier	5,28	Marmoutier	**Jetterswiller**	260
261	**Kleingoeft**	248,27	135	—	135	—	**135**	—	112	135	—	—	—	»	»	6,92	»	**Kleingoeft**	261
262	**Knoersheim**	235,02	162	—	162	—	**162**	—	162	162	—	—	—	»	Wasselonne	7,45	Wasselonne	**Knoersheim**	262
263	**Landersheim**	210,80	148	—	148	—	**148**	—	147	148	—	—	—	»	Wilwisheim	8,43	Saverne	**Landersheim**	263
264	**Lochwiller**	465,24	368	—	368	—	**368**	—	375	368	—	—	—	»	Marmoutier	3,30	Marmoutier	**Lochwiller**	264
265	**Marmoutier**	1 405,07	1 577	200	1 777	9	**1 786**	31	1 781	1 687	23	76	—	»	»	0,08	»	**Marmoutier**	265
266	**Otterswiller**	328,00	742	—	742	—	**742**	6	697	724	18	—	—	Saverne	Otterswiller	0,23	Otterswiller	**Otterswiller**	266
267	**Rangen**	164,90	118	94	212	—	**212**	—	229	211	—	—	1	Marmoutier	Wasselonne	4,08	Wasselonne	**Rangen**	267
268	**Reinhardsmunster**	1 861,56	399	18	417	—	**417**	—	433	410	7	—	—	»	Marmoutier	6,87	Marmoutier	**Reinhardsmunster**	268
269	**Reutenbourg**	444,38	396	4	400	67	**467**	11	517	467	—	—	—	»	»	3,35	»	**Reutenbourg**	269
270	**Salenthal**	133,13	160	—	160	—	**160**	—	160	159	1	—	—	»	Romanswiller	4,41	»	**Salenthal**	270
271	**Schwenheim**	495,18	737	—	737	—	**737**	4	627	735	1	—	1	Saverne	Marmoutier	4,77	»	**Schwenheim**	271
272	***Singrist**	354,01	249	5	254	—	**254**	2	286	252	2	—	—	Marmoutier	»	2,85	»	**Singrist**	272
273	**Thal-Marmoutier**	342,15	199	237	436	25	**461**	15	464	454	6	—	1	Saverne	Otterswiller	3,02	Otterswiller	**Thal-Marmoutier**	273
274	**Westhouse-Marmoutier**	396,97	280	—	280	—	**280**	—	289	280	—	—	—	Marmoutier	Marmoutier	7,08	Marmoutier	**Westhouse-Marmoutier**	274
275	**Zehnacker**	216,10	215	—	215	—	**215**	1	208	87	128	—	—	»	Wasselonne	5,71	Wasselonne	**Zehnacker**	275
276	**Zeinheim**	244,00	161	—	161	—	**161**	4	138	161	—	—	—	»	»	5,71	»	**Zeinheim**	276
	5. — Canton de Sarre-Union.																		
	Nombre de communes : 18. — Superficie : 19 074,16 hectares. — Population totale : 12 769.																		
277	***Altwiller**	1 622,77	477	72	549	—	**549**	8	641	7	542	—	—	Sarre-Union	Kappelkinger	7,15	Harskirchen	**Altwiller**	277
278	***Bissert**	336,02	194	—	194	—	**194**	2	194	107	87	—	—	»	Sarre-Union	5,40	»	**Bissert**	278
279	**Butten**	1 518,77	751	28	779	—	**779**	2	813	114	665	—	—	Diemeringen	Diemeringen	5,85	Diemeringen	**Butten**	279
280	**Dehlingen**	1 092,80	502	20	522	—	**522**	2	583	61	461	—	—	»	Oermingen	5,00	»	**Dehlingen**	280
281	**Domfessel**	622,20	297	24	321	—	**321**	2	351	34	287	—	—	Sarre-Union	Domfessel	0,41	»	**Domfessel**	281
282	***Harskirchen**	1 441,04	658	147	805	12	**817**	24	1 026	111	394	—	12	»	Sarre-Union	3,97	Harskirchen	**Harskirchen**	282
283	**Herbitzheim**	2 172,40	1 588	38	1 626	—	**1 626**	13	1 607	1 357	265	4	—	»	Herbitzheim	0,35	Herbitzheim	**Herbitzheim**	283
284	***Hinsingen**	297,34	115	—	115	—	**115**	—	114	42	73	—	—	»	Rech	4,23	Rech (Moselle)	**Hinsingen**	284
285	***Keskastel**	1 887,55	1 211	65	1 276	21	**1 297**	13	1 269	817	468	—	12	»	Keskastel	0,87	Keskastel	**Keskastel**	285
286	**Lorentzen**	797,05	437	24	461	—	**461**	1	475	31	430	—	—	Diemeringen	Domfessel	1,57	Diemeringen	**Lorentzen**	286
287	**Oermingen**	1 462,21	1 008	12	1 020	—	**1 020**	3	1 113	702	316	—	2	Sarre-Union	Oermingen	0,35	Oermingen	**Oermingen**	287
288	***Ratzwiller**	883,75	316	—	316	—	**316**	—	336	18	298	—	—	Diemeringen	Diemeringen	6,26	Diemeringen	**Ratzwiller**	288
289	**Rimsdorf**	606,23	224	34	258	—	**258**	2	270	76	182	—	—	Sarre-Union	Sarre-Union	3,70	Sarre-Union	**Rimsdorf**	289
290	**Sarre-Union**	1 539,21	2 707	29	2 736	12	**2 748**	120	2 765	1 291	1 324	122	11	»	»	0,29	»	**Sarre-Union**	290
291	**Sarrewerden**	403,76	426	11	437	—	**437**	1	480	296	141	—	—	»	Sarrewerden	0,30	»	**Sarrewerden**	291
292	**Schopperten**	418,56	298	—	298	—	**298**	3	274	32	266	—	—	»	Schopperten	0,31	»	**Schopperten**	292
293	***Siltzheim**	715,90	475	7	482	—	**482**	4	483	480	2	—	—	»	Neugrange	3,76	Hambach (Moselle)	**Siltzheim**	293
294	***Voellerdingen**	1 345,22	501	28	529	—	**529**	1	555	186	343	—	—	»	Voellerdingen	0,38	Diemeringen	**Voellerdingen**	294
	6. — Canton de Saverne.																		
	Nombre de communes : 18. — Superficie : 12 973,16 hectares. — Population totale : 18 271.																		
295	**Altenheim**	268,50	269	—	269	—	**269**	1	265	266	3	—	—	Dettwiller	Dettwiller	4,23	Dettwiller	**Altenheim**	295
296	**Dettwiller**	1 078,11	1 828	225	2 053	—	**2 053**	17	1 955	1 056	905	65	27	»	»	0,27	»	**Dettwiller**	296
297	**Eckartswiller**	1 242,04	453	19	472	19	**491**	7	470	484	6	—	1	Saverne	Zornhof	3,20	St-Jean-Saverne	**Eckartswiller**	297
298	**Ernolsheim-Saverne**	1 093,07	463	—	463	—	**463**	2	462	1	462	—	—	»	Dossenheim	2,03	Dossenheim-sur-Zinsel	**Ernolsheim-Saverne**	298

Numéro d'ordre	Commune	Superficie en ha	Population municipale (1926) agglomérée	éparse	totale	Population comptée à part (1926)	totale au 7 mars 1926 Total général	dont dénomb.	Population totale au 6 mars 1921	Chrétiens Catholiques	Protestants	Israélites	autre ou non déclarée	Bureau de Perception	Station de chemin de fer Nom de la gare	Distance en km	Bureau de Poste	Commune	Numéro d'ordre
299	Furchhausen	285,78	263	—	263	—	[illegible]	—	265	15	248	—	—	Dettwiller	Steinbourg	5,84	Waldolwisheim	Furchhausen	299
300	Gottenhausen	506,23	394	—	394	—	[illegible]	6	388	1	[illegible]	—	—	»	Dettwiller	2,80	Dettwiller	Gottenhausen	300
301	Hattmatt	413,81	509	13	522	—	[illegible]	—	577	34	[illegible]	—	—	»	Hattmatt	0,70	Dossenheim-sur-Zinsel	Hattmatt	301
302	Littenheim	418,57	311	—	311	—	311	4	315	311	—	—	—	»	Wilwisheim	3,79	Dettwiller	Littenheim	302
303	Lupstein	779,71	530	38	568	16	[illegible]	2	565	[illegible]	—	—	—	»	»	2,46	»	Lupstein	303
304	Maennolsheim	270,00	152	—	152	—	152	4	154	151	1	—	—	»	Dettwiller	7,74	Saverne	Maennolsheim	304
305	Monswiller	472,66	1 321	27	1 348	—	1 348	21	1 348	650	[illegible]	—	—	Saverne	Zornhoff	0,84	»	Monswiller	305
306	Ottersthal	312,60	429	7	436	—	436	14	431	429	7	—	—	»	Saverne	2,60	»	Ottersthal	306
307	Printzheim	425,65	285	—	285	—	[illegible]	3	258	1	284	—	—	Dettwiller	Hattmatt	4,75	Dettwiller	Printzheim	307
308	St-Jean-Saverne	687,23	631	—	631	—	631	1	620	628	3	—	—	Saverne	Zornhoff	3,12	St-Jean-Saverne	St-Jean-Saverne	308
309	Saverne	2 600,88	6 954	156	7 110	806	[illegible]	254	7 316	5 861	1 5[illegible]	275	187	»	Saverne	0,50	Saverne	Saverne	309
310	Steinbourg	1 244,68	1 166	206	1 372	—	1 372	3	1 401	1 301	71	—	—	Dettwiller	Steinbourg	0,78	Steinbourg	Steinbourg	310
311	Waldolwisheim	561,25	541	—	541	—	541	—	511	538	3	—	—	»	»	3,91	Waldolwisheim	Waldolwisheim	311
312	Wolschheim	360,30	240	—	240	—	[illegible]	1	225	143	97	—	—	»	Dettwiller	6,08	Saverne	Wolschheim	312

V. — Arrondissement de Sélestat.

4 Cantons : Barr, Marckolsheim, Sélestat, Villé.

Nombre de communes : 63. — *Superficie :* [illegible] hectares. — *Population totale :* 60 346.

1. — Canton de Barr.

Nombre de communes : 16. — *Superficie :* 16 [illegible] hectares. — *Population totale :* 15 751.

Numéro d'ordre	Commune	Superficie en ha	Population municipale (1926) agglomérée	éparse	totale	Population comptée à part (1926)	totale au 7 mars 1926 Total général	dont dénomb.	Population totale au 6 mars 1921	Chrétiens Catholiques	Protestants	Israélites	autre ou non déclarée	Bureau de Perception	Station de chemin de fer Nom de la gare	Distance en km	Bureau de Poste	Commune	Numéro d'ordre
313	Andlau	2 404,46	1 373	27	1 400	115	[illegible]	120	1 510	1 479	[illegible]	—	—	Barr	Eichhoffen	2,00	Andlau	Andlau	313
314	Barr	2 136,46	4 136	6	4 142	43	[illegible]	96	4 176	2 125	1 [illegible]	104	60	»	Barr	1,20	Barr	Barr	314
315	Bernardvillé	274,00	233	11	244	—	244	—	257	244	—	—	—	Dambach-la-Ville	Epfig	4,77	Itterswiller	Bernardvillé	315
316	Blienschwiller	316,65	426	—	426	—	426	4	408	425	1	—	—	»	Dambach-la-Ville	3,37	Dambach-la-Ville	Blienschwiller	316
317	Dambach-la-Ville	2 922,80	1 919	100	2 019	13	[illegible]	42	1 986	[illegible]	31	35	—	»	»	0,00	»	Dambach-la-Ville	317
318	*Eichhoffen	229,50	320	8	328	—	328	47	343	314	14	—	—	Barr	Eichhoffen	0,40	Eichhoffen	Eichhoffen	318
319	Epfig	2 225,97	1 837	15	1 852	—	[illegible]	9	1 808	1 775	21	56	—	Dambach-la-Ville	Epfig	1,00	Epfig	Epfig	319
320	*Gertwiller	489,41	660	4	664	—	664	9	678	267	394	—	3	Barr	Gertwiller	0,56	Gertwiller	Gertwiller	320
321	Heiligenstein	398,70	615	8	623	—	623	—	644	5	618	—	—	»	Barr	2,90	Heiligenstein	Heiligenstein	321
322	*Hohwald (Le)	2 092,78	315	266	581	20	[illegible]	6	575	223	373	—	5	»	Eichhoffen	11,00	Hohwald (Le)	Hohwald (Le)	322
323	Itterswiller	115,37	311	—	311	9	[illegible]	—	341	285	—	26	9	Dambach-la-Ville	Epfig	1,00	Itterswiller	Itterswiller	323
324	Mittelbergheim	378,42	606	3	609	—	[illegible]	25	566	197	408	—	4	Barr	Barr	2,22	Barr	Mittelbergheim	324
325	Nothalten	417,45	508	15	523	—	[illegible]	1	361	[illegible]	—	—	—	Dambach-la-Ville	Epfig	3,00	Nothalten	Nothalten	325
326	Reichsfeld	507,54	361	24	385	—	[illegible]	1	384	[illegible]	1	—	1	»	»	5,02	Itterswiller	Reichsfeld	326
327	St-Pierre	318,23	286	34	320	53	[illegible]	5	337	344	19	—	10	Barr	Eichhoffen	2,34	Eichhoffen	St-Pierre	327
328	Stotzheim	1 352,30	1 071	—	1 071	—	1 071	2	1 155	1 036	2	30	1	»	»	3,50	Stotzheim	Stotzheim	328

2. — Canton de Marckolsheim.

Nombre de communes : 21. — *Superficie :* 21 [illegible] hectares. — *Population totale :* 16 048.

Numéro d'ordre	Commune	Superficie en ha	Population municipale (1926) agglomérée	éparse	totale	Population comptée à part (1926)	totale au 7 mars 1926 Total général	dont dénomb.	Population totale au 6 mars 1921	Chrétiens Catholiques	Protestants	Israélites	autre ou non déclarée	Bureau de Perception	Station de chemin de fer Nom de la gare	Distance en km	Bureau de Poste	Commune	Numéro d'ordre
329	Artolsheim	1 125,66	719	8	727	—	727	6	734	704	[illegible]	—	—	Marckolsheim	Artolsheim	—	Artolsheim	Artolsheim	329
330	Baldenheim	937,46	906	37	943	—	[illegible]	7	[illegible]	147	[illegible]	—	—	Muttersholtz	Richtolsheim	4,56	Baldenheim	Baldenheim	330
331	*Bindernheim	678,33	644	—	644	—	644	3	651	644	—	—	—	»	Diebolsheim	4,30	Hilsenheim	Bindernheim	331
332	*Boesenbiesen	385,30	222	—	222	—	222	—	234	222	—	—	—	Marckolsheim	Richtolsheim	3,86	Baldenheim	Boesenbiesen	332
333	Bootzheim	596,30	335	—	335	—	[illegible]	1	373	[illegible]	—	—	—	»	Bootzheim	0,73	Mackenheim	Bootzheim	333
334	*Diebolsheim	708,30	401	—	401	—	[illegible]	—	442	401	—	—	—	Muttersholtz	Diebolsheim	0,00	Diebolsheim	Diebolsheim	334
335	Elsenheim	980,11	[illegible]	7	606	—	[illegible]	3	582	[illegible]	6	—	—	Marckolsheim	Elsenheim	0,36	Grussenheim (H.-Rh.)	Elsenheim	335
336	Heidolsheim	585,18	271	7	278	—	278	—	[illegible]	278	—	—	—	»	Hessenheim	4,77	Ohnenheim	Heidolsheim	336
337	Hessenheim	521,11	432	—	432	—	[illegible]	1	458	[illegible]	—	—	—	»	»	1,77	Artolsheim	Hessenheim	337
338	*Hilsenheim	2 088,60	1 650	4	1 654	180	[illegible]	184	[illegible]	[illegible]	[illegible]	—	—	Muttersholtz	Sundhouse	6,48	Hilsenheim	Hilsenheim	338
339	Mackenheim	1 174,64	712	13	725	—	[illegible]	5	781	[illegible]	[illegible]	56	56	Marckolsheim	Mackenheim	0,84	Mackenheim	Mackenheim	339
340	Marckolsheim	3 352,77	1 712	165	1 877	18	[illegible]	49	2 012	1 773	[illegible]	73	73	»	Marckolsheim	—	Marckolsheim	Marckolsheim	340
341	Mussig	1 176,90	853	19	872	—	[illegible]	5	[illegible]	[illegible]	—	—	—	Muttersholtz	Hessenheim	6,01	Mussig	Mussig	341
342	Muttersholtz	1 254,90	1 449	169	1 618	—	[illegible]	12	[illegible]	261	1 [illegible]	50	56	»	Ebersheim	6,50	Muttersholtz	Muttersholtz	342
343	Ohnenheim	1 210,68	783	6	789	—	[illegible]	—	[illegible]	[illegible]	—	—	—	Marckolsheim	Elsenheim	2,02	Ohnenheim	Ohnenheim	343

Numéro d'ordre	Commune	Superficie en ha	Population municipale (1926) agglomérée	éparse	totale	Population comptée à part (1926)	Population totale au 7 mars 1926 Total général	dont doubles comptes	Population totale au 6 mars 1921	Religion Catholiques	Protestants	Israélites	autre ou non déclarée	Bureau de Perception	Station de chemin de fer Nom de la gare	Distance en km	Bureau de Poste	Commune	Numéro d'ordre
344	*Richtolsheim	363,13	317	—	317	—	317	—	333	317	—	—	—	Marckolsheim	Richtolsheim	—	Sundhouse	Richtolsheim	344
345	*Saasenheim	782,74	441	—	441	—	441	—	430	440	—	—	1	»	»	2,46	»	Saasenheim	345
346	Schoenau	1 145,30	465	—	465	—	465	5	472	461	3	—	1	»	»	4,31	Schoenau	Schoenau	346
347	*Schwobsheim	281,51	222	—	222	—	222	2	221	222	—	—	—	»	»	1,67	Baldenheim	Schwobsheim	347
348	Sundhouse	1 591,03	1 097	—	1 097	—	1 097	4	1 121	105	974	—	17	Muttersholtz	Sundhouse	0,15	Sundhouse	Sundhouse	348
349	Wittisheim	1 138,00	1 185	—	1 185	—	1 185	2	1 132	1 180	5	—	—	»	»	2,47	Wittisheim	Wittisheim	349

3. — Canton de Sélestat.

Nombre de communes : 8. — *Superficie :* 13 479,97 hectares. — *Population totale :* 19 037.

Numéro d'ordre	Commune	Superficie en ha	agglomérée	éparse	totale	comptée à part	Total général	doubles comptes	Pop. 1921	Catholiques	Protestants	Israélites	autre ou non déclarée	Bureau de Perception	Nom de la gare	Distance en km	Bureau de Poste	Commune	Numéro d'ordre
350	Châtenois (1)	2 153,86	2 077	467	2 544	21	2 565	23	2 436	2 541	24	—	—	Sélestat	Châtenois	0,57	Châtenois	Châtenois	350
351	Dieffenthal	146,56	187	—	187	—	187	—	192	187	—	—	—	Dambach-la-Ville	Dambach-la-Ville	2,54	Dambach-la-Ville	Dieffenthal	351
352	Ebersheim	1 350,31	1 648	64	1 712	—	1 712	18	1 636	1 712	—	—	—	Sélestat	Ebersheim	1,00	Ebersheim	Ebersheim	352
353	Ebersmunster	729,03	394	7	401	84	485	11	564	464	20	—	1	»	»	2,97	»	Ebersmunster	353
354	Kintzheim	1 856,73	1 167	44	1 211	—	1 211	17	1 215	1 176	20	1	14	»	Châtenois	2,52	Kintzheim	Kintzheim	354
355	Orschwiller	609,25	529	21	550	—	550	6	569	550	—	—	—	»	St-Hippolyte	4,03	»	Orschwiller	355
356	Scherwiller	1 858,16	2 110	—	2 110	52	2 162	27	2 123	2 095	11	65	—	Dambach-la-Ville	Scherwiller	0,95	Scherwiller	Scherwiller	356
357	Sélestat	4 775,05	8 971	709	9 680	485	10 165	189	9 943	6 465	543	230	2927	Sélestat	Sélestat	0,92	Sélestat	Sélestat	357

4. — Canton de Villé.

Nombre de communes : 18. — *Superficie :* 11 868,21 hectares. — *Population totale :* 9 512.

Numéro d'ordre	Commune	Superficie en ha	agglomérée	éparse	totale	comptée à part	Total général	doubles comptes	Pop. 1921	Catholiques	Protestants	Israélites	autre ou non déclarée	Bureau de Perception	Nom de la gare	Distance en km	Bureau de Poste	Commune	Numéro d'ordre
358	Albé	1 106,20	577	14	591	—	591	—	692	589	—	—	2	Villé	Villé	1,79	Villé	Albé	358
359	Bassemberg	186,20	252	—	252	—	252	4	256	251	1	—	—	»	»	2,27	»	Bassemberg	359
360	Breitenau	443,12	233	44	277	—	277	—	275	277	—	—	—	»	»	3,20	Fouchy	Breitenau	360
361	Breitenbach	1 201,12	764	47	811	—	811	4	905	805	6	—	—	»	»	3,06	Breitenbach	Breitenbach	361
362	Dieffenbach-au-Val	312,20	383	—	383	—	383	—	383	383	—	—	—	»	St-Maurice	1,56	Thanvillé	Dieffenbach-au-Val	362
363	Fouchy	812,24	416	195	611	—	611	39	656	609	2	—	—	»	Villé	3,56	Fouchy	Fouchy	363
364	Lalaye	808,13	214	414	628	—	628	—	733	628	—	—	—	»	»	4,03	»	Lalaye	364
365	Maisonsgoutte	500,09	816	—	816	—	816	11	862	816	—	—	—	»	»	3,04	Maisonsgoutte	Maisonsgoutte	365
366	Neubois	1 237,20	514	—	514	—	514	3	562	514	—	—	—	»	Neubois	2,22	Thanvillé	Neubois	366
367	Neuve-Eglise	571,00	445	103	548	—	548	—	541	547	1	—	—	»	Triembach	1,37	Triembach	Neuve-Eglise	367
368	St-Martin	406,20	313	6	319	—	319	1	336	313	6	—	—	»	Villé	1,08	Villé	St-Martin	368
369	St-Maurice	148,20	263	22	285	—	285	1	253	285	—	—	—	»	St-Maurice	0,17	Thanvillé	St-Maurice	369
370	St-Pierre-Bois	840,77	269	288	557	—	557	—	620	551	6	—	—	»	Thanvillé	1,09	»	St-Pierre-Bois	370
371	Steige	1 008,02	648	28	676	—	676	—	734	656	25	—	—	»	Villé	5,79	Steige	Steige	371
372	Thanvillé	202,74	248	54	302	—	302	—	305	302	—	—	—	»	Thanvillé	0,15	Thanvillé	Thanvillé	372
373	Triembach	290,80	380	8	388	—	388	4	412	378	10	—	—	»	Triembach	0,21	Triembach	Triembach	373
374	Urbeis	1 188,70	346	105	451	4	455	—	473	425	26	—	4	»	Villé	7,47	Urbeis	Urbeis	374
375	Villé	305,22	1 099	—	1 099	—	1 099	107	1 012	1 008	42	40	1	»	»	0,27	Villé	Villé	375

VI. — Arrondissement de Strasbourg-Campagne.

4 Cantons : Brumath, Hochfelden, Schiltigheim, Truchtersheim.

Nombre de communes : 102. — *Superficie :* 86 919,86 hectares. — *Population totale :* 97 742.

1. — Canton de Brumath.

Nombre de communes : 21. — *Superficie :* 20 488,17 hectares. — *Population totale :* 26 129.

Numéro d'ordre	Commune	Superficie en ha	agglomérée	éparse	totale	comptée à part	Total général	doubles comptes	Pop. 1921	Catholiques	Protestants	Israélites	autre ou non déclarée	Bureau de Perception	Nom de la gare	Distance en km	Bureau de Poste	Commune	Numéro d'ordre
376	Bernolsheim	356,09	308	2	310	—	310	1	304	309	—	—	1	Brumath	Brumath	3,15	Brumath	Bernolsheim	376
377	*Bietlenheim	221,19	125	—	125	—	125	2	137	2	123	—	—	»	Weyersheim	1,36	Weyersheim	Bietlenheim	377
378	*Bilwisheim	256,18	268	—	268	—	268	4	280	268	—	—	—	»	Stephansfeld	3,56	Brumath	Bilwisheim	378
379	Brumath	3 013,65	4 316	336	4 652	1 091	5 743	151	5 277	2 683	2 858	202	45	»	Brumath	0,67	»	Brumath	379
380	*Donnenheim	376,12	151	—	151	—	151	2	137	151	—	—	—	»	Stephansfeld	4,05	»	Donnenheim	380
381	Eckwersheim	747,30	756	39	795	—	795	4	789	76	704	15	—	»	Vendenheim	2,05	Vendenheim	Eckwersheim	381
382	*Gambsheim	1 890,03	2 298	22	2 320	—	2 320	18	2 178	2 267	38	—	—	Schiltigheim	Gambsheim	1,05	Gambsheim	Gambsheim	382
383	*Geudertheim	1 147,00	1 238	—	1 238	—	1 238	7	1 315	237	999	—	3	Brumath	Hoerdt	3,87	Geudertheim	Geudertheim	383
384	*Gries	1 228,10	1 590	184	1 774	—	1 774	15	1 697	582	1 190	—	2	»	Kurtzenhausen	1,14	Kurtzenhausen	Gries	384

(1) Par décret en date du 23 février 1927 la commune de Châtenois a été divisée en d[illegible] [illegible] distinctes, sous les noms de « Châtenois » (1 375,04 ha, 2 300 habitants) et de « La Vancelle » (780,88 ha, [illegible] habitants).

Numéro d'ordre	Commune	Superficie en ha	Population municipale (1926): agglomérée au chef-lieu	éparse	totale	Population comptée à part (1926)	Population totale au 7 mars 1926: Total général	dont étrang.	Population totale au 6 mars 1921	Religion: Chrétiens: Catholiques	Protestants	Israélites	autre ou non déclarée	Bureau de Perception	Station de chemin de fer: Nom de la gare	Distance en km	Bureau de Poste	Commune	Numéro d'ordre
385	*Hœrdt	1 656,34	2 526	77	2 603	440	3 043	15	2 823	767	2 229	16	31	Brumath	Hœrdt	0,30	Hœrdt	Hœrdt	385
386	*Kilstett	689,77	933	—	933	—	933	2	891	913	1	—	19	Schiltigheim	Kilstett	0,65	Kilstett	Kilstett	386
387	*Krautwiller	157,82	138	6	144	—	144	—	128	4	140	—	—	Brumath	Brumath	1,84	Brumath	Krautwiller	387
388	Kriegsheim	408,80	346	—	346	—	346	1	330	346	—	—	—	»	»	3,95	»	Kriegsheim	388
389	*Kurtzenhouse	374,14	587	—	587	—	587	2	560	86	501	—	—	»	Kurtzenhausen	0,05	Kurtzenhausen	Kurtzenhouse	389
390	*Mittelschaeffolsheim	263,91	258	—	258	—	258	7	255	258	—	—	—	»	Stephansfeld	4,40	Mittelhausen	Mittelschaeffolsheim	390
391	Mommenheim	810,08	1 172	—	1 172	—	1 172	22	1 086	965	42	165	—	Hochfelden II	Mommenheim	0,30	Mommenheim	Mommenheim	391
392	*Olwisheim	300,55	334	—	334	—	334	—	314	28	306	—	—	Brumath	Stephansfeld	3,80	Vendenheim	Olwisheim	392
393	Rottelsheim	233,98	202	—	202	—	202	4	216	198	4	—	—	»	Brumath	3,40	Brumath	Rottelsheim	393
394	Vendenheim	1 569,97	1 668	16	1 684	—	1 684	9	1 492	484	1 155	17	28	Strasbourg II	Vendenheim	0,75	Vendenheim	Vendenheim	394
395	*Wantzenau (La)	2 817,41	2 417	171	2 588	—	2 588	27	2 467	2 526	60	—	2	Schiltigheim	Wantzenau (La)	0,73	Wantzenau (La)	Wantzenau (La)	395
396	*Weyersheim	1 946,94	2 119	—	2 119	—	2 119	4	2 047	2 109	10	—	—	Brumath	Weyersheim	0,46	Weyersheim	Weyersheim	396

2. — Canton de Hochfelden.

Nombre de communes : 30. — *Superficie :* 13 634,40 hectares. — *Population totale :* 14 319.

Numéro d'ordre	Commune	Superficie en ha	agglomérée au chef-lieu	éparse	totale	Population comptée à part	Total général	dont étrang.	Population totale au 6 mars 1921	Catholiques	Protestants	Israélites	autre ou non déclarée	Bureau de Perception	Nom de la gare	Distance en km	Bureau de Poste	Commune	Numéro d'ordre
397	Alteckendorf	594,44	646	—	646	—	646	4	675	5	641	—	—	Hochfelden II	Alteckendorf	0,82	Alteckendorf	Alteckendorf	397
398	Bossendorf	400,80	322	—	322	—	322	—	360	322	—	—	—	»	Hochfelden	3,73	Hochfelden	Bossendorf	398
399	Duntzenheim	625,37	551	—	551	—	551	4	582	—	551	—	—	Hochfelden I	Wilwisheim	5,06	Duntzenheim	Duntzenheim	399
400	Ettendorf	631,83	729	—	729	18	747	—	716	735	9	—	4	Hochfelden II	Ettendorf	0,80	Ettendorf	Ettendorf	400
401	Friedolsheim	354,01	265	—	265	24	289	4	307	288	1	—	—	Hochfelden I	Wilwisheim	5,80	Dettwiller	Friedolsheim	401
402	Geiswiller	320,91	206	—	206	—	206	—	290	1	205	—	—	Hochfelden II	Bouxwiller (B.-Rh.)	5,77	Wickersheim	Geiswiller	402
403	*Gingsheim	380,72	288	—	288	—	288	2	301	287	1	—	—	Hochfelden I	Hochfelden	6,86	Hochfelden	Gingsheim	403
404	Grassendorf	225,15	235	—	235	—	235	—	248	235	—	—	—	Hochfelden II	Pfaffenhoffen	3,40	Ettendorf	Grassendorf	404
405	Hochfelden	1 230,60	2 392	94	2 486	31	2 517	45	2 441	2 141	227	154	1	Hochfelden I	Hochfelden	0,30	Hochfelden	Hochfelden	405
406	*Hohatzenheim	207,12	173	—	173	1	174	1	165	148	25	—	1	»	Mommenheim	6,05	Wingersheim	Hohatzenheim	406
407	*Hohfrankenheim	280,22	281	—	281	—	281	6	295	8	273	—	—	»	Schwindratzheim	3,70	Hochfelden	Hohfrankenheim	407
408	Ingenheim	586,96	453	3	456	—	456	2	444	12	444	—	—	»	Wilwisheim	1,91	Wilwisheim	Ingenheim	408
409	Issenhausen	210,65	102	—	102	—	102	—	109	—	102	—	—	Hochfelden II	Ettendorf	4,06	Bouxwiller (B.-Rh.)	Issenhausen	409
410	Lixhausen	342,11	268	—	268	—	268	—	277	268	—	—	—	»	Alteckendorf	4,74	Wickersheim	Lixhausen	410
411	Melsheim	521,30	479	14	493	—	493	—	482	60	433	—	—	»	Wilwisheim	2,56	Wilwisheim	Melsheim	411
412	Minversheim	545,22	559	6	565	—	565	—	601	561	—	4	—	»	Alteckendorf	1,75	Alteckendorf	Minversheim	412
413	*Mittelhausen	514,11	532	—	532	—	532	2	585	9	523	—	—	Hochfelden I	Mommenheim	6,1[illegible]	Mittelhausen	Mittelhausen	413
414	*Mutzenhouse	227,67	240	8	248	—	248	1	251	242	6	—	—	»	Schwindratzheim	2,46	Schwindratzheim	Mutzenhouse	414
415	Ringeldorf	275,20	105	—	105	—	105	1	95	101	4	—	—	Hochfelden II	Pfaffenhoffen	2,40	Ettendorf	Ringeldorf	415
416	Ringendorf	382,06	472	—	472	—	472	—	501	3	442	26	1	»	Ettendorf	2,05	Ringendorf	Ringendorf	416
417	Saessolsheim	664,17	591	—	591	—	591	—	576	591	—	—	—	Hochfelden I	Wilwisheim	5,96	Duntzenheim	Saessolsheim	417
418	*Schaffhausen	387,80	330	—	330	—	330	1	333	298	1	31	—	»	Hochfelden	3,07	Hochfelden	Schaffhausen	418
419	*Scherlenheim	233,50	149	—	149	—	149	—	147	149	—	—	—	Hochfelden II	»	3,20	»	Scherlenheim	419
420	Schwindratzheim	919,15	1 043	21	1 064	—	1 064	5	1 038	152	903	8	1	»	Schwindratzheim	0,36	Schwindratzheim	Schwindratzheim	420
421	*Waltenheim-sur-Zorn	582,32	586	—	586	—	586	2	579	95	484	6	—	Hochfelden I	Mommenheim	1,90	Mommenheim	Waltenheim-sur-Zorn	421
422	Wickersheim	399,91	351	—	351	—	351	7	350	5	346	—	—	Hochfelden II	Hochfelden	4,05	Wickersheim	Wickersheim	422
423	*Wilshausen	147,06	114	—	114	—	114	1	119	—	114	—	—	»	»	3,06	Hochfelden	Wilshausen	423
424	*Wilwisheim	588,60	469	3	472	—	472	5	440	472	—	—	—	»	Wilwisheim	0,24	Wilwisheim	Wilwisheim	424
425	Wingersheim	789,54	992	9	1 001	—	1 001	2	1 003	922	19	60	—	Hochfelden I	Mommenheim	5,00	Wingersheim	Wingersheim	425
426	Zoebersdorf	187,73	174	—	174	—	174	1	181	1	173	—	—	Hochfelden II	Hochfelden	6,27	Wickersheim	Zoebersdorf	426

3. — Canton de Schiltigheim.

Nombre de communes : 18. — *Superficie :* 9 269,70 hectares. — *Population totale :* 46 115.

Numéro d'ordre	Commune	Superficie en ha	agglomérée au chef-lieu	éparse	totale	Population comptée à part	Total général	dont étrang.	Population totale au 6 mars 1921	Catholiques	Protestants	Israélites	autre ou non déclarée	Bureau de Perception	Nom de la gare	Distance en km	Bureau de Poste	Commune	Numéro d'ordre
427	*Achenheim	612,10	849	36	885	36	921	36	857	868	27	—	86	Strasbourg II	Holtzheim	4,80	Achenheim	Achenheim	427
428	Bischheim	439,77	9 900	276	10 176	64	10 240	86	9 685	3 742	[illegible]	189	3 098	Schiltigheim	Bischheim	1,30	Bischheim	Bischheim	428
429	*Breuschwickersheim	516,10	598	—	598	—	598	4	594	27	[illegible]	—	—	Strasbourg II	Ittenheim	3,20	Breuschwickersheim	Breuschwickersheim	429
430	*Eckbolsheim	587,42	2 351	—	2 351	—	2 351	46	2 186	1 258	[illegible]	1	26	»	Lingolsheim	3,30	Eckbolsheim	Eckbolsheim	430
431	*Hangenbieten	420,25	604	47	651	—	651	27	574	370	[illegible]	—	—	»	Entzheim	1,07	Hangenbieten	Hangenbieten	431
432	*Hoenheim	328,72	2 592	19	2 611	—	2 611	31	2 388	1 915	[illegible]	21	107	Schiltigheim	Bischheim	1,73	Bischheim	Hoenheim	432

Numéro d'ordre	Commune	Superficie en ha	Population municipale (1926) agglomérée au chef-lieu	éparse	totale	Population comptée à part (1926)	Population totale au 7 mars 1926 Total général	dont étrang.	Population totale au 6 mars 1921	Religion Chrétiens Catholiques	Protestants	Israélites	autre ou non déclarée	Bureau de Perception	Station de chemin de fer Nom de la gare	Distance en km	Bureau de Poste	Commune	Numéro d'ordre
433	*Ittenheim	688,91	842	—	842	—	842	8	835	15	824	—	3	Strasbourg II	Ittenheim	0,60	Ittenheim	Ittenheim	433
434	*Kolbsheim	339,42	501	10	511	—	511	9	525	81	376	54	—	•	Duppigheim	2,35	Kolbsheim	Kolbsheim	434
435	*Lampertheim	681,22	898	8	906	—	906	4	890	224	678	—	4	•	Mundolsheim	2,00	Vendenheim	Lampertheim	435
436	*Mittelhausbergen	172,06	312	—	312	—	312	10	297	20	292	—	—	•	Oberhausbergen	1,32	Oberhausbergen	Mittelhausbergen	436
437	*Mundolsheim	426,14	729	44	773	—	773	9	661	99	670	—	4	•	Mundolsheim	1,22	Mundolsheim	Mundolsheim	437
438	Niederhausbergen	308,37	464	—	464	—	464	2	446	30	434	—	—	•	Oberhausbergen	2,75	Oberhausbergen	Niederhausbergen	438
439	*Oberhausbergen	379,37	811	16	827	2	829	25	762	85	737	—	7	•	•	0,30	•	Oberhausbergen	439
440	*Oberschaeffolsheim	774,50	1 145	—	1 145	—	1 145	3	1 075	1 083	32	29	1	•	•	3,94	Oberschaeffolsheim	Oberschaeffolsheim	440
441	*Reichstett	804,19	1 298	8	1 306	—	1 306	4	1 240	1 296	5	—	5	Schiltigheim	Mundolsheim	2,98	Reichstett	Reichstett	441
442	*Schiltigheim	822,00	18 513	700	19 213	13	19 226	951	17 804	9 100	5 990	63	4 073	•	Bischheim	1,71	Schiltigheim	Schiltigheim	442
443	*Souffelweyersheim	451,40	1 289	—	1 289	—	1 289	92	1 170	1 205	58	—	26	•	Mundolsheim	2,88	Souffelweyersheim	Souffelweyersheim	443
444	*Wolfisheim	566,48	1 145	—	1 145	—	1 145	19	1 087	332	687	125	1	Strasbourg II	Oberhausbergen	2,70	Wolfisheim	Wolfisheim	444

4. — Canton de Truchtersheim.

Nombre de communes : 33. — *Superficie :* 13 580,30 hectares. — *Population totale :* 11 179.

Numéro d'ordre	Commune	Superficie en ha	agglomérée	éparse	totale	comptée à part	Total général	dont étrang.	Pop. 1921	Catholiques	Protestants	Israélites	autre ou non déclarée	Bureau de Perception	Nom de la gare	Distance en km	Bureau de Poste	Commune	Numéro d'ordre
445	*Avenheim	169,26	190	—	190	—	190	3	179	190	—	—	—	Truchtersheim	Schnersheim	5,27	Truchtersheim	Avenheim	445
446	*Behlenheim	273,02	176	—	176	—	176	11	177	175	1	—	—	Hurtigheim	Wiwersheim	1,47	Wiwersheim	Behlenheim	446
447	*Berstett	653,06	587	—	587	—	587	9	568	13	574	—	—	Truchtersheim	Vendenheim	4,00	Vendenheim	Berstett	447
448	*Dingsheim	506,12	413	—	413	—	413	5	429	409	—	—	4	Hurtigheim	Dingsheim	2,98	Dingsheim	Dingsheim	448
449	*Dossenheim-Kochersberg	182,00	119	—	119	—	119	17	123	111	8	—	—	•	Furdenheim-Quatzenheim	2,50	Quatzenheim	Dossenheim-Kochersberg	449
450	*Durningen	419,50	323	—	323	—	323	2	334	323	—	—	—	Truchtersheim	Truchtersheim	5,54	Gougenheim	Durningen	450
451	*Fessenheim-le-Bas	506,81	273	6	279	—	279	8	289	274	5	—	—	Hurtigheim	Fessenheim	1,00	Quatzenheim	Fessenheim-le-Bas	451
452	*Furdenheim	599,28	612	—	612	—	612	—	624	17	595	—	—	•	Furdenheim-Quatzenheim	1,29	Furdenheim	Furdenheim	452
453	*Gimbrett	370,97	320	—	320	—	320	1	325	5	315	—	—	Truchtersheim	Truchtersheim	4,02	Mittelhausen	Gimbrett	453
454	*Gougenheim	674,44	411	—	411	—	411	1	459	411	—	—	—	•	•	7,98	Gougenheim	Gougenheim	454
455	*Griesheim-sur-Souffel	435,29	337	—	337	—	337	8	325	332	5	—	—	Hurtigheim	Dingsheim	2,98	Dingsheim	Griesheim-sur-Souffel	455
456	*Handschuheim	215,44	180	—	180	—	180	2	186	3	177	—	—	•	Ittenheim	1,80	Ittenheim	Handschuheim	456
457	*Hurtigheim	478,50	440	7	447	—	447	11	414	12	435	—	—	•	Hurtigheim	0,88	Hurtigheim	Hurtigheim	457
458	*Ittlenheim	246,00	159	—	159	—	159	3	152	159	—	—	—	Truchtersheim	Schnersheim	5,04	Quatzenheim	Ittlenheim	458
459	*Kienheim	324,91	199	—	199	—	199	5	193	197	2	—	—	•	Truchtersheim	6,27	Gougenheim	Kienheim	459
460	Kleinfrankenheim	355,02	164	—	164	—	164	1	186	164	—	—	—	•	•	2,51	Truchtersheim	Kleinfrankenheim	460
461	*Kuttolsheim	468,38	506	—	506	—	506	4	520	471	2	33	—	Hurtigheim	Marlenheim	3,01	Marlenheim	Kuttolsheim	461
462	*Neugartheim	172,83	173	—	173	—	173	—	201	173	—	—	—	Truchtersheim	Schnersheim	5,72	Willgottheim	Neugartheim	462
463	*Offenheim	271,38	217	—	217	—	217	4	195	212	5	—	—	Hurtigheim	Offenheim	0,04	Wiwersheim	Offenheim	463
464	*Osthoffen	523,44	515	—	515	—	515	7	525	485	6	24	—	•	Ittenheim	4,07	Osthoffen	Osthoffen	464
465	*Pfettisheim	490,85	414	—	414	—	414	7	375	414	—	—	—	Truchtersheim	Truchtersheim	3,75	Truchtersheim	Pfettisheim	465
466	*Pfulgriesheim	475,75	374	—	374	—	374	4	391	39	335	—	—	Hurtigheim	Dingsheim	3,00	Dingsheim	Pfulgriesheim	466
467	*Quatzenheim	315,80	573	—	573	—	573	14	580	32	460	81	—	•	Furdenheim-Quatzenheim	1,07	Quatzenheim	Quatzenheim	467
468	*Reitwiller	469,02	385	—	385	—	385	5	386	4	381	—	—	Truchtersheim	Truchtersheim	2,00	Truchtersheim	Reitwiller	468
469	*Rohr	344,97	261	—	261	—	261	1	253	260	1	—	—	•	Hochfelden	7,80	Duntzenheim	Rohr	469
470	*Rumersheim	343,80	256	—	256	—	256	2	249	256	—	—	—	•	Truchtersheim	5,00	Mittelhausen	Rumersheim	470
471	*Schnersheim	592,10	403	—	403	—	403	3	421	400	2	—	1	•	Schnersheim	3,00	Truchtersheim	Schnersheim	471
472	*Stutzheim	407,81	278	—	278	—	278	22	279	269	9	—	—	Hurtigheim	Stutzheim	—	Wiwersheim	Stutzheim	472
473	*Truchtersheim	735,03	668	—	668	—	668	4	625	639	29	—	—	Truchtersheim	Truchtersheim	0,42	Truchtersheim	Truchtersheim	473
474	*Willgottheim	796,03	600	—	600	—	600	3	626	595	5	—	—	•	Fessenheim	7,38	Willgottheim	Willgottheim	474
475	*Wintzenheim-Kochersberg	200,86	324	—	324	—	324	9	304	86	227	11	—	•	•	5,02	•	Wintzenheim-Kochersberg	475
476	*Wiwersheim	338,45	252	—	252	—	252	8	236	247	5	—	2	Hurtigheim	Wiwersheim	0,30	Wiwersheim	Wiwersheim	476
477	*Woellenheim	129,80	64	—	64	—	64	1	62	64	—	—	—	Truchtersheim	Wasselonne	7,87	Willgottheim	Woellenheim	477

VII. — Arrondissement de Strasbourg-Ville.

4 *Cantons :* Nord (56 939 hab.), Est (46 206 hab.), Sud (27 597 hab.), Ouest (43 756 hab.).

Numéro d'ordre	Commune	Superficie en ha	agglomérée	éparse	totale	comptée à part	Total général	dont étrang.	Pop. 1921	Catholiques	Protestants	Israélites	autre ou non déclarée	Bureau de Perception	Nom de la gare	Distance en km	Bureau de Poste	Commune	Numéro d'ordre
478	*Strasbourg	7 782,87	164 136	615	164 751	9 741	174 492	15 102	166 767	87 450	42 388	6 245	38 431	Strasbourg I	Strasbourg (gare centrale)	0,97	Strasbourg (principal)	Strasbourg	478

VIII. — Arrondissement de Wissembourg.

5 Cantons : Lauterbourg, Seltz, Soultz-sous-Forêts, Wissembourg, Wœrth.

Nombre de communes : 83. — *Superficie* : 60 [illegible] hectares. — *Population totale* : 54 003.

1. — Canton de Lauterbourg.

Nombre de communes : 5. — *Superficie* : 4 [illegible] hectares. — *Population totale* : 4 163.

Numéro d'ordre	Commune	Superficie en ha	Population municipale (1926) agglomérée	éparse	totale	Population comptée à part (1926)	Population totale au 7 mars 1926 Total général	dont étrang.	Population totale au 6 mars 1921	Religion Chrétiens Catholiques	Protestants	Israélites	Autres ou non déclarés	Bureau de Perception	Station de chemin de fer Nom de la gare	Distance en km	Bureau de Poste	Commune	Numéro d'ordre
479	Lauterbourg	1 219,78	1 817	—	1 817	32	[illegible]	126	1 871	1 [illegible]	88	48	20	Lauterbourg	Lauterbourg-Nord	0,5	Lauterbourg	Lauterbourg	479
480	Neewiller-près-Lauterbourg	733,84	487	—	487	—	487	—	491	486	—	—	1	»	Scheibenhard	2,87	Niederlauterbach	Neewiller-près-Lauterbourg	480
481	Niederlauterbach	1 108,06	803	—	803	—	[illegible]	14	769	791	9	—	3	»	Niederlauterbach	1,18	»	Niederlauterbach	481
482	Salmbach	881,40	648	—	648	—	[illegible]	1	674	641	7	—	—	»	Salmbach	0,67	Salmbach	Salmbach	482
483	Scheibenhard	461,38	376	—	376	—	376	27	408	365	11	—	—	»	Scheibenhard	0,38	Lauterbourg	Scheibenhard	483

2. — Canton de Seltz.

Nombre de communes : 16. — *Superficie* : 11 [illegible] hectares. — *Population totale* : 9810.

Numéro d'ordre	Commune	Superficie en ha	agglomérée	éparse	totale	Population comptée à part	Total général	dont étrang.	Population 1921	Catholiques	Protestants	Israélites	Autres ou non déclarés	Bureau de Perception	Nom de la gare	Distance en km	Bureau de Poste	Commune	Numéro d'ordre
484	Aschbach	426,77	557	—	557	—	[illegible]	8	560	557	—	—	—	Hatten	Hatten	5,[illegible]	Hatten	Aschbach	484
485	Beinheim	1 523,02	906	40	946	—	[illegible]	2	949	926	20	—	—	Seltz	Beinheim	1,45	Beinheim	Beinheim	485
486	Buhl	440,80	428	—	428	—	428	—	431	295	128	—	—	Hatten	Hatten	3,30	Niederrœdern	Buhl	486
487	Crœttwiller	254,56	114	—	114	—	114	1	120	—	114	—	—	Seltz	Niederrœdern	4,61	Trimbach	Crœttwiller	487
488	Eberbach-Seltz	413,84	411	—	411	—	411	1	406	411	—	—	—	»	»	4,36	Niederrœdern	Eberbach-Seltz	488
489	Kesseldorf	725,23	322	11	333	—	333	—	300	333	—	—	—	»	Beinheim	0,70	Seltz	Kesseldorf	489
490	Mothern	1 292,01	1 275	10	1 285	—	1 285	15	1 293	1 274	11	—	—	Lauterbourg	Mothern	0,74	Mothern	Mothern	490
491	Munchhausen	509,04	560	—	560	—	[illegible]	1	569	560	—	—	—	Seltz	»	2,75	»	Munchhausen	491
492	Niederrœdern	688,48	727	17	744	—	744	9	802	383	308	51	2	»	Niederrœdern	0,70	Niederrœdern	Niederrœdern	492
493	Oberlauterbach	532,10	449	—	449	—	[illegible]	—	482	449	—	—	—	Lauterbourg	Salmbach	3,40	Salmbach	Oberlauterbach	493
494	Schaffhouse-près-Seltz	448,03	359	—	359	—	[illegible]	3	348	359	—	—	—	Seltz	Seltz	2,30	Seltz	Schaffhouse-près-Seltz	494
495	Seltz	2 181,07	1 703	89	1 792	21	1 813	37	1 726	1 763	49	—	1	»	»	0,74	»	Seltz	495
496	Siegen	800,27	522	—	522	—	[illegible]	—	522	522	—	—	—	Lauterbourg	Salmbach	3,87	Trimbach	Siegen	496
497	Stundwiller	327,41	322	—	322	—	[illegible]	3	315	322	—	—	—	Hatten	Hatten	3,81	Hatten	Stundwiller	497
498	Trimbach	394,10	459	4	463	—	[illegible]	15	502	[illegible]	46	36	—	Seltz	Niederrœdern	5,77	Trimbach	Trimbach	498
499	Wintzenbach	685,72	509	—	509	—	[illegible]	2	517	292	217	—	—	»	Mothern	5,30	Mothern	Wintzenbach	499

3. — Canton de Soultz-sous-Forêts.

Nombre de communes : 26. — *Superficie* : 14 452,77 hectares. — *Population totale* : 14 486.

Numéro d'ordre	Commune	Superficie en ha	agglomérée	éparse	totale	Population comptée à part	Total général	dont étrang.	Population 1921	Catholiques	Protestants	Israélites	Autres ou non déclarés	Bureau de Perception	Nom de la gare	Distance en km	Bureau de Poste	Commune	Numéro d'ordre
500	*Birlenbach	515,61	313	9	322	—	[illegible]	2	347	20	302	—	—	Soultz-sous-Forêts	Soultz-sous-Forêts	5,[illegible]	Hunspach	Birlenbach	500
501	*Bremmelbach	185,66	117	—	117	—	117	—	108	113	4	—	—	»	Hunspach	6,[illegible]	»	Bremmelbach	501
502	Drachenbronn	194,79	172	—	172	1	173	4	167	[illegible]	128	11	1	»	Soultz-sous-Forêts	7,31	Cleebourg	Drachenbronn	502
503	Hatten	1 891,48	1 483	38	1 521	—	[illegible]	18	1 508	[illegible]	[illegible]	41	—	Hatten	Hatten	0,39	Hatten	Hatten	503
504	*Hermerswiller	343,04	206	—	206	—	[illegible]	1	205	[illegible]	[illegible]	—	—	Soultz-sous-Forêts	Hoffen	1,73	Hoffen	Hermerswiller	504
505	Hoffen	389,00	474	—	474	—	[illegible]	4	479	[illegible]	[illegible]	—	—	Hatten	»	0,72	»	Hoffen	505
506	Hohwiller	335,30	328	—	328	—	[illegible]	—	325	[illegible]	[illegible]	—	—	Soultz-sous-Forêts	Soultz-sous-Forêts	2,07	Soultz-sous-Forêts	Hohwiller	506
507	Hunspach	546,60	649	58	707	—	[illegible]	25	728	[illegible]	[illegible]	—	19	»	Hunspach	1,00	Hunspach	Hunspach	507
508	Ingolsheim	441,05	205	7	212	—	212	3	184	[illegible]	[illegible]	—	—	»	»	3,77	»	Ingolsheim	508
509	Keffenach	239,14	176	—	176	—	176	—	190	[illegible]	[illegible]	—	—	»	Soultz-sous-Forêts	4,30	Soultz-sous-Forêts	Keffenach	509

Numéro d'ordre	Commune	Superficie en ha	Population municipale (1926): agglomérée au chef-lieu	éparse	totale	Population comptée à part (1926)	Population totale au 7 mars 1926: Total général	dont étrang.	Population totale au 6 mars 1921	Religion — Chrétiens: Catholiques	Protestants	Religion: Israélites	autre ou non déclarée	Bureau de Perception	Station de chemin de fer: Nom de la gare	Distance en km	Bureau de Poste	Commune	Numéro d'ordre
510	Kuhlendorf	215,90	100	—	100	—	100	2	122	13	87	—	—	Hatten	Betschdorf	2,50	Soultz-sous-Forêts	Kuhlendorf	510
511	*Kutzenhausen	719,00	507	321	828	—	828	10	756	352	476	—	—	Soultz-sous-Fo	Soultz-sous-Forêts	2,05	»	Kutzenhausen	511
512	Leiterswiller	210,55	215	—	215	—	215	—	216	174	41	—	—	Hatten	Hoffen	1,77	Hoffen	Leiterswiller	512
513	*Lobsann	272,47	468	18	486	—	486	2	467	263	223	—	—	Soultz-sous-F	Soultz-sous-Forêts	4,75	Soultz-sous-Forêts	Lobsann	513
514	Memmelshoffen	181,74	293	—	293	—	293	3	315	261	32	—	—	»	»	3,20	»	Memmelshoffen	514
515	*Merkwiller-Pechelbronn	376,14	517	162	679	—	679	64	520	208	421	1	54	»	Surbourg	2,52	Merkwiller-Pechelbronn	Merkwiller-Pechelbronn	515
516	Niederbetschdorf	1 678,71	975	25	1 000	—	1 000	19	994	338	661	—	1	Hatten	Betschdorf	0,94	Oberbetschdorf	Niederbetschdorf	516
517	Oberbetschdorf	318,70	1 166	—	1 166	—	1 166	21	1 174	572	589	—	5	»	»	0,75	»	Oberbetschdorf	517
518	Oberroedern	401,70	407	—	407	—	407	—	425	407	—	—	—	»	Hoffen	3,50	Hoffen	Oberroedern	518
519	Reimerswiller	243,03	210	—	210	—	210	—	218	81	122	—	7	Soultz-sous-F	Schwabwiller	2,00	Soultz-sous-Forêts	Reimerswiller	519
520	Retschwiller	324,46	265	5	270	—	270	2	273	33	237	—	—	»	Soultz-sous-Forêts	2,10	»	Retschwiller	520
521	Rittershoffen	1 212,60	884	—	884	—	884	3	884	351	533	—	—	Hatten	Rittershoffen	1,10	Rittershoffen	Rittershoffen	521
522	Schoenenbourg	541,07	521	2	523	—	523	7	521	517	6	—	—	Soultz-sous-F	Soultz-sous-Forêts	3,05	Hunspach	Schoenenbourg	522
523	Schwabwiller	349,40	391	—	391	—	391	—	409	241	149	—	1	»	Schwabwiller	0,83	Surbourg	Schwabwiller	523
524	Soultz-sous-Forêts	1 184,15	1 512	15	1 527	—	1 527	53	1 439	609	771	128	19	»	Soultz-sous-Forêts	0,35	Soultz-sous-Forêts	Soultz-sous-Forêts	524
525	Surbourg	1 041,25	1 246	28	1 274	—	1 274	4	1 240	1 243	17	13	1	»	Surbourg	0,75	Surbourg	Surbourg	525

4. — Canton de Wissembourg.

Nombre de communes : 15. — *Superficie :* 18 716,03 hectares. — *Population totale :* 15 441.

Numéro d'ordre	Commune	Superficie en ha	agglomérée au chef-lieu	éparse	totale	Population comptée à part	Total général	dont étrang.	Population 1921	Catholiques	Protestants	Israélites	autre ou non déclarée	Bureau de Perception	Nom de la gare	Distance en km	Bureau de Poste	Commune	Numéro d'ordre
526	*Altenstadt	2 851,72	825	179	1 004	—	1 004	46	976	866	138	—	—	Wissembourg	Wissembourg	1,40	Wissembourg	Altenstadt	526
527	Cleebourg	874,73	521	7	528	—	528	12	520	129	408	—	—	»	»	7,48	Cleebourg	Cleebourg	527
528	Climbach	714,58	417	—	417	—	417	5	426	335	82	—	—	»	Lembach	5,92	Lembach	Climbach	528
529	Lembach	4 108,03	1 304	164	1 468	—	1 468	30	1 426	668	783	9	8	»	»	0,20	»	Lembach	529
530	Niedersebach	304,85	85	—	85	—	85	3	87	42	42	—	1	»	Hunspach	6,25	Oberseebach	Niedersebach	530
531	Niedersteinbach	829,03	244	86	330	—	330	8	340	219	109	—	2	»	Lembach	8,70	Obersteinbach	Niedersteinbach	531
532	*Oberhoffen-lès-Wissembourg	304,86	105	2	107	—	107	—	109	—	106	—	1	»	Wissembourg	3,32	Wissembourg	Oberhoffen-lès-Wissembourg	532
533	Oberseebach	1 406,67	1 495	34	1 529	—	1 529	5	1 536	738	787	3	1	»	Hunspach	3,45	Oberseebach	Oberseebach	533
534	Obersteinbach	918,43	384	3	387	—	387	1	401	306	79	1	1	»	Lembach	10,67	Obersteinbach	Obersteinbach	534
535	*Riedseltz	1 102,48	1 033	21	1 054	18	1 072	38	1 108	1 022	18	13	19	»	Riedseltz	1,00	Riedseltz	Riedseltz	535
536	Rott	318,82	363	—	363	—	363	15	387	45	318	—	—	»	Wissembourg	3,57	Wissembourg	Rott	536
537	Schleithal	905,07	1 709	—	1 709	—	1 709	4	1 755	1715	48	—	6	Lauterbourg	Schleithal	0,40	Schleithal	Schleithal	537
538	Steinseltz	542,20	424	30	454	—	454	54	437	66	379	—	9	Wissembourg	Riedseltz	3,30	Riedseltz	Steinseltz	538
539	Wingen	1 678,00	596	—	596	—	596	7	610	436	160	—	—	»	Lembach	3,77	Lembach	Wingen	539
540	Wissembourg	1 965,19	4 203	354	4 557	775	5 332	509	5 116	2 925	1 365	141	901	»	Wissembourg	0,90	Wissembourg	Wissembourg	540

5. — Canton de Wœrth.

Nombre de communes : 21. — *Superficie :* 11 754,00 hectares. — *Population totale :* 10 103.

Numéro d'ordre	Commune	Superficie en ha	agglomérée au chef-lieu	éparse	totale	Population comptée à part	Total général	dont étrang.	Population 1921	Catholiques	Protestants	Israélites	autre ou non déclarée	Bureau de Perception	Nom de la gare	Distance en km	Bureau de Poste	Commune	Numéro d'ordre
541	*Biblisheim	235,00	235	—	235	—	235	3	241	231	4	—	—	Wœrth	Biblisheim	0,33	Walbourg	Biblisheim	541
542	*Dieffenbach-lès-Wœrth	360,75	336	—	336	—	336	1	374	336	—	—	—	»	Wœrth	3,55	Gœrsdorf	Dieffenbach-lès-Wœrth	542
543	*Durrenbach	529,81	814	14	828	—	828	4	845	812	12	—	4	»	Durrenbach	0,37	Durrenbach	Durrenbach	543
544	*Eberbach-Wœrth	147,00	232	—	232	—	232	—	232	232	—	—	—	»	Reichshoffen-les-Bains	3,35	Frœschwiller	Eberbach-Wœrth	544
545	*Eschbach	397,30	685	—	685	—	685	4	686	685	—	—	—	»	Eschbach (B.-Rh.)	2,30	Durrenbach	Eschbach	545
546	*Forstheim	504,91	520	3	523	—	523	3	522	523	—	—	—	»	Reichshoffen-les-Bains	4,35	Mertzwiller	Forstheim	546
547	*Frœschwiller	574,00	405	32	437	—	437	4	451	122	315	—	—	»	Wœrth	2,30	Frœschwiller	Frœschwiller	547
548	*Gœrsdorf	1 067,04	666	36	702	—	702	2	701	239	457	7	—	»	Liebfrauenthal-Gœrsdorf	1,70	Gœrsdorf	Gœrsdorf	548
549	*Gunstett	690,43	500	—	500	—	500	—	479	492	8	—	—	»	Reichshoffen-les-Bains	1,45	Wœrth	Gunstett	549
550	*Hegeney	175,00	240	—	240	—	240	—	227	240	—	—	—	»	»	2,04	Durrenbach	Hegeney	550
551	*Lampertsloch	1 042,50	474	107	581	2	583	53	494	285	256	—	42	»	Surbourg	5,11	Preuschdorf	Lampertsloch	551
552	*Langensoultzbach	1 672,84	662	—	662	—	662	8	664	22	638	5	2	»	Langensoultzbach	2,21	Langensoultzbach	Langensoultzbach	552

Numéro d'ordre	Commune	Superficie en ha	Population municipale (1926) agglomérée	éparse	totale	Population comptée à part (1926)	Population totale au 7 mars 1926 Total général	dont étrang.	Population totale au 6 mars 1921	Religion Chrétiens Catholiques	Protestants	Religion Israélites	autre ou déclarée	Bureau de Perception	Station de chemin de fer Nom de la gare	Distance en km	Bureau de Poste	Commune	Numéro d'ordre
553	Laubach	168,[illegible]	240	—	240	—	[illegible]	—	247	240	—	—	—	Wœrth	Eschbach (B.-Rh.)	3,[illegible]	Mertzwiller	Laubach	553
554	Mattstall	821,[illegible]	161	17	178	—	178	2	180	15	[illegible]	—	—	»	Mattstall	2,[illegible]	Langensoultzbach	Mattstall	554
555	*Mitschdorf	292,[illegible]	176	—	176	—	176	3	186	16	[illegible]	—	—	»	Liebfrauenthal-[Gœrsdorf]	2,[illegible]	Gœrsdorf	Mitschdorf	555
556	Morsbronn-les-Bains	687,72	487	51	538	—	[illegible]	8	515	192	348	—	—	»	Morsbronn-les-Bains	1,[illegible]	Durrenbach	Morsbronn-les-Bains	556
557	[illegible]-près-Wœrth	272,[illegible]	269	27	296	—	[illegible]	9	353	106	190	—	—	»	Wœrth	4,74	Frœschwiller	[illegible]-près-Wœrth	557
558	Oberdorf	236,[illegible]	110	106	216	—	[illegible]	—	250	10	206	—	—	»	»	3,[illegible]	Wœrth	Oberdorf	558
559	Preuschdorf	736,56	858	—	858	—	[illegible]	31	738	226	438	—	4	»	Surbourg	5,[illegible]	Preuschdorf	Preuschdorf	559
560	Walbourg	532,54	375	168	543	—	543	1	538	518	25	—	—	»	Biblisheim	1,[illegible]	Walbourg	Walbourg	560
561	Wœrth	646,[illegible]	1 085	—	1 085	—	1 0[illegible]	10	1 070	480	604	34	—	»	Wœrth	0,[illegible]	Wœrth	Wœrth	561

Département du Haut-Rhin.

I. — Arrondissement d'Altkirch.

Cantons : Altkirch, Dannemarie, Ferrette, Hirsingue.

Nombre de communes : 116. — *Superficie :* 65 276,[illegible] hectares. — *Population totale :* 47 491

1. — Canton d'Altkirch.

Nombre de communes : 28. — *Superficie :* 15 [illegible] hectares. — *Population totale :* 15 672.

Numéro d'ordre	Commune	Superficie en ha	agglomérée	éparse	totale	Pop. comptée à part	Total général	dont étrang.	Pop. totale 1921	Catholiques	Protestants	Israélites	autre ou déclarée	Bureau de Perception	Nom de la gare	Distance en km	Bureau de Poste	Commune	Numéro d'ordre
562	Altkirch	954,[illegible]	3 455	77	3 582	148	3 [illegible]	379	3 [illegible]	3 [illegible]	26	149	20	Altkirch I	Altkirch	0,[illegible]	Altkirch	Altkirch	562
563	*Aspach	420,[illegible]	584	—	584	—	[illegible]	7	[illegible]	572	12	—	—	»	»	1,[illegible]	»	Aspach	563
564	*Ballersdorf	1 071,70	583	—	583	—	[illegible]	6	604	578	5	—	—	»	Ballersdorf	0,[illegible]	Ballersdorf	Ballersdorf	564
565	Berentzwiller ...	608,[illegible]	249	—	249	—	249	—	251	249	—	—	—	Altkirch II	Muespach-le-Haut [-Folgensbourg]	4,[illegible]	Jettingen	Berentzwiller	565
566	*Brinighoffen ...	330,45	107	4	111	—	111	1	96	111	—	—	—	Altkirch I	Illfurth	5,[illegible]	Spechbach-le-Bas	Brinighoffen	566
567	*Carspach	1 718,[illegible]	1 265	26	1 291	—	1 [illegible]	36	1 125	1 [illegible]	8	—	—	»	Carspach	0,[illegible]	Carspach	Carspach	567
568	Eglingen	371,[illegible]	227	—	227	—	[illegible]	—	[illegible]	227	—	—	—	»	Dannemarie	7,[illegible]	Spechbach-le-Bas	Eglingen	568
569	Emlingen	241,70	177	—	177	—	177	6	178	177	—	—	—	Altkirch II	Walheim	4,[illegible]	Altkirch	Emlingen	569
570	*Enschingen.....	275,[illegible]	136	6	142	—	142	2	113	142	—	—	—	Altkirch I	Illfurth	5,[illegible]	Spechbach-le-Bas	Enschingen	570
571	Franken	621,[illegible]	278	1	279	—	279	—	276	279	—	—	—	Altkirch II	Grentzingen	7,[illegible]	Tagsdorf	Franken	571
572	Frœningen	444,[illegible]	491	—	494	—	496	12	467	491	3	—	—	Altkirch I	Illfurth	3,04	Zillisheim	Frœningen	572
573	Hausgauen	377,[illegible]	308	—	312	—	[illegible]	1	327	[illegible]	—	—	—	Altkirch II	Grentzingen	6,[illegible]	Tagsdorf	Hausgauen	573
574	Heidwiller	448,[illegible]	309	10	319	—	319	8	270	317	2	—	—	Altkirch I	Illfurth	3,[illegible]	Illfurth	Heidwiller	574
575	Heiwiller	204,78	144	—	144	—	146	5	146	141	—	—	3	Altkirch II	Walheim	6,[illegible]	Tagsdorf	Heiwiller	575
576	Hochstatt	848,[illegible]	1 090	—	1 090	—	1 [illegible]	10	1 0[illegible]	1 0[illegible]	3	—	—	Altkirch I	Zillisheim	1,70	Hochstatt	Hochstatt	576
577	Hundsbach	403,11	242	—	242	—	[illegible]	6	[illegible]	242	—	—	—	Altkirch II	Grentzingen	6,[illegible]	Tagsdorf	Hundsbach	577
578	Illfurth	911,[illegible]	1 427	32	1 459	—	1 4[illegible]	38	1 3[illegible]	1 4[illegible]	7	—	—	»	Illfurth	0,[illegible]	Illfurth	Illfurth	578
579	Jettingen	680,[illegible]	413	—	413	—	413	4	400	412	[illegible]	—	—	»	Muespach	6,[illegible]	Jettingen	Jettingen	579
580	Luemschwiller ..	527,10	561	—	561	—	[illegible]	11	[illegible]	[illegible]	—	—	—	»	Tagolsheim	2,17	Illfurth	Luemschwiller	580
581	Obermorschwiller ...	604,[illegible]	300	—	300	—	[illegible]	—	[illegible]	[illegible]	—	—	1	»	»	4,15	Altkirch	Obermorschwiller	581
582	Schwoben	237,[illegible]	157	—	157	—	157	7	182	157	—	—	—	»	Walheim	5,[illegible]	Tagsdorf	Schwoben	582
583	Spechbach-le-Bas	408,[illegible]	348	—	348	—	[illegible]	—	[illegible]	[illegible]	—	—	—	Altkirch I	Illfurth	4,[illegible]	Spechbach-le-Bas	Spechbach-le-Bas	583
584	Spechbach-le-Haut ..	287,[illegible]	311	—	311	—	[illegible]	1	[illegible]	[illegible]	[illegible]	—	—	»	»	5,[illegible]	»	Spechbach-le-Haut	584
585	Tagolsheim	319,[illegible]	407	—	407	—	[illegible]	4	[illegible]	[illegible]	[illegible]	—	29	Altkirch II	Tagolsheim	0,[illegible]	Illfurth	Tagolsheim	585
586	Tagsdorf	251,[illegible]	298	—	298	—	[illegible]	13	[illegible]	[illegible]	[illegible]	—	—	»	Walheim	5,[illegible]	Tagsdorf	Tagsdorf	586
587	Walheim	488,15	641	—	641	—	[illegible]	24	[illegible]	[illegible]	[illegible]	—	—	»	»	0,10	Altkirch	Walheim	587
588	Willer	321,[illegible]	362	21	383	—	[illegible]	5	406	[illegible]	[illegible]	—	—	»	Grentzingen	3,[illegible]	Grentzingen	Willer	588
589	Wittersdorf	476,[illegible]	74[illegible]	—	749	—	749	8	769	747	[illegible]	—	—	»	Walheim	3,[illegible]	Altkirch	Wittersdorf	589

Numéro d'ordre	Commune	Superficie en ha	Population municipale (1926) agglomérée	éparse	totale	Population comptée à part (1926)	Population totale au 7 mars 1926 Total général	dont étrang.	Population totale au 6 mars 1921	Religion Chrétiens Catholiques	Protestants	Israélites	autres ou non déclarée	Bureau de Perception	Station de chemin de fer Nom de la gare	Distance en km	Bureau de Poste	Commune	Numéro d'ordre
	2. — Canton de Dannemarie.																		
	Nombre de communes : 32. — Superficie : 13 170,… hectares. — Population totale : 8 …																		
590	Altenach	618,13	288	—	288	—	288	5	304	281	7	—	—	Dannemarie	Altenach	0,50	Dannemarie	Altenach	590
591	Ammerzwiller	305,90	199	—	199	—	199	—	113	199	—	—	—	Traubach-le-Haut	Burnhaupt	7,20	Balschwiller	Ammerzwiller	591
592	Balschwiller	723,35	397	—	397	—	397	7	299	391	6	—	—	»	Dannemarie	7,12	»	Balschwiller	592
593	Bellemagny	249,56	76	—	76	70	146	7	223	146	—	—	—	»	Guewenheim	9,00	Traubach-le-Haut	Bellemagny	593
594	Bréchaumont	680,24	247	—	247	—	247	—	254	247	—	—	—	»	Montreux-Vieux	7,77	»	Bréchaumont	594
595	Bretten	413,76	134	—	134	—	134	4	123	134	—	—	—	»	Guewenheim	7,30	Soppe-le-Bas	Bretten	595
596	Buethwiller	383,96	196	—	196	—	196	26	207	196	—	—	—	»	Dannemarie	6,5.	Dannemarie	Buethwiller	596
597	Chavannes-s.-l'Étang	603,67	293	—	293	3	296	3	313	290	5	—	—	Dannemarie	Montreux-Vieux	1,00	Montreux-Vieux	Chavannes-sur-l'Étang	597
598	Dannemarie	409,00	1 129	18	1 147	11	1 158	91	1 044	1 093	48	17	—	»	Dannemarie	0,57	Dannemarie	Dannemarie	598
599	Diefmatten	314,77	214	—	214	—	214	3	212	214	—	—	—	Traubach-le-Haut	Burnhaupt	4,57	Soppe-le-Bas	Diefmatten	599
600	Elbach	317,00	156	—	156	—	156	1	149	155	1	—	—	Dannemarie	Dannemarie	4,46	Dannemarie	Elbach	600
601	Eteimbes	496,31	134	—	134	—	134	5	142	134	—	—	—	Traubach-le-Haut	Sentheim	7,23	Traubach-le-Haut	Eteimbes	601
602	Falkwiller	353,26	207	—	207	—	207	—	221	207	—	—	—	»	Burnhaupt	8,22	Balschwiller	Falkwiller	602
603	Gildwiller	301,57	213	—	213	—	213	1	216	212	1	—	—	»	»	7,73	»	Gildwiller	603
604	Gommersdorf	411,17	276	32	308	—	308	4	318	282	1	—	25	Dannemarie	Dannemarie	1,87	Dannemarie	Gommersdorf	604
605	Guevenatten	215,00	144	—	144	—	144	—	154	144	—	—	—	Traubach-le-Haut	»	7,76	Traubach-le-Haut	Guevenatten	605
606	Hagenbach	492,05	432	86	518	—	518	42	505	518	—	—	—	Dannemarie	»	3,90	Dannemarie	Hagenbach	606
607	*Hecken	244,16	121	—	121	—	121	—	140	121	—	—	—	Traubach-le-Haut	Burnhaupt	6,07	Balschwiller	Hecken	607
608	Lutran	369,00	122	—	122	—	122	—	122	122	—	—	—	Dannemarie	Valdieu	1,30	Montreux-Vieux	Lutran	608
609	Magny	430,27	110	6	116	—	116	12	134	116	—	—	—	»	Montreux-Vieux	3,00	»	Magny	609
610	Manspach	532,04	338	—	338	—	338	1	350	338	—	—	—	»	Altenach	2,13	Dannemarie	Manspach	610
611	Montreux-Jeune	334,02	237	—	237	—	237	10	261	226	11	—	—	»	Montreux-Vieux	1,08	Montreux-Vieux	Montreux-Jeune	611
612	*Montreux-Vieux	413,17	770	6	776	—	776	71	690	716	42	—	18	»	»	0,30	»	Montreux-Vieux	612
613	Retzwiller	414,33	560	—	560	—	560	81	558	541	17	—	2	»	Dannemarie	2,01	Dannemarie	Retzwiller	613
614	Romagny	290,15	126	—	126	—	126	13	130	114	12	—	—	»	Valdieu	3,00	Montreux-Vieux	Romagny	614
615	Saint-Cosme	271,12	51	—	51	—	51	5	57	51	—	—	—	Traubach-le-Haut	Montreux-Vieux	9,75	Traubach-le-Haut	Saint-Cosme	615
616	Sternenberg	343,02	110	—	110	—	110	—	108	110	—	—	—	»	Burnhaupt	7,30	Soppe-le-Bas	Sternenberg	616
617	Traubach-le-Bas	677,70	377	—	377	—	377	—	408	377	—	—	—	»	Dannemarie	4,22	Dannemarie	Traubach-le-Bas	617
618	Traubach-le-Haut	680,00	390	—	390	—	390	—	411	390	—	—	—	»	»	5,95	Traubach-le-Haut	Traubach-le-Haut	618
619	Ueberkumen	235,01	162	—	162	—	162	—	229	162	—	—	—	»	»	6,17	Balschwiller	Ueberkumen	619
620	Valdieu	147,51	116	—	116	—	116	7	112	115	1	—	—	Dannemarie	Valdieu	0,24	Montreux-Vieux	Valdieu	620
621	Wolfersdorf	373,40	201	100	301	—	301	33	245	275	26	—	—	»	Dannemarie	1,48	Dannemarie	Wolfersdorf	621
	3. — Canton de Ferrette.																		
	Nombre de communes : 31. — Superficie : 21 …,… hectares. — Population totale : 11 324.																		
622	Bendorf	754,70	170	14	184	—	184	8	185	183	1	—	—	Ferrette I	Ferrette	3,50	Ferrette	Bendorf	622
623	Bettlach	406,70	246	—	246	—	246	2	228	236	1	—	9	Ferrette II	Werentzhouse	5,71	Oltingue	Bettlach	623
624	*Biederthal	416,80	221	10	231	—	231	30	226	225	6	—	—	»	»	10,80	Wolschwiller	Biederthal	624
625	Bouxwiller	625,16	265	20	285	12	297	34	288	287	10	—	—	»	Bouxwiller	0,58	Werentzhouse	Bouxwiller	625
626	Courtavon	980,16	405	—	405	—	405	24	415	402	—	3	—	Ferrette I	Pfetterhouse	6,35	Courtavon	Courtavon	626
627	Durlinsdorf	778,08	436	—	436	—	436	21	481	436	—	—	—	»	Ferrette	6,45	Durlinsdorf	Durlinsdorf	627
628	Durmenach	578,46	384	—	384	—	384	22	374	360	2	22	—	Ferrette II	Durmenach	0,11	Durmenach	Durmenach	628
629	Ferrette	194,80	441	—	441	—	441	25	443	417	22	2	—	Ferrette I	Ferrette	1,35	Ferrette	Ferrette	629
630	Fislis	732,80	312	8	320	—	320	1	316	312	8	—	—	Ferrette II	Werentzhouse	3,00	Werentzhouse	Fislis	630
631	Kiffis	655,80	235	—	235	—	235	45	209	211	17	—	7	Ferrette I	Ferrette	12,70	Wolschwiller	Kiffis	631
632	Koestlach	822,72	361	—	361	12	373	11	386	360	1	—	12	»	»	3,52	Ferrette	Koestlach	632
633	Levoncourt	527,50	153	11	164	—	164	29	159	148	16	—	—	»	Pfetterhouse	8,00	Courtavon	Levoncourt	633
634	Liebsdorf	422,80	209	14	223	—	223	—	237	209	14	—	—	»	Ferrette	7,72	Durlinsdorf	Liebsdorf	634
635	*Ligsdorf	1 095,37	282	25	307	—	307	9	322	301	6	—	—	»	»	5,80	Ferrette	Ligsdorf	635
636	Linsdorf	336,80	160	10	170	—	170	4	147	169	1	—	—	Ferrette II	Werentzhouse	2,60	Oltingue	Linsdorf	636
637	Lucelle	1 027,00	9	72	81	—	81	63	83	29	52	—	—	Ferrette I	Ferrette	13,27	Winkel	Lucelle	637
638	*Lutter	849,50	268	—	268	—	268	21	249	265	—	—	—	Ferrette II	Werentzhouse	8,38	Wolschwiller	Lutter	638
639	Moernach	678,00	492	—	492	—	492	5	461	492	—	—	—	Ferrette I	Ferrette	4,70	Ferrette	Moernach	639
640	Moos	341,66	211	—	211	—	211	—	255	210	1	—	—	»	Pfetterhouse	4,80	Moos	Moos	640

Numéro d'ordre	Commune	Superficie en ha	Population municipale (1926) agglomérée	éparse	totale	Population comptée à part (1926)	Population totale au 7 mars 1926 Total général	dont étrang.	Population totale au 6 mars 1921	Religion Chrétiens Catholiques	Protestants	Religion Israélites	autre non déclarée	Bureau de Perception	Station de chemin de fer Nom de la gare	Distance en km	Bureau de Poste	Commune	Numéro d'ordre
641	Moyen-Muespach ...	456,12	279	—	279	—	[illegible]	3	279	279	—	—	—	Ferrette II	Muespach	0,92	Moyen-Muespach	Moyen-Muespach	641
642	Muespach-le-Bas	679,25	428	—	428	—	[illegible]	1	448	428	—	—	—	»	»	1,30	»	Muespach-le-Bas	642
643	Muespach-le-Haut	680,50	431	8	439	—	[illegible]	14	479	435	4	—	—	»	[illegible]	1,25	»	Muespach-le-Haut	643
644	Oberlarg	821,35	171	17	188	—	[illegible]	4	194	186	2	—	—	Ferrette I	Ferrette	10,26	Courtavon	Oberlarg	644
645	Oltingue	1 336,65	718	32	750	—	[illegible]	9	692	750	—	—	—	Ferrette II	Werentzhouse	5,30	Oltingue	Oltingue	645
646	Raedersdorf.....	739,67	390	26	416	—	[illegible]	16	426	404	12	—	—	»	Ferrette	7,25	Ferrette	Raedersdorf	646
647	Roppentzwiller..	415,17	788	—	788	—	[illegible]	14	823	651	65	—	72	»	Roppentzwiller	0,70	Roppentzwiller	Roppentzwiller	647
648	Sondersdorf	821,60	301	10	311	—	[illegible]	1	310	309	2	—	—	Ferrette I	Ferrette	4,20	Ferrette	Sondersdorf	648
649	Vieux-Ferrette ..	663,50	493	—	493	—	[illegible]	1	539	484	2	—	7	»	»	0,87	»	Vieux-Ferrette	649
650	Werentzhouse ..	450,47	384	—	384	—	[illegible]	13	374	383	1	—	—	Ferrette II	Werentzhouse	0,57	Werentzhouse	Werentzhouse	650
651	Winkel	786,50	421	6	427	—	[illegible]	2	438	427	—	—	—	Ferrette I	Ferrette	7,00	Winkel	Winkel	651
652	Wolschwiller ...	1 014,37	376	12	388	—	[illegible]	17	374	371	13	—	4	Ferrette II	Werentzhouse	8,47	Wolschwiller	Wolschwiller	652

4. — Canton de Hirsingue.

Nombre de communes : 25. — Superficie : [illegible] hectares. — Population totale : 11 436.

Numéro d'ordre	Commune	Superficie en ha	agglomérée	éparse	totale	Population comptée à part (1926)	Total général	dont étrang.	Population totale au 6 mars 1921	Catholiques	Protestants	Israélites	autre non déclarée	Bureau de Perception	Nom de la gare	Distance en km	Bureau de Poste	Commune	Numéro d'ordre
653	Bettendorf......	472,86	362	—	362	—	[illegible]	18	380	356	6	—	—	Hirsingue	Bettendorf	0,20	Hirsingue	Bettendorf	653
654	Bisel	808,30	469	—	469	5	[illegible]	—	508	474	—	—	—	Seppois-le-Bas	Seppois-le-Bas	3,41	Bisel	Bisel	654
655	Feldbach	501,73	318	4	322	—	[illegible]	30	290	307	15	—	—	»	Waldighofen	4,74	Waldighofen	Feldbach	655
656	Friesen	842,15	543	—	543	—	[illegible]	14	522	538	5	—	—	»	Friesen	0,37	Friesen	Friesen	656
657	Fulleren........	527,85	346	—	346	—	[illegible]	—	342	346	—	—	—	»	Mertzen	1,60	Ballersdorf	Fulleren	657
658	Grentzingen	517,80	524	—	524	—	[illegible]	15	511	521	3	—	—	Hirsingue	Grentzingen	0,85	Grentzingen	Grentzingen	658
659	Heimersdorf	758,00	425	5	430	—	[illegible]	1	442	432	8	—	—	»	Hirsingue	2,64	Hirsingue	Heimersdorf	659
660	Henflingen	261,00	139	—	139	—	[illegible]	—	130	139	—	—	—	»	Grentzingen	0,98	»	Henflingen	660
661	Hindlingen	800,41	322	—	322	—	[illegible]	7	308	322	—	—	—	Seppois-le-Bas	Friesen	1,71	Friesen	Hindlingen	661
662	Hirsingue	1 288,44	1 300	—	1 300	—	[illegible]	10	1 256	1 240	34	26	—	Hirsingue	Hirsingue	0,42	Hirsingue	Hirsingue	662
663	Hirtzbach	1 385,92	962	—	962	—	[illegible]	15	897	954	8	—	—	»	Hirtzbach	0,32	Hirtzbach	Hirtzbach	663
664	Largitzen	580,35	251	—	251	—	[illegible]	1	252	251	—	—	—	Seppois-le-Bas	Seppois-le-Bas	2,07	Seppois-le-Bas	Largitzen	664
665	Mertzen.........	198,00	155	32	187	—	187	—	185	186	1	—	—	»	Mertzen	0,52	Ballersdorf	Mertzen	665
666	Niederlarg	216,23	81	—	81	—	81	—	76	80	1	—	—	»	Seppois-le-Bas	3,51	Bisel	Niederlarg	666
667	Oberdorf........	413,06	504	—	504	—	[illegible]	8	488	499	5	—	—	Hirsingue	Oberdorf	0,30	Grentzingen	Oberdorf	667
668	Pfetterhouse ...	1 401,87	853	76	929	—	[illegible]	91	954	920	9	—	—	Seppois-le-Bas	Pfetterhouse	0,80	Pfetterhouse	Pfetterhouse	668
669	Riespach	756,72	504	24	528	—	[illegible]	13	518	515	13	—	—	Hirsingue	Waldighofen	2,16	Waldighofen	Riespach	669
670	Ruederbach	444,31	269	18	287	—	[illegible]	28	290	269	18	—	—	»	Bettendorf	2,10	Hirsingue	Ruederbach	670
671	Saint-Ulrich....	384,96	209	2	211	—	211	—	246	211	—	—	—	Seppois-le-Bas	Mertzen	1,12	Dannemarie	Saint-Ulrich	671
672	Seppois-le-Bas ..	673,02	517	—	517	—	[illegible]	33	458	500	15	2	—	»	Seppois-le-Bas	0,97	Seppois-le-Bas	Seppois-le-Bas	672
673	Seppois-le-Haut.	626,87	276	4	280	1	[illegible]	1	250	[illegible]	—	—	—	»	»	0,80	»	Seppois-le-Haut	673
674	Steinsoultz.....	405,79	469	—	469	—	[illegible]	—	465	469	—	—	—	Hirsingue	Waldighofen	1,76	Waldighofen	Steinsoultz	674
675	Strueth	431,20	250	—	250	—	[illegible]	—	268	250	—	—	—	Seppois-le-Bas	Mertzen	1,25	Friesen	Strueth	675
676	Ueberstrass	504,01	236	—	236	—	[illegible]	1	240	231	5	—	—	»	Friesen	2,44	Seppois-le-Bas	Ueberstrass	676
677	Waldighofen ...	413,36	850	—	850	—	[illegible]	21	849	825	8	17	—	Hirsingue	Waldighofen	0,51	Waldighofen	Waldighofen	677

II. — Arrondissement de Colmar.

5 Cantons : Andolsheim, Colmar, Munster, Neuf-Brisach, Wintzenheim.

Nombre de communes : 63. — Superficie : [illegible] hectares. — Population totale : [illegible].

1. — Canton d'Andolsheim.

Nombre de communes : 19. — Superficie : 14 [illegible] hectares. — Population totale : [illegible].

Numéro d'ordre	Commune	Superficie en ha	agglomérée	éparse	totale	Population comptée à part (1926)	Total général	dont étrang.	Population totale au 6 mars 1921	Catholiques	Protestants	Israélites	autre non déclarée	Bureau de Perception	Nom de la gare	Distance en km	Bureau de Poste	Commune	Numéro d'ordre
678	*Andolsheim	1 160,32	698	—	698	—	[illegible]	16	682	6	[illegible]	—	—	Colmar II	Sundhofen	2,25	Andolsheim	Andolsheim	678
679	*Artzenheim	385,77	457	—	457	—	[illegible]	—	[illegible]	455	[illegible]	—	—	Muntzenheim	Jebsheim	5,34	Jebsheim	Artzenheim	679
680	*Baltzenheim ...	652,32	208	4	212	—	[illegible]	—	241	212	[illegible]	—	—	»	Muntzenheim	7,72	Kunheim	Baltzenheim	680
681	*Bischwihr	330,00	302	—	302	—	[illegible]	1	317	[illegible]	[illegible]	—	—	Colmar II	Bischwihr	0,32	Bischwihr	Bischwihr	681
682	*Durrenentzen ..	682,32	395	7	402	—	[illegible]	1	403	78	[illegible]	—	—	Muntzenheim	Muntzenheim	2,03	Muntzenheim	Durrenentzen	682
683	*Fortschwihr ...	475,00	249	—	249	—	[illegible]	2	244	19	[illegible]	—	—	»	Fortschwihr	1,02	Bischwihr	Fortschwihr	683
684	*Grussenheim...	782,00	770	—	770	—	[illegible]	3	755	[illegible]	[illegible]	[illegible]	—	»	Grussenheim	0,46	Grussenheim	Grussenheim	684
685	Holtzwihr	646,15	402	—	402	—	[illegible]	2	502	[illegible]	[illegible]	—	—	Colmar II	Bischwihr	3,30	Bischwihr	Holtzwihr	685

Numéro d'ordre	Commune	Superficie en ha	Population municipale (1926) agglomérée	éparse	totale	Population comptée à part (1926)	Population totale au 7 mars 1926 Total général	dont étrang.	Population totale au 6 mars 1921	Religion Chrétiens Catholiques	Protestants	Israélites	autre ou non déclarée	Bureau de Perception	Station de chemin de fer Nom de la gare	Distance en km	Bureau de Poste	Commune	Numéro d'ordre
686	*Horbourg	436,80	1 111	—	1 111	—	1 111	12	[illegible]	396	616	98	3	Colmar II	Horbourg (Mairie)	—	Horbourg	Horbourg	686
687	*Houssen	669,[illegible]	909	44	953	—	953	5	960	953	—	—	—	»	Bennwihr	2,[illegible]	Bennwihr-gare	Houssen	687
688	*Jebsheim	1 485,47	745	3	748	—	748	4	755	41	707	—	—	Muntzenheim	Jebsheim	0,15	Jebsheim	Jebsheim	688
689	*Kunheim	1 174,74	557	—	557	—	557	1	598	9	548	—	—	»	Muntzenheim	6,[illegible]	Kunheim	Kunheim	689
690	*Muntzenheim	648,80	412	10	422	—	422	4	415	45	377	—	—	»	»	0,50	Muntzenheim	Muntzenheim	690
691	*Riedwihr	304,40	361	—	361	—	361	—	362	361	—	—	—	»	Jebsheim	2,[illegible]	Jebsheim	Riedwihr	691
692	*Sundhoffen	1 274,61	794	45	839	—	839	10	823	146	693	—	—	Colmar II	Sundhoffen	0,[illegible]	Sundhoffen	Sundhoffen	692
693	*Urschenheim	642,[illegible]	315	—	315	—	315	7	328	315	—	—	—	Muntzenheim	Muntzenheim	3,[illegible]	Muntzenheim	Urschenheim	693
694	*Wickerschwihr	227,47	177	—	177	—	177	—	187	177	—	—	—	Colmar II	Bischwihr	1,[illegible]	Bischwihr	Wickerschwihr	694
695	*Widensolen	1 066,[illegible]	438	—	438	—	438	5	409	435	3	—	—	Muntzenheim	Wolfgantzen	5,72	Neuf-Brisach	Widensolen	695
696	*Wihr-en-Plaine	497,80	403	—	403	—	403	12	388	75	328	—	—	Colmar II	Wihr-en-Plaine	0,15	Horbourg	Wihr-en-Plaine	696

2. — Canton de Colmar.

Nombre de communes : 2. — *Superficie* : 9 114,69 hectares. — *Population totale* : 44 491.

Numéro d'ordre	Commune	Superficie en ha	agglomérée	éparse	totale	comptée à part	Total général	dont étrang.	Pop. 1921	Catholiques	Protestants	Israélites	autre ou non déclarée	Bureau de Perception	Nom de la gare	Distance en km	Bureau de Poste	Commune	Numéro d'ordre
697	Colmar	6 544,28	38 689	177	38 866	4 301	43 167	1 307	42 255	32 977	8 157	1 106	927	Colmar I	Colmar	1,25	Colmar	Colmar	697
698	*Ste-Croix-en-Plaine	2 570,41	1 296	28	1 324	—	1 3[illegible]	8	1 270	1 311	13	—	—	Colmar II	Ste-Croix-en-Pl.	0,65	Ste-Croix-en-Pl.	Ste-Croix-en-Plaine	698

3. — Canton de Munster.

Nombre de communes : 16. — *Superficie* : 19 131,38 hectares. — *Population totale* : 16 281.

Numéro d'ordre	Commune	Superficie en ha	agglomérée	éparse	totale	comptée à part	Total général	dont étrang.	Pop. 1921	Catholiques	Protestants	Israélites	autre ou non déclarée	Bureau de Perception	Nom de la gare	Distance en km	Bureau de Poste	Commune	Numéro d'ordre
699	Breitenbach-Haut-Rhin	891,70	800	161	961	—	[illegible]	15	[illegible]	271	[illegible]	—	2	Munster II	Breitenbach-Haut-Rhin	0,70	Breitenbach-Haut-Rhin	Breitenbach-Haut-Rhin	699
700	Eschbach-au-Val	481,55	345	85	430	—	[illegible]	1	[illegible]	[illegible]	187	—	—	»	Munster	2,14	Munster	Eschbach-au-Val	700
701	Griesbach-au-Val	465,20	437	95	532	—	[illegible]	5	557	142	[illegible]	—	—	»	Gunsbach	0,[illegible]	Gunsbach	Griesbach-au-Val	701
702	Gunsbach	615,02	632	94	726	—	[illegible]	6	731	184	[illegible]	—	—	Munster I	»	0,87	»	Gunsbach	702
703	Hohrod	545,22	161	213	374	—	[illegible]	6	[illegible]	55	317	—	2	»	Munster	2,78	Munster	Hohrod	703
704	Luttenbach-près-Munster	769,80	316	468	784	—	[illegible]	34	708	[illegible]	[illegible]	—	—	Munster II	Luttenbach	0,55	»	Luttenbach près Munster	704
705	Metzeral	2 953,00	1 178	15	1 193	—	[illegible]	83	[illegible]	477	[illegible]	—	4	»	Metzeral	0,21	Metzeral	Metzeral	705
706	Mittlach	1 140,35	174	336	510	2	[illegible]	9	[illegible]	[illegible]	[illegible]	—	[illegible]	»	»	3,70	»	Mittlach	706
707	Muhlbach-sur-Munster	768,[illegible]	906	26	932	—	[illegible]	36	[illegible]	246	[illegible]	—	5	»	Muhlbach-sur-Munster	0,21	Muhlbach-sur-Munster	Muhlbach-sur-Munster	707
708	Munster	864,00	3 742	876	4 618	23	4 641	[illegible]	3 [illegible]	2 461	2 [illegible]	22	134	Munster I	Munster	0,40	Munster	Munster	708
709	Sondernach	2 447,47	811	29	840	—	[illegible]	12	[illegible]	[illegible]	476	—	10	Munster II	Metzeral	2,12	Sondernach	Sondernach	709
710	Soultzbach-les-Bains	706,71	639	18	657	—	[illegible]	14	[illegible]	[illegible]	5	—	—	»	Wihr-au-Val	1,28	Soultzbach-les-Bains	Soultzbach-les-Bains	710
711	Soultzeren	1 672,20	754	361	1 115	—	[illegible]	23	[illegible]	94	1 0[illegible]	—	2	Munster I	Munster	4,57	Soultzeren	Soultzeren	711
712	Stosswihr	2 595,80	784	[illegible]	1 262	127	[illegible]	38	713	[illegible]	[illegible]	4	67	»	»	2,04	Stosswihr	Stosswihr	712
713	Wasserbourg	946,84	[illegible]	83	407	—	[illegible]	5	441	[illegible]	[illegible]	—	[illegible]	Munster II	Wihr-au-Val	6,72	Soultzbach-les-Bains	Wasserbourg	713
714	Wihr-au-Val	1 256,40	788	100	888	—	[illegible]	24	900	[illegible]	[illegible]	—	—	Munster I	»	0,74	Wihr-au-Val	Wihr-au-Val	714

4. — Canton de Neuf-Brisach.

Nombre de communes : 18. — *Superficie* : 13 71[illegible] hectares. — *Population totale* : 9 710.

Numéro d'ordre	Commune	Superficie en ha	agglomérée	éparse	totale	comptée à part	Total général	dont étrang.	Pop. 1921	Catholiques	Protestants	Israélites	autre ou non déclarée	Bureau de Perception	Nom de la gare	Distance en km	Bureau de Poste	Commune	Numéro d'ordre
715	*Algolsheim	721,07	287	34	321	—	321	11	326	[illegible]	[illegible]	—	1	Neuf-Brisach	Obersaasheim [1])	2,[illegible]	Neuf-Brisach	Algolsheim	715
716	*Appenwihr	771,57	191	2	193	—	[illegible]	[illegible]	[illegible]	[illegible]	[illegible]	—	—	»	Sundhoffen	2,[illegible]	Sundhoffen	Appenwihr	716
717	*Balgau	[illegible]	453	—	453	—	[illegible]	1	465	453	—	—	—	»	Balgau	0,[illegible]	[illegible]	Balgau	717
718	*Biesheim	1 655,80	1 091	55	1 146	—	1 146	2	1 205	1 091	[illegible]	113	6	»	Neuf-Brisach-Ville	2,[illegible]	Biesheim	Biesheim	718
719	*Blodelsheim	1 800,[illegible]	799	12	811	—	811	3	[illegible]	[illegible]	[illegible]	—	—	»	»	7,[illegible]	Dessenheim	Blodelsheim	719
720	*Dessenheim	[illegible]	171	—	171	—	[illegible]	2	176	167	[illegible]	—	—	»	Obersaasheim	4,[illegible]	Heiteren	Dessenheim	720
721	*Heiteren	2 245,[illegible]	650	15	665	—	[illegible]	—	[illegible]	[illegible]	[illegible]	—	—	»	Heiteren	1,[illegible]	[illegible]	Heiteren	721
722	*Hettenschlag	771,[illegible]	188	—	188	—	[illegible]	—	[illegible]	188	[illegible]	—	—	»	Sundhoffen	6,[illegible]	Dessenheim	Hettenschlag	722
723	*Logelheim	[illegible]	304	—	304	—	[illegible]	5	322	[illegible]	[illegible]	—	—	»	Ste-Croix-en-Plaine	[illegible]	Ste-Croix-en-Plaine	Logelheim	723
724	*Nambsheim	1 009,[illegible]	[illegible]	9	[illegible]	—	[illegible]	—	[illegible]	[illegible]	[illegible]	—	[illegible]	»	Balgau	[illegible]	[illegible]	Nambsheim	724
725	*Neuf-Brisach	181,27	1 775	—	1 775	365	[illegible]	35	[illegible]	1 582	[illegible]	[illegible]	[illegible]	»	Neuf-Brisach-Ville	0,[illegible]	Neuf-Brisach	Neuf-Brisach	725
726	*Obersaasheim	1 250,[illegible]	[illegible]	10	[illegible]	—	[illegible]	3	471	[illegible]	[illegible]	—	—	»	Obersaasheim	0,[illegible]	»	Obersaasheim	726

[illegible]

Numéro d'ordre	Commune	Superficie en ha	Population municipale (1926): agglomérée	éparse	totale	Population comptée à part (1926)	totale au 7 mars 1926: Total général	dont étrang.	Population totale au 6 mars 1921	Religion, Chrétiens: Catholiques	Protestants	Religion: Israélites	autre ou non déclarée	Bureau de Perception	Station de chemin de fer: Nom de la gare	Distance en km	Bureau de Poste	Commune	Numéro d'ordre
727		501,[illegible]	104	49	153	—	[illegible]	3	175	[illegible]	15	—	—	Neuf-Brisach	Neuf-Brisach-Gare	[illegible]	Neuf-Brisach	Vogelgrun	727
728		864,[illegible]	286	252	538	1 276	1 814	9	1 505	897	273	1	643	»	»	[illegible]	»	Volgelsheim	728
729	Weckolsheim	482,[illegible]	223	—	223	—	[illegible]	4	242	222	1	—	—	»	» -Ville	[illegible]	»	Weckolsheim	729
730	Wolfgantzen	958,[illegible]	328	15	343	—	343	13	310	296	47	—	—	»	Wolfgantzen	[illegible]	»	Wolfgantzen	730

5. — Canton de Wintzenheim.

Nombre de communes : 10. — *Superficie* : 8 281,[illegible] hectares. — *Population totale* : 11 324.

Numéro d'ordre	Commune	Superficie en ha	agglomérée	éparse	totale	comptée à part	Total général	dont étrang.	Pop. 1921	Catholiques	Protestants	Israélites	autre	Bureau de Perception	Nom de la gare	Distance en km	Bureau de Poste	Commune	Numéro d'ordre
731	*Eguisheim	1 412,[illegible]	1 367	81	1 448	—	1 448	46	1 417	[illegible]	25	—	—	Wintzenheim	Eguisheim	1,47	Eguisheim	Eguisheim	731
732	*Herrlisheim près Colmar	767,70	680	—	680	52	732	8	706	[illegible]	3	20	—	Colmar II	Herrlisheim près Colmar	[illegible]	Herrlisheim près Colmar	Herrlisheim près Colmar	732
733	*Husseren-les-Châteaux	122,[illegible]	356	—	356	—	[illegible]	—	[illegible]	356	—	—	—	Wintzenheim	Eguisheim	[illegible]	Eguisheim	Husseren-les-Châteaux	733
734	*Obermorschwihr	150,11	375	6	381	—	[illegible]	—	378	[illegible]	—	—	—	»	Herrlisheim	[illegible]	Obermorschwihr	Obermorschwihr	734
735	Turckheim	1 647,[illegible]	2 384	35	2 419	22	[illegible]	[illegible]	[illegible]	[illegible]	[illegible]	[illegible]	—	»	Turckheim	[illegible]	Turckheim	Turckheim	735
736	*Voegtlinshoffen	398,[illegible]	445	11	456	—	[illegible]	10	442	[illegible]	3	—	—	»	Herrlisheim p. Colmar	[illegible]	Obermorschwihr	Voegtlinshoffen	736
737	Walbach	545,[illegible]	464	31	495	—	[illegible]	3	507	[illegible]	1	—	—	»	Walbach	1,21	Walbach	Walbach	737
738	*Wettolsheim	885,[illegible]	1 147	—	1 147	—	1 147	14	1 172	[illegible]	4	—	—	»	Wettolsheim	[illegible]	Wettolsheim	Wettolsheim	738
739	Wintzenheim	2 078,[illegible]	[illegible]	873	[illegible]	—	[illegible]	[illegible]	[illegible]	3 172	146	150	—	»	Wintzenheim	[illegible]	Wintzenheim	Wintzenheim	739
740	Zimmerbach	225,[illegible]	400	—	400	—	[illegible]	4	374	400	—	—	—	»	St-Gilles	[illegible]	Walbach	Zimmerbach	740

III. — Arrondissement de Guebwiller.

4 *Cantons* : Ensisheim, Guebwiller, Rouffach, Soultz.

Nombre de communes : 47. — *Superficie* : [illegible] hectares. — *Population totale* : 58 579.

1. — Canton d'Ensisheim.

Nombre de communes : 17. — *Superficie* : 27 136,[illegible] hectares. — *Population totale* : 12 741.

Numéro d'ordre	Commune	Superficie en ha	agglomérée	éparse	totale	comptée à part	Total général	dont étrang.	Pop. 1921	Catholiques	Protestants	Israélites	autre	Bureau de Perception	Nom de la gare	Distance en km	Bureau de Poste	Commune	Numéro d'ordre
741	Biltzheim	707,[illegible]	317	36	[illegible]	—	[illegible]	30	[illegible]	[illegible]	19	—	—	Ensisheim	Biltzheim	[illegible]	Oberentzen	Biltzheim	741
742	Blodelsheim	2 165,[illegible]	851	15	[illegible]	—	[illegible]	6	[illegible]	[illegible]	3	—	—	Blodelsheim	Blodelsheim	[illegible]	Blodelsheim	Blodelsheim	742
743	Ensisheim	3 607,[illegible]	[illegible]	548	[illegible]	594	[illegible]	[illegible]	2 617	2 842	[illegible]	30	32	Ensisheim	Ensisheim (C.F.A.L.) / Ensisheim (Tramway)	[illegible] / —	Ensisheim	Ensisheim	743
744	Fessenheim	1 785,[illegible]	701	—	701	—	[illegible]	1	[illegible]	[illegible]	1	11	5	Blodelsheim	Fessenheim	[illegible]	Fessenheim	Fessenheim	744
745	Hirtzfelden	2 210,[illegible]	560	10	570	—	[illegible]	3	[illegible]	[illegible]	1	—	—	»	Meyenheim	[illegible]	Hirtzfelden	Hirtzfelden	745
746	Meyenheim	1 280,[illegible]	[illegible]	11	580	—	[illegible]	4	611	[illegible]	—	—	—	Ensisheim	»	[illegible]	Réguisheim	Meyenheim	746
747	Munchhouse	[illegible]	844	17	861	—	[illegible]	4	870	[illegible]	2	—	—	Blodelsheim	Rumersheim-le-Haut [1]	5,47	Munchhouse	Munchhouse	747
748	Munwiller	657,[illegible]	[illegible]	—	[illegible]	—	[illegible]	1	[illegible]	[illegible]	—	—	—	Ensisheim	Munwiller	[illegible]	Oberentzen	Munwiller	748
749	Niederentzen	871,[illegible]	[illegible]	—	[illegible]	—	[illegible]	[illegible]	[illegible]	[illegible]	[illegible]	—	—	»	Oberentzen	[illegible]	»	Niederentzen	749
750	Niederhergheim	1 150,[illegible]	[illegible]	16	[illegible]	—	[illegible]	3	702	[illegible]	7	—	—	»	Niederhergheim	[illegible]	Oberhergheim	Niederhergheim	750
751	Oberentzen	878,[illegible]	400	—	[illegible]	—	[illegible]	2	[illegible]	[illegible]	—	—	—	»	Oberentzen	[illegible]	Oberentzen	Oberentzen	751
752	Oberhergheim	2 028,[illegible]	[illegible]	—	[illegible]	—	[illegible]	8	971	[illegible]	[illegible]	6	—	»	Oberhergheim	[illegible]	Oberhergheim	Oberhergheim	752
753	Pulversheim	[illegible]	271	—	271	—	[illegible]	16	[illegible]	[illegible]	[illegible]	—	—	»	Bollwiller	[illegible]	Bollwiller	Pulversheim	753
754	Réguisheim	2 254,[illegible]	[illegible]	—	[illegible]	—	[illegible]	14	[illegible]	1 427	[illegible]	44	1	»	Réguisheim	[illegible]	Réguisheim	Réguisheim	754
755	Roggenhouse	645,[illegible]	[illegible]	16	205	—	[illegible]	—	[illegible]	[illegible]	[illegible]	—	—	Blodelsheim	Blodelsheim	[illegible]	Munchhouse	Roggenhouse	755
756	Rumersheim-le-Haut	[illegible]	654	—	654	—	[illegible]	1	[illegible]	654	—	—	—	»	Rumersheim-le-Haut	[illegible]	Rumersheim-le-Haut	Rumersheim-le-Haut	756
757	Rustenhart	[illegible]	478	41	519	—	519	4	[illegible]	487	[illegible]	—	—	»	Balgau	[illegible]	Hirtzfelden	Rustenhart	757

2. — Canton de Guebwiller.

Nombre de communes : 11. — *Superficie* : [illegible] hectares. — *Population totale* : [illegible].

Numéro d'ordre	Commune	Superficie en ha	agglomérée	éparse	totale	comptée à part	Total général	dont étrang.	Pop. 1921	Catholiques	Protestants	Israélites	autre	Bureau de Perception	Nom de la gare	Distance en km	Bureau de Poste	Commune	Numéro d'ordre
758	Bergholtz	[illegible]	446	—	446	—	[illegible]	—	[illegible]	[illegible]	[illegible]	—	7	Guebwiller	Guebwiller	[illegible]	Orschwihr	Bergholtz	758
759	Bergholtzzell	[illegible]	[illegible]	—	[illegible]	—	[illegible]	2	[illegible]	[illegible]	—	—	—	»	»	[illegible]	»	Bergholtzzell	759
760	Buhl	[illegible]	[illegible]	—	[illegible]	—	[illegible]	[illegible]	[illegible]	[illegible]	[illegible]	2	[illegible]	»	Buhl	[illegible]	Buhl	Buhl	760
761	Guebwiller	[illegible]	[illegible]	—	[illegible]	[illegible]	[illegible]	[illegible]	[illegible]	[illegible]	[illegible]	170	[illegible]	»	Guebwiller	[illegible]	Guebwiller	Guebwiller	761
762	Lautenbach	[illegible]	[illegible]	[illegible]	[illegible]	—	[illegible]	[illegible]	[illegible]	[illegible]	[illegible]	[illegible]	—	»	Lautenbach	[illegible]	Lautenbach	Lautenbach	762
763	Lautenbachzell	2 307,[illegible]	[illegible]	[illegible]	[illegible]	—	[illegible]	8	[illegible]	[illegible]	[illegible]	—	—	»	»	[illegible]	»	Lautenbachzell	763

[1] [illegible] km.

Numéro d'ordre	Commune	Superficie en ha	Population municipale (1936) agglomérée	Population municipale (1936) éparse	Population municipale (1936) totale	Population comptée à part (1936)	totale au 7 mars 1926 Total général	totale au 7 mars 1926 dont...	Population totale au 6 mars 1921	Religion Chrétiens Catholiques	Religion Chrétiens Protestants	Religion Israélites	Religion autre déclarée	Bureau de Perception	Station de chemin de fer Nom de la gare	Station de chemin de fer Distance en km	Bureau de Poste	Commune	Numéro d'ordre
764	Linthal	2 004,06	414	404	818	—	818	8	753	818	—	—	—	Guebwiller	Lautenbach	2,50	Linthal	Linthal	764
765	Murbach	664,05	273	9	282	—	282	6	242	279	3	—	—	»	Buhl	3,20	Buhl	Murbach	765
766	Orschwihr	706,92	917	—	917	—	917	12	946	915	2	—	—	»	Guebwiller	5,27	Orschwihr	Orschwihr	766
767	Rimbach pr. Guebwiller	390,62	197	—	197	—	197	—	198	196	1	—	—	»	Soultz-H.-Rh.	8,05	Jungholtz	Rimbach près Guebwiller	767
768	Rimbachzell	188,85	337	—	337	—	337	—	328	337	—	—	—	»	»	5,65	»	Rimbachzell	768

3. — Canton de Rouffach.

Nombre de communes : 8. — *Superficie :* 11 337,95 hectares. — *Population totale :* 11 397.

Numéro d'ordre	Commune	Superficie en ha	agglomérée	éparse	totale	comptée à part	Total général	dont...	1921	Catholiques	Protestants	Israélites	autre	Perception	Gare	km	Poste	Commune	Numéro d'ordre
769	Gueberschwihr	869,04	894	57	951	53	1 004	83	973	1 090	—	—	4	Rouffach	Herrlisheim près Colmar	3,56	Gueberschwihr	Gueberschwihr	769
770	Gundolsheim	809,20	555	16	571	—	571	1	575	570	1	—	—	»	Merxheim	3,1	Rouffach	Gundolsheim	770
771	Hattstatt	596,37	705	15	720	—	720	3	727	636	8	76	—	»	Herrlisheim près Colmar	1,75	Hattstatt	Hattstatt	771
772	Osenbach	559,94	577	—	577	—	577	—	579	576	1	—	—	»	Rouffach	11,34	Soultzmatt	Osenbach	772
773	Pfaffenheim	1 451,15	1 210	23	1 233	—	1 233	6	1 233	1 232	1	—	—	»	»	5,06	Pfaffenheim	Pfaffenheim	773
774	Rouffach	4 004,61	2 604	358	2 962	1 243	4 182	150	3 748	3 916	25	37	4	»	»	1,36	Rouffach	Rouffach	774
775	Soultzmatt	1 957,10	1 888	419	2 307	28	2 335	27	2 209	2 304	7	22	2	»	»	8,13	Soultzmatt	Soultzmatt	775
776	Westhalten	1 097,01	758	12	770	—	770	15	831	770	—	—	—	»	»	6,14	Westhalten	Westhalten	776

4. — Canton de Soultz (Haut-Rhin).

Nombre de communes : 11. — *Superficie :* 10 791,57 hectares. — *Population totale :* 13 447.

Numéro d'ordre	Commune	Superficie en ha	agglomérée	éparse	totale	comptée à part	Total général	dont...	1921	Catholiques	Protestants	Israélites	autre	Perception	Gare	km	Poste	Commune	Numéro d'ordre
777	*Berrwiller	768,70	594	8	602	1	603	11	550	602	—	—	1	Soultz-H.-Rh.	Bollwiller	4,07	Hartmannswiller	Berrwiller	777
778	Bollwiller	862,52	1 745	18	1 763	—	1 763	572	1 192	1 246	29	42	446	»	»	0,86	Bollwiller	Bollwiller	778
779	Feldkirch	420,28	365	109	474	4	478	51	420	405	17	—	—	»	Feldkirch	0,20	»	Feldkirch	779
780	*Hartmannswiller	461,35	418	27	445	—	445	10	372	444	1	—	—	»	Soultz-H.-Rh.	4,25	Hartmannswiller	Hartmannswiller	780
781	Issenheim	816,70	1 796	—	1 796	170	1 966	111	1 866	1 915	45	4	2	»	Guebwiller	3,00	Issenheim	Issenheim	781
782	Jungholtz	379,20	752	22	774	—	774	26	658	755	19	—	—	»	Soultz-H.-Rh.	3,04	Jungholtz	Jungholtz	782
783	Merxheim	909,96	840	8	848	—	848	1	816	844	4	—	—	»	Merxheim	0,70	Merxheim	Merxheim	783
784	*Raedersheim	560,37	331	9	340	—	340	30	341	318	22	—	—	»	Raedersheim	0,09	Bollwiller	Raedersheim	784
785	Soultz (H^t-Rh.)	3 108,50	4 486	13	4 499	84	4 583	249	4 386	4 316	135	45	24	»	Soultz-H.-Rh.	0,50	Soultz-H.-Rh.	Soultz (H^t-Rhin)	785
786	*Ungersheim	1 351,00	779	15	794	—	794	15	757	782	12	—	—	»	Ungersheim	0,25	Ungersheim	Ungersheim	786
787	Wuenheim	622,00	838	15	853	—	853	25	692	851	2	—	—	»	Soultz-H.-Rh.	2,00	Soultz-H.-Rh.	Wuenheim	787

IV. — Arrondissement de Mulhouse.

5 Cantons : Habsheim, Huningue, Landser, Mulhouse-Nord, Mulhouse-Sud.

Nombre de communes : 74. — *Superficie :* 64 966,91 hectares. — *Population totale :* 196 078.

1. — Canton de Habsheim.

Nombre de communes : 16. — *Superficie :* 22 180,[illegible] hectares. — *Population totale :* 24 322.

Numéro d'ordre	Commune	Superficie en ha	agglomérée	éparse	totale	comptée à part	Total général	dont...	1921	Catholiques	Protestants	Israélites	autre	Perception	Gare	km	Poste	Commune	Numéro d'ordre
788	Baldersheim	1 275,80	607	11	618	—	618	12	604	602	16	—	—	Mulhouse II	Baldersheim	—	Baldersheim	Baldersheim	788
789	Bantzenheim	2 124,15	970	76	1 046	—	1 046	14	962	1 027	[illegible]	8	2	Ottmarsheim	Bantzenheim	1,72	Bantzenheim	Bantzenheim	789
790	Battenheim	2 650,08	813	11	824	—	824	31	904	822	[illegible]	—	—	Mulhouse II	Battenheim	0,20	Battenheim	Battenheim	790
791	Chalampé	588,44	288	55	343	—	343	6	333	338	[illegible]	—	3	Ottmarsheim	Chalampé	0,20	Bantzenheim	Chalampé	791
792	*Eschentzwiller	319,20	582	—	582	—	582	22	630	579	[illegible]	—	2	Habsheim	Habsheim	3,54	Habsheim	Eschentzwiller	792
793	Habsheim	1 548,00	1 918	—	1 918	—	1 928	23	1 756	1 871	[illegible]	7	3	»	»	1,00	»	Habsheim	793
794	*Hombourg	1 530,02	289	22	311	—	311	17	303	296	[illegible]	—	—	Ottmarsheim	Bantzenheim	6,35	Ottmarsheim	Hombourg	794
795	Illzach	1 056,07	1 308	3 069	4 477	248	4 725	865	3 166	3 647	[illegible]	4	8	Mulhouse II	Illzach	—	Illzach	Illzach	795
796	Niffer	857,54	242	—	242	—	242	14	181	234	[illegible]	1	1	Ottmarsheim	Schlierbach	7,01	Kembs	Niffer	796
797	*Ottmarsheim	2 569,17	623	19	642	53	695	47	714	690	[illegible]	—	—	»	Bantzenheim	2,56	Ottmarsheim	Ottmarsheim	797
798	Petit-Landau	2 293,28	445	14	459	—	459	1	462	448	[illegible]	—	1	»	Habsheim	5,28	Kembs	Petit-Landau	798
799	*Riedisheim	698,05	6 159	151	6 310	16	6 326	320	5 777	5 641	[illegible]	18	149	Habsheim	Mulhouse	2,35	Riedisheim	Riedisheim	799
800	*Rixheim	1 280,51	3 406	91	3 497	41	3 538	149	3 256	3 460	[illegible]	11	13	»	Rixheim	0,75	Rixheim	Rixheim	800
801	Ruelisheim	727,20	754	46	800	—	800	70	721	792	[illegible]	—	—	Mulhouse II	Battenheim	2,02	Battenheim	Ruelisheim	801
802	Sausheim	1 692,90	1 370	87	1 457	—	1 457	82	1 385	1 494	[illegible]	—	2	»	Sausheim	0,16	Sausheim	Sausheim	802
803	*Zimmersheim	315,20	401	13	414	—	414	15	444	420	[illegible]	—	—	Habsheim	Mulhouse	4,07	Habsheim	Zimmersheim	803

2. — Canton de Huningue.

Nombre de communes : 22. — *Superficie :* 14 122,[illegible] hectares. — *Population totale :* 25 380.

Numéro d'ordre	Commune	Superficie en ha	Population municipale (1926) agglomérée	éparse	totale	Population comptée à part (1926)	totale au 7 mars 1926 Total général	dont étrang.	Population totale au 6 mars 1921	Religion Chrétiens Catholiques	Protestants	Israélites	autre ou non déclarée	Bureau de Perception	Station de chemin de fer Nom de la gare	Distance en km	Bureau de Poste	Commune	Numéro d'ordre
804	Attenschwiller	510,[illegible]	553	2	555	—	[illegible]	7	549	552	3	—	—	St-Louis II	[illegible]	[illegible]	Folgensbourg	Attenschwiller	804
805	Blotzheim	2 604,[illegible]	1 978	611	2 589	46	[illegible]	81	2 516	2 568	42	3	2	»	Blotzheim	[illegible]	Blotzheim	Blotzheim	805
806	Bourgfelden	387,[illegible]	1 345	—	1 345	—	[illegible]	367	1 212	1 060	279	6	1	St-Louis I	St-Louis	1,[illegible]	Bourgfelden	Bourgfelden	806
807	Buschwiller	416,[illegible]	607	—	607	—	[illegible]	15	588	[illegible]	1	—	—	»	Hégenheim	[illegible]	Hégenheim	Buschwiller	807
808	Folgensbourg	672,[illegible]	538	—	538	—	[illegible]	8	502	[illegible]	—	—	—	St-Louis II	[illegible]	[illegible]	Folgensbourg	Folgensbourg	808
809	Hagenthal-le-Bas	619,[illegible]	[illegible]	23	682	—	[illegible]	30	616	655	7	—	—	»	Muespach-le-Haut [-Folgensbourg]	7,[illegible]	Hagenthal-le-Bas	Hagenthal-le-Bas	809
810	Hagenthal-le-Haut	462,[illegible]	354	—	354	—	[illegible]	30	329	354	—	—	—	»	»	8,[illegible]	»	Hagenthal-le-Haut	810
811	Hégenheim	685,[illegible]	2 078	—	2 078	—	[illegible]	180	2 111	2 344	34	—	—	St-Louis I	St-Louis	4,[illegible]	Hégenheim	Hégenheim	811
812	Hésingue	886,[illegible]	1 193	17	1 210	—	[illegible]	[illegible]	1 217	1 204	6	—	—	»	»	3,[illegible]	Hésingue	Hésingue	812
813	Huningue	273,[illegible]	3 685	—	3 685	—	[illegible]	1 017	3 115	2 787	[illegible]	63	60	»	Huningue	0,[illegible]	Huningue	Huningue	813
814	Knœringue	467,70	197	—	197	—	[illegible]	1	182	197	—	—	—	St-Louis II	Muespach-le-Haut [-Folgensbourg]	1,[illegible]	Moyen-Muespach	Knœringue	814
815	Leymen	1 163,[illegible]	758	—	758	—	[illegible]	102	778	[illegible]	27	—	—	St-Louis I	Werentzhouse	11,[illegible]	Leymen	Leymen	815
816	Liebenswiller	379,[illegible]	198	—	198	—	[illegible]	22	176	198	—	—	—	»	»	9,[illegible]	»	Liebenswiller	816
817	Michelbach-le-Bas	485,[illegible]	[illegible]	—	[illegible]	—	[illegible]	1	224	[illegible]	2	—	—	St-Louis II	Michelbach-le-Bas	0,[illegible]	Blotzheim	Michelbach-le-Bas	817
818	Michelbach-le-Haut	738,[illegible]	334	—	334	—	[illegible]	16	[illegible]	[illegible]	10	—	—	»	Michelbach-le-Haut	1,[illegible]	Folgensbourg	Michelbach-le-Haut	818
819	Neuwiller	372,[illegible]	353	—	353	—	[illegible]	26	378	349	4	—	—	St-Louis I	»	11,[illegible]	Hagenthal-le-Bas	Neuwiller	819
820	Ranspach-le-Bas	451,[illegible]	501	—	501	1	[illegible]	3	540	[illegible]	—	—	—	St-Louis II	Michelbach-le-Bas	2,[illegible]	Folgensbourg	Ranspach-le-Bas	820
821	Ranspach-le-Haut	[illegible]	[illegible]	—	[illegible]	—	[illegible]	5	375	[illegible]	—	—	—	»	»	4,47	»	Ranspach-le-Haut	821
822	Rosenau	[illegible]	[illegible]	—	[illegible]	—	[illegible]	5	474	[illegible]	—	—	—	»	Bartenheim	3,7[illegible]	Bartenheim	Rosenau	822
823	Saint-Louis	414,27	5 558	142	5 700	—	[illegible]	1 282	5 376	4 516	[illegible]	225	2	St-Louis I	St-Louis	0,[illegible]	Saint-Louis	Saint-Louis	823
824	Village-Neuf	[illegible]	2 330	—	2 330	20	[illegible]	[illegible]	2 272	2 346	[illegible]	—	—	St-Louis II	Huningue	1,[illegible]	Village-Neuf	Village-Neuf	824
825	Wentzwiller	471,[illegible]	[illegible]	—	[illegible]	—	[illegible]	5	423	[illegible]	—	—	—	St-Louis I	[illegible]	4,12	Folgensbourg	Wentzwiller	825

3. — Canton de Landser.

Nombre de communes : 21. — *Superficie :* 14 712,[illegible] hectares. — *Population totale :* 10 220.

Numéro d'ordre	Commune	Superficie en ha	Population municipale (1926) agglomérée	éparse	totale	Population comptée à part (1926)	totale au 7 mars 1926 Total général	dont étrang.	Population totale au 6 mars 1921	Religion Chrétiens Catholiques	Protestants	Israélites	autre ou non déclarée	Bureau de Perception	Station de chemin de fer Nom de la gare	Distance en km	Bureau de Poste	Commune	Numéro d'ordre
826	Bartenheim	1 247,[illegible]	[illegible]	[illegible]	1 822	—	[illegible]	36	1 728	1 773	43	—	1	Sierentz	Bartenheim	0,[illegible]	Bartenheim	Bartenheim	826
827	Brinckheim	387,[illegible]	186	—	186	—	[illegible]	10	198	182	6	—	—	»	»	2,[illegible]	»	Brinckheim	827
828	Dietwiller	1 103,17	353	6	359	—	[illegible]	6	365	358	1	—	—	Habsheim	Schlierbach	3,[illegible]	Landser	Dietwiller	828
829	Geispitzen	601,[illegible]	316	—	316	—	[illegible]	3	304	316	—	—	—	Sierentz	Sierentz	4,[illegible]	Sierentz	Geispitzen	829
830	Helfrantzkirch	682,[illegible]	482	—	482	—	[illegible]	—	486	481	1	—	—	»	Bartenheim	5,[illegible]	Helfrantzkirch	Helfrantzkirch	830
831	Kappelen	513,[illegible]	[illegible]	—	[illegible]	—	[illegible]	6	380	380	8	—	—	»	»	4,[illegible]	»	Kappelen	831
832	Kembs	1 720,[illegible]	727	334	1 061	—	[illegible]	59	1 147	1 052	1	7	1	Ottmarsheim	Schlierbach	4,[illegible]	Kembs	Kembs	832
833	Kœtzingue	504,[illegible]	[illegible]	—	[illegible]	—	[illegible]	5	294	[illegible]	4	—	—	Sierentz	Sierentz	5,[illegible]	Sierentz	Kœtzingue	833
834	Landser	308,[illegible]	318	—	318	—	[illegible]	34	314	[illegible]	15	—	—	Habsheim	Schlierbach	4,[illegible]	Landser	Landser	834
835	Magstatt-le-Bas	394,[illegible]	179	—	179	—	[illegible]	—	202	179	—	—	—	Sierentz	Sierentz	4,71	Sierentz	Magstatt-le-Bas	835
836	Magstatt-le-Haut	[illegible]	[illegible]	—	[illegible]	—	[illegible]	—	305	[illegible]	—	—	—	»	»	6,[illegible]	»	Magstatt-le-Haut	836
837	Rantzwiller	[illegible]	[illegible]	—	[illegible]	—	[illegible]	4	[illegible]	[illegible]	[illegible]	—	—	»	»	7,[illegible]	»	Rantzwiller	837
838	Schlierbach	1 177,[illegible]	[illegible]	27	[illegible]	—	[illegible]	6	[illegible]	[illegible]	[illegible]	—	—	Habsheim	Schlierbach	2,[illegible]	Landser	Schlierbach	838
839	Sierentz	1 312,[illegible]	[illegible]	21	[illegible]	19	[illegible]	[illegible]	[illegible]	[illegible]	[illegible]	[illegible]	1	Sierentz	Sierentz	0,[illegible]	Sierentz	Sierentz	839
840	Steinbrunn-le-Bas	[illegible]	[illegible]	—	[illegible]	—	[illegible]	[illegible]	[illegible]	[illegible]	—	—	—	Habsheim	Schlierbach	6,[illegible]	Landser	Steinbrunn-le-Bas	840
841	Steinbrunn-le-Haut	[illegible]	[illegible]	—	[illegible]	—	[illegible]	—	[illegible]	[illegible]	—	—	—	Sierentz	»	8,[illegible]	»	Steinbrunn-le-Haut	841
842	Stetten	[illegible]	[illegible]	—	[illegible]	—	[illegible]	—	[illegible]	[illegible]	—	—	—	»	Bartenheim	5,[illegible]	Helfrantzkirch	Stetten	842
843	Uffheim	[illegible]	457	—	457	—	[illegible]	—	[illegible]	[illegible]	2	47	—	»	Sierentz	1,[illegible]	Sierentz	Uffheim	843
844	Wahlbach	642,[illegible]	[illegible]	10	[illegible]	—	[illegible]	2	[illegible]	[illegible]	[illegible]	—	—	»	Walheim	3,[illegible]	Tagsdorf	Wahlbach	844
845	Waltenheim	[illegible]	[illegible]	—	157	—	[illegible]	13	179	157	—	—	—	»	Sierentz	3,[illegible]	Sierentz	Waltenheim	845
846	Zaessingue	[illegible]	[illegible]	—	[illegible]	—	[illegible]	4	[illegible]	227	[illegible]	—	—	»	»	8,[illegible]	Tagsdorf	Zaessingue	846

4. — Canton de Mulhouse-Nord.

Nombre de communes : 6 et la section Nord de Mulhouse. — *Superficie :* 6 [illegible] hectares (sans Mulhouse). — *Population totale :* 64 619 (y compris la section Nord de Mulhouse).

Numéro d'ordre	Commune	Superficie en ha	Population municipale (1926) agglomérée	éparse	totale	Population comptée à part (1926)	totale au 7 mars 1926 Total général	dont étrang.	Population totale au 6 mars 1921	Religion Chrétiens Catholiques	Protestants	Israélites	autre ou non déclarée	Bureau de Perception	Station de chemin de fer Nom de la gare	Distance en km	Bureau de Poste	Commune	Numéro d'ordre
847	*Kingersheim	[illegible]	[illegible]	—	[illegible]	—	[illegible]	[illegible]	[illegible]	[illegible]	[illegible]	—	1	Mulhouse II	Kingersheim	—	Kingersheim	Kingersheim	847
848	*Lutterbach	[illegible]	3 148	—	3 148	149	[illegible]	[illegible]	[illegible]	[illegible]	[illegible]	—	11	»	Lutterbach	0,30	Lutterbach	Lutterbach	848
849	[1)Mulhouse-Sect. Nord]		[illegible]	708	[illegible]	[illegible]	[illegible]	[illegible]	[illegible]					Mulhouse I	Mulhouse	0,[illegible]	Mulhouse	Mulhouse-Section Nord	849

1) Voir à la suite du Canton Mulhouse-Sud, les données concernant la ville entière (sections de Mulhouse-Nord et [illegible] réunies).

Numéro d'ordre	Commune	Superficie en ha	Population municipale (1926) agglomérée	éparse	totale	Population comptée à part (1926)	Population totale au 7 mars 1926 Total général	dont étrang.	Population totale au 6 mars 1911	Religion Chrétiens Catholiques	Protestants	Israélites	autre ou non déclarée	Bureau de Perception	Station de chemin de fer Nom de la gare	Distance en km	Bureau de Poste	Commune	Numéro d'ordre
850	*Pfastatt	522,96	3 806	—	3 806	131	3 937	413	3 468	3 625	252	19	41	Mulhouse II	Lutterbach	2,47	Pfastatt	Pfastatt	850
851	*Reiningue	1 853,96	1 127	—	1 127	54	1 181	90	1 007	1 165	16	—	—	Mulhouse III	Lutterbach[1]	3,86	Reiningue	Reiningue	851
852	*Richwiller	555,38	1 172	29	1 201	—	1 201	227	878	1 137	60	—	4	Mulhouse II	Richwiller	1,90	Richwiller	Richwiller	852
853	*Wittenheim	1 900,92	2 820	1 727	4 547	—	4 547	927	3 640	4 379	105	—	65	»	Wittenheim	0,25	Wittenheim	Wittenheim	853

5. — Canton de Mulhouse-Sud.

Nombre de communes : 8 et la section Sud de Mulhouse. — *Superficie :* 5 715,10 hectares (sans Mulhouse). — *Population totale :* 61 218 (y compris la section Sud de Mulhouse).

Numéro d'ordre	Commune	Superficie en ha	agglomérée	éparse	totale	Pop. comptée à part	Total général	dont étrang.	Pop. totale 1911	Catholiques	Protestants	Israélites	autre ou non déclarée	Bureau de Perception	Nom de la gare	Distance en km	Bureau de Poste	Commune	Numéro d'ordre
854	Bruebach	701,04	490	—	490	—	490	6	491	488	2	—	—	Mulhouse III	Mulhouse	6,00	Landser	Bruebach	854
855	Brunstatt	906,54	3 528	—	3 528	—	3 528	182	3 329	3 325	200	1	2	»	Brunstatt	0,20	Brunstatt	Brunstatt	855
856	*Didenheim	443,90	1 015	—	1 015	—	1 015	19	1 012	982	28	—	—	»	»	1,72	Didenheim	Didenheim	856
857	*Flaxlanden	433,16	677	—	677	—	677	25	669	661	16	—	—	»	Zillisheim	1,90	Zillisheim	Flaxlanden	857
858	*Galfingue	536,28	461	—	461	—	461	10	465	458	3	—	—	»	Illfurth	8,41	Heimsbrunn	Galfingue	858
859	*Heimsbrunn	1 058,00	775	—	775	17	792	49	651	768	24	—	—	»	Lutterbach	6,19	»	Heimsbrunn	859
860	Morschwiller-le-Bas	755,10	2 090	—	2 090	—	2 090	131	1 692	2 027	49	1	3	»	»	2,00	Morschwiller-le-Bas	Morschwiller-le-Bas	860
(849)	Mulhouse-Section Sud		50 086	95	50 181	608	50 789	3 225	50 573					Mulhouse I	Mulhouse	0,00	Mulhouse	Mulhouse-Section Sud	(849)
861	*Zillisheim	820,71	1 056	164	1 220	266	1 486	44	1 190	1 438	23	6	4	Mulhouse III	Zillisheim	0,29	Zillisheim	Zillisheim	861
(849)	Mulhouse, ville	1 930,79	96 019	801	96 820	3 072	99 892	6 884	79 927	12 564	39 226	2 262	5 379	Mulhouse I	Mulhouse	0,00	Mulhouse	Mulhouse, ville	(849)

V. — Arrondissement de Ribeauvillé.

4 Cantons : Kaysersberg, Lapoutroie, Ribeauvillé, Ste-Marie-aux-Mines.

Nombre de communes : 32. — *Superficie :* 45 864,55 hectares. — *Population totale :* 50 007.

1. — Canton de Kaysersberg.

Nombre de communes : 13. — *Superficie :* 11 204,91 hectares. — *Population totale :* 14 060.

Numéro d'ordre	Commune	Superficie en ha	agglomérée	éparse	totale	Pop. comptée à part	Total général	dont étrang.	Pop. totale 1911	Catholiques	Protestants	Israélites	autre ou non déclarée	Bureau de Perception	Nom de la gare	Distance en km	Bureau de Poste	Commune	Numéro d'ordre
862	Ammerschwihr	1 920,00	1 195	156	1 351	51	1 402	18	1 384	1 398	4	—	—	Kaysersberg	Ammerschwihr	0,40	Ammerschwihr	Ammerschwihr	862
863	Béblenheim	556,81	798	—	798	—	798	8	8[illegible]	141	657	—	—	Riquewihr	Ostheim-Béblenheim	2,07	Béblenheim	Béblenheim	863
864	Bennwihr	653,15	869	—	869	11	880	1	861	847	33	—	—	»	Bennwihr	3,50	Bennwihr-Mittelwihr	Bennwihr	864
865	Ingersheim	727,86	2 356	221	2 577	28	2 605	44	2 542	2 526	64	15	—	Kaysersberg	Ingersheim	—	Ingersheim	Ingersheim	865
866	Katzenthal	345,47	460	9	469	—	469	3	475	469	1	—	—	»	Katzenthal	1,10	Katzenthal	Katzenthal	866
867	Kaysersberg	2 481,51	2 087	431	2 518	22	2 540	75	2 485	2 457	67	16	—	»	Kaysersberg	0,20	Kaysersberg	Kaysersberg	867
868	Kientzheim	483,12	644	107	751	100	851	17	918	826	25	—	—	»	Kientzheim	0,20	Kientzheim	Kientzheim	868
869	Mittelwihr	240,13	579	9	588	—	588	4	642	179	407	—	2	Riquewihr	Ostheim-Béblenheim	4,00	Bennwihr-Mittelwihr	Mittelwihr	869
870	Niedermorschwihr	334,87	617	8	625	7	632	14	658	623	2	—	7	Kaysersberg	Ingersheim	2,70	Katzenthal	Niedermorschwihr	870
871	Ostheim	893,41	961	46	1 007	12	1 019	36	1 089	509	509	—	1	Riquewihr	Ostheim-Béblenheim	0,78	Ostheim	Ostheim	871
872	Riquewihr	1 704,86	1 153	93	1 246	—	1 246	3	1 333	395	850	—	41	»	»	5,22	Riquewihr	Riquewihr	872
873	Sigolsheim	572,90	729	2	731	21	752	3	752	740	12	—	—	Kaysersberg	Sigolsheim	1,40	Sigolsheim	Sigolsheim	873
874	Zellenberg	461,34	275	3	278	—	278	—	270	275	—	—	3	Riquewihr	Ribeauvillé-Ville	2,95	Riquewihr	Zellenberg	874

2. — Canton de Lapoutroie.

Nombre de communes : 5. — *Superficie :* 12 086,34 hectares. — *Population totale :* 8 823.

Numéro d'ordre	Commune	Superficie en ha	agglomérée	éparse	totale	Pop. comptée à part	Total général	dont étrang.	Pop. totale 1911	Catholiques	Protestants	Israélites	autre ou non déclarée	Bureau de Perception	Nom de la gare	Distance en km	Bureau de Poste	Commune	Numéro d'ordre
875	Bonhomme (Le)	2 212,30	465	345	810	3	813	29	776	808	3	—	2	Lapoutroie	Lapoutroie	5,00	Bonhomme	Bonhomme (Le)	875
876	Fréland	1 964,06	583	679	1 262	84	1 346	22	1 351	1 332	14	1	9	»	Fréland	2,00	Fréland	Fréland	876
877	Labaroche	1 327,27	1 161	—	1 161	—	1 161	16	1 280	1 157	4	—	—	»	Ammerschwihr	7,00	Trois-Epis	Labaroche	877
878	Lapoutroie	2 111,95	748	1 089	1 847	19	1 866	38	1 917	1 847	16	1	2	»	Lapoutroie	0,00	Lapoutroie	Lapoutroie	878
879	Orbey	4 470,31	1 386	2 234	3 620	2	3 622	187	3 232	3 610	11	1	—	»	Hachimette-Orbey	3,50	Orbey	Orbey	879

3. — Canton de Ribeauvillé.

Nombre de communes : 9. — *Superficie :* 11 661,56 hectares. — *Population totale :* 11 132.

Numéro d'ordre	Commune	Superficie en ha	agglomérée	éparse	totale	Pop. comptée à part	Total général	dont étrang.	Pop. totale 1911	Catholiques	Protestants	Israélites	autre ou non déclarée	Bureau de Perception	Nom de la gare	Distance en km	Bureau de Poste	Commune	Numéro d'ordre
880	Bergheim	1 915,80	1 575	64	1 639	56	1 695	32	1 714	1 620	32	40	3	Ribeauvillé	Ribeauvillé-Gare	2,[illegible]	Bergheim	Bergheim	880
881	Guémar	1 802,84	887	94	981	—	981	4	980	950	22	—	—		—	1,00	Guémar	Guémar	881
882	Hunawihr	480,81	514	—	514	—	514	2	546	145	366	—	5	»	» -Ville	2,50	Hunawihr	Hunawihr	882
883	Illhaeusern	1 046,00	584	10	594	—	594	—	561	580	14	—	—	»	» -Gare	4,00	Guémar	Illhaeusern	883

1) [illegible] 3,50 km.

Numéro d'ordre	Commune	Superficie en ha	Population municipale (1926) agglomérée	Population municipale (1926) éparse	Population municipale (1926) totale	Population comptée à part (1926)	Population totale au 7 mars 1926 Total général	Population totale au 7 mars 1926 dont étrang.	Population totale au 6 mars 1921	Religion Chrétiens Catholiques	Religion Chrétiens Protestants	Religion Israélites	Religion autre ou déclarée	Bureau de Perception	Station de chemin de fer Nom de la gare	Station de chemin de fer Distance en km	Bureau de Poste	Commune	Numéro d'ordre
884	Ribeauvillé	3 136,00	4 031	317	4 348	629	4 977	145	5 019	197	734	42	4	Ribeauvillé	Ribeauvillé-Ville	0,58	Ribeauvillé	Ribeauvillé	884
885	Rodern	705,07	324	4	328	—	328	1	315	328	—	—	—	»	St-Hippolyte	4,07	St-Hippolyte	Rodern	885
886	Rorschwihr	246,50	246	—	246	—	246	—	266	246	—	—	—	»	»	3,81	»	Rorschwihr	886
887	Saint-Hippolyte	1 787,24	1 139	81	1 220	88	1 308	31	1 408	1 298	10	—	—	»	»	2,90	»	Saint-Hippolyte	887
888	Thannenkirch	461,11	444	105	549	—	549	5	593	547	2	—	—	»	Ribeauvillé-Ville	9,32	Thannenkirch	Thannenkirch	888

— 4. Canton de Sainte-Marie-aux-Mines.

Nombre de communes : 5. — *Superficie :* 10 832,77 hectares. — *Population totale :* 15 987.

Numéro d'ordre	Commune	Superficie en ha	agglomérée	éparse	totale	Pop. comptée à part	Total général	dont étrang.	Pop. 1921	Catholiques	Protestants	Israélites	autre	Bureau de Perception	Nom de la gare	Distance en km	Bureau de Poste	Commune	Numéro d'ordre
889	Aubure	488,35	226	30	256	—	256	7	225	178	78	—	—	Ste-Marie-aux-Mines	Fréland	10,88	Aubure	Aubure	889
890	Lièpvre	1 247,58	1 470	374	1 844	—	1 844	29	1 794	1 762	78	—	4	»	Lièpvre	0,28	Lièpvre	Lièpvre	890
891	Rombach-le-Franc	1 792,48	772	564	1 336	—	1 336	16	1 406	1 330	5	1	—	»	»	1,50	Rombach-L-Franc	Rombach-le-Franc	891
892	Sainte-Croix-aux-Mines	2 783,08	1 905	1 177	3 082	—	3 082	45	3 185	2 893	172	4	13	»	Ste-Croix-aux-Mines	0,79	Ste-Croix-aux-Mines	Sainte-Croix-aux-Mines	892
893	Ste-Marie-aux-Mines	4 520,11	7 375	1 988	9 363	106	9 469	196	9 625	5 348	3 708	66	345	»	Ste-Marie-aux-Mines	0,80	Ste-Marie-aux-Mines	Sainte-Marie-aux-Mines	893

VI. — Arrondissement de Thann.

4 *Cantons :* Cernay, Masevaux, St-Amarin, Thann.

Nombre de communes : 53. — *Superficie :* 52 422,88 hectares. — *Population totale :* 56 694.

1. — Canton de Cernay.

Nombre de communes : 11. — *Superficie :* 13 127,80 hectares. — *Population totale :* 15 016.

Numéro d'ordre	Commune	Superficie en ha	agglomérée	éparse	totale	Pop. comptée à part	Total général	dont étrang.	Pop. 1921	Catholiques	Protestants	Israélites	autre	Bureau de Perception	Nom de la gare	Distance en km	Bureau de Poste	Commune	Numéro d'ordre
894	*Aspach-le-Bas	801,22	434	28	462	—	462	65	254	461	1	—	—	Burnhaupt-le-Bas	Aspach	1,20	Aspach-le-Bas	Aspach-le-Bas	894
895	*Bernwiller	759,22	392	—	392	4	396	10	385	386	—	—	—	»	Burnhaupt	7,20	Balschwiller	Bernwiller	895
896	*Burnhaupt-le-Bas	1 176,51	685	—	685	—	685	6	695	659	6	—	—	»	»	3,76	Burnhaupt-le-Bas	Burnhaupt-le-Bas	896
897	*Burnhaupt-le-Haut	1 245,60	773	—	773	—	773	19	744	768	5	—	2	»	»	2,14	»	Burnhaupt-le-Haut	897
898	*Cernay	1 804,16	5 415	23	5 438	646	6 084	701	3 289	5 758	295	24	7	Cernay	Cernay	0,82	Cernay	Cernay	898
899	*Schweighouse	1 078,27	420	—	420	—	420	1	369	417	3	—	—	Burnhaupt-le-Bas	Aspach	3,60	Aspach-le-Bas	Schweighouse	899
900	*Staffelfelden	785,96	224	449	673	—	673	217	449	592	42	—	39	Cernay	Wittelsheim	4,12	Bollwiller	Staffelfelden	900
901	*Steinbach	609,30	765	—	765	—	765	101	342	759	1	—	5	»	Cernay	3,15	Steinbach	Steinbach	901
902	*Uffholtz	1 190,84	1 123	47	1 170	—	1 170	76	790	1 163	7	—	—	»	»	2,88	Uffholtz	Uffholtz	902
903	*Wattwiller	1 360,86	829	—	829	18	847	74	643	845	2	—	—	»	»	4,00	Wattwiller	Wattwiller	903
904	*Wittelsheim	2 363,08	1 817	955	2 770	—	2 770	431	1 947	2 752	35	—	3	»	Wittelsheim	2,07	Wittelsheim	Wittelsheim	904

2. — Canton de Masevaux.

Nombre de communes : 15. — *Superficie :* 13 444,[illegible] hectares. — *Population totale :* 10 509.

Numéro d'ordre	Commune	Superficie en ha	agglomérée	éparse	totale	Pop. comptée à part	Total général	dont étrang.	Pop. 1921	Catholiques	Protestants	Israélites	autre	Bureau de Perception	Nom de la gare	Distance en km	Bureau de Poste	Commune	Numéro d'ordre
905	Bourbach-le-Haut	688,30	422	—	422	—	482	9	442	411	11	—	—	Masevaux	Masevaux	5,00	Bourbach-le-Bas	Bourbach-le-Haut	905
906	Dolleren	857,72	456	74	592	—	592	21	581	530	2	—	—	»	Oberbruck-Dolleren	0,61	Oberbruck	Dolleren	906
907	Kirchberg	674,88	647	70	717	—	717	14	761	716	1	—	—	»	Kirchberg-Wegscheid	0,00	Niederbruck	Kirchberg	907
908	Lauw	480,80	758	—	758	—	758	42	735	731	21	—	1	»	Lauw	0,00	Lauw	Lauw	908
909	Masevaux	2 309,55	2 893	365	3 258	71	3 329	91	3 425	3 202	107	15	5	»	Masevaux	0,00	Masevaux	Masevaux	909
910	Mortzwiller	422,56	179	—	179	—	179	—	188	179	—	—	—	»	Sentheim	3,50	Sentheim	Mortzwiller	910
911	Niederbruck	372,85	285	27	312	—	312	28	285	309	4	—	—	»	Niederbruck	0,04	Niederbruck	Niederbruck	911
912	Oberbruck	429,97	508	19	527	8	535	14	516	522	1	—	—	»	Oberbruck-Dolleren	0,00	Oberbruck	Oberbruck	912
913	Rimbach près Masevaux	1 095,80	557	13	570	—	570	4	580	[illegible]	2	—	—	»	»	2,51	»	Rimbach près Masevaux	913
914	Sentheim	615,38	1 027	—	1 027	—	1 027	44	1 097	1 008	7	—	22	»	Sentheim	0,28	Sentheim	Sentheim	914
915	Sewen	2 150,88	642	61	703	—	703	8	684	679	6	—	18	»	Sewen	0,08	Sewen	Sewen	915
916	Sickert	509,07	278	—	278	—	278	8	284	274	4	—	—	»	Sickert	0,02	Masevaux	Sickert	916
917	Soppe-le-Bas	564,71	409	—	409	—	409	8	414	268	10	24	3	Burnhaupt-le-Bas	Guewenheim	4,00	Soppe-le-Bas	Soppe-le-Bas	917
918	Soppe-le-Haut	738,84	326	—	326	19	345	10	364	345		—	—	Masevaux	Sentheim	3,27	Sentheim	Soppe-le-Haut	918
919	Wegscheid	1 005,70	382	18	400	10	410	8	381	407	—	—	2	»	Kirchberg-Wegscheid	0,18	Niederbruck	Wegscheid	919

3. — Canton de Saint-Amarin.

Nombre de communes : 16. — *Superficie :* 14 747,90 hectares. — *Population totale :* 14 907.

Nombre d'ordre	Commune	Superficie en ha	Population municipale (1926) agglomérée	éparse	totale	Population comptée à part (1926)	Population totale du 7 mars 1926 Total général	dont étrang.	Population totale au 6 mars 1921	Cultes Catholiques	Protestants	Israélites	autres déclarés	Bureau de Perception	Station de chemin de fer Nom de la gare	Distance en km	Bureau de Poste	Commune	Nombre d'ordre
920	Altenbach	295,18	46	34	80	—	80	—	67	80	—	—	—	St-Amarin	Willer-sur-Thur	6,50	Willer-sur-Thur	Altenbach	920
921	Fellering	2 145,90	941	618	1 559	—	[illegible]	42	1 619	1 472	40	31	16	Fellering	Fellering	0,10	Fellering	Fellering	921
922	Geishouse	728,85	626	—	626	—	[illegible]	1	632	625	1	—	—	St-Amarin	Moosch	4,25	Moosch	Geishouse	922
923	Goldbach	602,42	196	87	283	—	[illegible]	—	146	283	—	—	—	»	Willer-sur-Thur	6,85	Willer-sur-Thur	Goldbach	923
924	*Husseren-Wesserling	511,18	1 059	64	1 123	—	1 122	31	1 134	1 034	86	2	1	»	Wesserling	1,02	Wesserling	Husseren-Wesserling	924
925	Kruth	2 197,97	1 082	319	1 401	—	[illegible]	20	1 423	1 385	16	—	—	Fellering	Kruth	0,84	Kruth	Kruth	925
926	*Malmerspach	295,00	690	24	714	8	722	4	750	717	5	—	—	St-Amarin	St-Amarin	1,50	St-Amarin	Malmerspach	926
927	Mitzach	631,96	465	—	465	—	[illegible]	—	490	463	2	—	—	»	»	2,55	Wesserling	Mitzach	927
928	Mollau	876,04	628	—	628	—	[illegible]	3	635	627	1	—	—	»	Wesserling	2,70	»	Mollau	928
929	Moosch	1 561,11	2 113	73	2 186	—	[illegible]	35	2 264	2 174	11	—	1	»	Moosch	0,25	Moosch	Moosch	929
930	Oderen	1 901,42	1 156	165	1 321	41	[illegible]	15	1 416	[illegible]	16	11	7	Fellering	Oderen	0,06	Oderen	Oderen	930
931	Ranspach	1 149,70	1 030	—	1 030	11	1 041	15	987	1 010	19	—	12	St-Amarin	Wesserling	1,22	Wesserling	Ranspach	931
932	Saint-Amarin	1 145,36	1 934	170	2 104	—	[illegible]	63	2 071	2 048	46	10	—	»	St-Amarin	0,41	St-Amarin	Saint-Amarin	932
933	Storckensohn	510,05	208	129	337	—	337	1	320	323	14	—	—	Fellering	Fellering	3,04	Wesserling	Storckensohn	933
934	Urbès	1 247,70	676	—	676	—	[illegible]	12	720	670	4	—	2	»	»	3,20	Urbès	Urbès	934
935	Wildenstein	985,45	237	77	314	—	314	16	371	313	1	—	—	»	Kruth	6,24	Wildenstein	Wildenstein	935

4. — Canton de Thann.

Nombre de communes : 11. — *Superficie :* 9 108,30 hectares. — *Population totale :* 16 286.

Nombre d'ordre	Commune	Superficie en ha	Population municipale (1926) agglomérée	éparse	totale	Population comptée à part (1926)	Population totale du 7 mars 1926 Total général	dont étrang.	Population totale au 6 mars 1921	Cultes Catholiques	Protestants	Israélites	autres déclarés	Bureau de Perception	Station de chemin de fer Nom de la gare	Distance en km	Bureau de Poste	Commune	Nombre d'ordre
936	*Aspach-le-Haut	887,05	518	89	607	—	607	46	504	595	10	—	2	Burnhaupt-le-Bas	Aspach	1,42	Aspach-le-Bas	Aspach-le-Haut	936
937	*Bitschwiller	1 250,84	2 023	11	2 034	—	[illegible]	100	2 088	1 939	75	9	8	Thann	Bitschwiller	0,26	Bitschwiller	Bitschwiller	937
938	*Bourbach-le-Bas	604,50	596	5	601	—	[illegible]	—	610	590	11	—	—	»	Sentheim	3,25	Bourbach-le-Bas	Bourbach-le-Bas	938
939	*Guewenheim	854,00	779	—	779	—	779	10	806	778	—	—	1	Burnhaupt-le-Bas	Guewenheim	0,83	Guewenheim	Guewenheim	939
940	*Leimbach	357,48	554	—	554	—	[illegible]	3	541	554	—	—	—	Thann	Vieux-Thann	2,84	Thann	Leimbach	940
941	*Michelbach	335,14	155	—	155	—	[illegible]	18	150	154	1	—	—	Burnhaupt-le-Bas	Aspach	3,20	Aspach-le-Bas	Michelbach	941
942	*Rammersmatt	548,00	236	—	236	—	[illegible]	[illegible]	257	235	1	—	—	Thann	Sentheim	5,50	Bourbach-le-Bas	Rammersmatt	942
943	*Roderen	716,30	788	—	788	—	[illegible]	[illegible]	802	788	5	—	—	»	Vieux-Thann	4,35	Roderen	Roderen	943
944	*Thann	1 251,92	6 376	13	6 389	234	6 623	280	6 108	5 647	364	67	345	»	Thann	0,31	Thann	Thann	944
945	*Vieux-Thann	510,04	1 962	—	1 962	—	[illegible]	160	1 634	1 792	85	8	85	»	Vieux-Thann	0,13	»	Vieux-Thann	945
946	*Willer-sur-Thur	1 790,05	1 856	71	1 927	—	[illegible]	43	1 889	1 890	31	23	13	»	Willer-sur-Thur	0,24	Willer-sur-Thur	Willer-sur-Thur	946

Département de la Moselle.

1. — Arrondissement de Boulay.

3 *Cantons :* Boulay, Bouzonville, Faulquemont.

Nombre de communes : 101. — *Superficie :* 71 884,79 hectares. — *Population totale :* 45 273.

1. — Canton de Boulay.

Nombre de communes : 36. — *Superficie :* 22 711,89 hectares. — *Population totale :* 12 919.

Nombre d'ordre	Commune	Superficie en ha	Population municipale (1926) agglomérée	éparse	totale	Population comptée à part (1926)	Population totale du 7 mars 1926 Total général	dont étrang.	Population totale au 6 mars 1921	Cultes Catholiques	Protestants	Israélites	autres déclarés	Bureau de Perception	Station de chemin de fer Nom de la gare	Distance en km	Bureau de Poste	Commune	Nombre d'ordre
947	Bannay	415,02	76	17	93	—	[illegible]	3	108	93	—	—	—	Boulay	Condé-Northen	4,90	Condé-Northen	Bannay	947
948	Bettange	372,78	156	—	156	—	[illegible]	4	177	156	—	—	—	Bouzonville II	Anzeling	3,20	Boulay-Moselle	Bettange	948
949	Bionville	843,28	230	49	279	—	[illegible]	6	305	262	1	37	—	Boulay	Courcelles-Chaussy	6,50	Bionville	Bionville	949
950	Bisten-en-Lorraine	440,30	241	—	241	—	[illegible]	—	255	241	—	—	—	[illegible]	[illegible]	8,12	Ham-s.-Varsberg	Bisten-en-Lorraine	950
951	Boucheporn	654,87	351	—	351	—	[illegible]	2	407	351	—	—	—	Boulay	»	9,35	Boucheporn	Boucheporn	951
952	Boulay-Moselle	1 712,66	2 054	63	2 117	33	[illegible]	172	2 009	[illegible]	[illegible]	122	1	»	Boulay	0,20	Boulay-Moselle	Boulay-Moselle	952
953	Brouck	308,00	117	—	117	—	[illegible]	—	107	116	1	—	—	»	Condé-Northen	7,60	Condé Northen	Brouck	953
954	Condé-Northen	592,47	160	163	323	—	[illegible]	3	300	320	3	—	—	»	»	0,58	»	Condé-Northen	954
955	Coume	1 490,20	535	37	572	—	[illegible]	15	568	555	17	—	—	»	Teterchen	4,23	Boulay-Moselle	Coume	955

Numéro d'ordre	Commune	Superficie en ha	Population municipale (1926) agglomérée	éparse	totale	Population comptée à part (1926)	totale au 7 mars 1926 Total général	dont étrang.	Population totale au 6 mars 1921	Religion Chrétiens Catholiques	Protestants	Israélites	autre ou non déclarée	Bureau de Perception	Station de chemin de fer Nom de la gare	Distance en km	Bureau de Poste	Commune	Numéro d'ordre
956	Denting	965,38	190	13	203	—	[illegible]	4	227	190	4	—	—	Boulay	Boulay	3,77	Boulay-Moselle	Denting	956
957	Eblange	331,52	129	—	129	—	129	2	129	128	1	—	—	Bouzonville II	»	5,83	»	Eblange	957
958	Gomelange	808,??	385	12	397	—	[illegible]	2	380	397	—	—	—	»	Anzeling	2,88	Gomelange	Gomelange	958
959	Guerting	566,21	618	30	648	2	[illegible]	78	673	642	8	—	—	Creutzwald-l.-Cr.	Creutzwald-l.-Cr.	5,72	Ham-s.-Varsberg	Guerting	959
960	*Guinkirchen	514,97	200	3	203	—	[illegible]	3	206	203	—	—	—	Boulay	Boulay	5,37	Gomelange	Guinkirchen	960
961	Guirlange	13?,??	51	—	51	—	51	—	55	51	—	—	—	Bouzonville II	Anzeling	6,27	»	Guirlange	961
962	Hallering	236,36	56	—	56	—	[illegible]	2	57	56	—	—	—	Boulay	Boulay	5,20	Boulay-Moselle	Hallering	962
963	Ham-s.-Varsberg	652,91	803	202	1 005	—	[illegible]	61	896	1005	—	—	—	Creutzwald-l.-Cr.	Creutzwald-l.-Cr.	3,30	Ham-s.-Varsberg	Ham-sous-Varsberg	963
964	Helstroff	784,19	203	160	363	—	[illegible]	2	367	356	7	—	—	Boulay	Boulay	4,65	Boulay-Moselle	Helstroff	964
965	*Hinckange	607,60	125	56	181	—	181	7	205	181	—	—	—	»	»	4,25	»	Hinckange	965
966	Holling	484,53	241	—	241	—	241	5	258	240	1	—	—	Bouzonville II	Freistroff	2,96	Freistroff	Holling	966
967	Loutremange	205,??	78	—	78	—	78	1	73	78	—	—	—	Boulay	Condé-Northen	1,88	Condé-Northen	Loutremange	967
968	Mégange	495,57	104	55	159	—	[illegible]	—	132	159	—	—	—	Bouzonville II	Piblange	4,90	Gomelange	Mégange	968
969	Momerstroff	616,92	249	—	249	—	[illegible]	7	228	249	—	—	—	Boulay	Boulay	4,81	Boulay-Moselle	Momerstroff	969
970	Narbéfontaine	358,44	157	6	163	—	[illegible]	3	170	163	—	—	—	»	»	7,81	Bouchepo rn	Narbéfontaine	970
971	Niedervisse	576,56	238	—	238	—	[illegible]	6	265	189	—	49	—	»	»	7,61	Niedervisse	Niedervisse	971
972	Obervisse	440,11	114	13	127	—	127	3	131	127	—	—	—	»	»	8,80	»	Obervisse	972
973	Ottonville	1 567,30	251	171	422	6	[illegible]	5	487	428	—	—	—	»	»	6,24	Boulay-Moselle	Ottonville	973
974	Piblange	792,32	132	136	268	—	[illegible]	5	290	268	—	—	—	Bouzonville II	Piblange	0,44	Gomelange	Piblange	974
975	*Roupeldange	361,??	206	—	206	—	[illegible]	1	200	206	—	—	—	Boulay	Boulay	3,37	Boulay-Moselle	Roupeldange	975
976	Téterchen	874,96	629	28	657	15	[illegible]	61	578	664	8	—	—	Creutzwald-l.-Cr.	Teterchen	0,88	Teterchen	Téterchen	976
977	Valmunster	313,??	108	—	108	—	[illegible]	7	110	108	—	—	—	Bouzonville II	»	5,??	»	Valmunster	977
978	Varize	724,??	230	23	253	—	[illegible]	2	246	253	—	—	—	Boulay	Condé-Northen	3,08	Condé-Northen	Varize	978
979	*Varsberg	413,42	543	21	564	—	[illegible]	15	558	562	2	—	—	Creutzwald-l.-Cr.	Creutzwald-l.-Cr.	5,05	Ham-s.-Varsberg	Varsberg	979
980	Velving	470,??	241	—	241	—	[illegible]	23	215	240	1	—	—	Bouzonville II	Teterchen	3,77	Teterchen	Velving	980
981	Volmerange-les-Boulay	365,??	252	—	252	—	[illegible]	1	275	251	1	—	—	Boulay	Volmerange	0,68	Condé-Northen	Volmerange-les-Boulay	981
982	Zimming	786,??	200	5	205	—	[illegible]	3	185	205	—	—	—	»	Faulquemont	10,30	Bouchepo rn	Zimming	982

2. — Canton de Bouzonville.

Nombre de communes : 28. — Superficie : 24 266,25 hectares. — Population totale : 22 890.

Numéro d'ordre	Commune	Superficie en ha	Population municipale (1926) agglomérée	éparse	totale	Population comptée à part (1926)	totale au 7 mars 1926 Total général	dont étrang.	Population totale au 6 mars 1921	Religion Chrétiens Catholiques	Protestants	Israélites	autre ou non déclarée	Bureau de Perception	Station de chemin de fer Nom de la gare	Distance en km	Bureau de Poste	Commune	Numéro d'ordre
983	Alzing	458,77	374	—	374	—	374	42	332	350	24	—	—	Bouzonville I	Bouzonville	2,??	Bouzonville	Alzing	983
984	Anzeling	578,94	235	99	334	—	[illegible]	9	329	334	—	—	—	Bouzonville II	Anzeling	0,81	Freistroff	Anzeling	984
985	Berviller	551,46	345	7	352	—	[illegible]	4	[illegible]	352	—	—	—	Creutzwald-l.-Cr.	Hargarten-aux-Mines	7,??	Teterchen	Berviller	985
986	Bibiche	1 252,80	207	139	346	—	[illegible]	6	354	345	1	—	—	Bouzonville I	Waldweistroff	4,??	Bouzonville	Bibiche	986
987	Bouzonville	1 375,77	1 716	390	2 106	145	2 251	211	1 962	2 055	89	106	1	»	Bouzonville	0,47	»	Bouzonville	987
988	Brettnach	569,77	382	—	382	—	[illegible]	4	391	382	—	—	—	»	Brettnach	0,71	Brettnach	Brettnach	988
989	Château-Rouge	431,60	191	15	206	—	[illegible]	32	164	206	—	—	—	»	»	4,47	Bouzonville	Château-Rouge	989
990	Chémery-les-Deux	1 002,86	100	268	368	27	[illegible]	12	419	[illegible]	—	—	—	Bouzonville II	Freistroff	4,80	Freistroff	Chémery-les-Deux	990
991	Colmen	482,60	206	6	212	—	[illegible]	3	219	212	—	—	—	Bouzonville I	Grindorff	5,01	Neunkirchen	Colmen	991
992	Creutzwald-la-Croix	2 672,41	8 023	—	8 023	—	[illegible]	4 798	3 320	7 786	169	19	39	Creutzwald-l.-Cr.	Creutzwald-l.-Cr.	2,??	Creutzwald-l.-Cr.	Creutzwald-la-Croix	992
993	Dalem	781,30	501	—	501	41	[illegible]	26	502	529	13	—	—	»	Teterchen	4,??	Falck	Dalem	993
994	Dalstein	384,50	208	—	208	—	[illegible]	1	217	208	—	—	—	Bouzonville II	[illegible]	1,??	Ebersviller	Dalstein	994
995	Ebersviller	1 407,35	345	251	596	—	[illegible]	12	622	590	1	5	—	»	Ebersviller	0,74	»	Ebersviller	995
996	Falck	606,13	507	795	1 302	—	[illegible]	208	710	1 184	100	3	15	Creutzwald-l.-Cr.	Hargarten-aux-Mines	1,33	Falck	Falck	996
997	Filstroff	1 682,91	494	179	673	—	673	12	676	672	1	—	—	Bouzonville I	Filstroff	2,13	Bouzonville	Filstroff	997
998	Freistroff	1 467,??	687	169	856	—	[illegible]	14	[illegible]	781	1	44	—	Bouzonville II	Freistroff	0,??	Freistroff	Freistroff	998
999	Guerstling	441,97	269	115	384	—	[illegible]	35	308	329	5	—	—	Bouzonville I	Guerstling	1,12	Bouzonville	Guerstling	999
1000	Hargarten-aux-Mines	550,30	746	54	800	—	[illegible]	112	[illegible]	655	25	—	120	Creutzwald-l.-Cr.	Hargarten-aux-Mines	2,21	Falck	Hargarten-aux-Mines	1000
1001	*Heining[1]	600,??	224	—	224	—	[illegible]	17	221	222	2	—	—	Bouzonville I	Bouzonville	6,??	Bouzonville	Heining	1001
1002	Hestroff	743,30	406	21	427	—	427	69	[illegible]	415	—	12	—	Bouzonville II	Ebersviller	2,41	Freistroff	Hestroff	1002
1003	Menskirch	440,??	172	—	172	—	172	4	189	172	—	—	—	»	[illegible]	2,72	Ebersviller	Menskirch	1003
1004	Merten	526,??	625	325	948	—	[illegible]	79	[illegible]	944	4	—	—	Creutzwald-l.-Cr.	Hargarten-aux-Mines[1]	5,27	Falck	Merten	1004
1005	Neunkirchen	380,??	160	84	244	—	244	25	269	244	—	—	—	Bouzonville I	Guerstling	4,74	Neunkirchen	Neunkirchen	1005
1006	Oberdorff	422,??	122	94	216	—	[illegible]	19	202	216	—	—	—	»	Brettnach	3,??	Bouzonville	Oberdorff	1006
1007	Rémelfang	330,??	155	—	155	—	[illegible]	2	140	155	—	—	—	Bouzonville II	Freistroff	1,79	Freistroff	Rémelfang	1007
1008	Rémering-l.-Hargarten	494,30	417	6	423	—	[illegible]	4	417	423	—	—	—	Creutzwald-l. Cr.	Brettnach	6,??	Teterchen	Rémering-les-Hargarten	1008
1009	Saint-Bernard	165,??	88	—	88	—	[illegible]	—	95	88	—	—	—	Bouzonville II	Piblange	3,??	Gomelange	Saint-Bernard	1009
1010	Saint-François	738,??	86	103	189	—	[illegible]	7	187	189	—	—	—	Bouzonville I	[illegible]	2,??	[illegible]	Saint-François	1010

(1) Le nouveau cadastre n'est pas établi pour l'annexe de Schreckling.

1) [illegible] km.

Numéro d'ordre	Commune	Superficie en ha	Population municipale (1926) : agglomérée au chef-lieu	éparse	totale	Population comptée à part (1926)	Population totale au 7 mars 1926 : Total général	dont étrang.	Population totale au 6 mars 1921	Religion : Chrétiens : Catholiques	Protestants	Israélites	autre ou non déclarée	Bureau de Perception	Station de chemin de fer : Nom de la gare	Distance en km	Bureau de Poste	Commune	Numéro d'ordre
1011	Schwerdorff	943,00	361	143	504	—	504	23	511	504	—	—	—	Bouzonville I	Guerstling	4,00	Neunkirchen	Schwerdorff	1011
1012	Tromborn	612,94	413	—	413	—	413	11	401	413	—	—	—	»	Brettnach	2,00	Teterchen	Tromborn	1012
1013	Vaudreching	471,66	312	—	312	—	312	14	315	283	17	12	—	Bouzonville II	Bouzonville	0,90	Bouzonville	Vaudreching	1013
1014	Villing	492,00	170	100	270	—	270	24	254	270	—	—	—	Bouzonville I	Brettnach	7,20	Brettnach	Villing	1014
1015	Voelfling-l.-Bouzonville	290,20	149	—	149	—	149	11	137	149	—	—	—	»	»	6,40	Bouzonville	Voelfling-lès-Bouzonville	1015

3. — Canton de Faulquemont.

Nombre de communes : 32. — Superficie : 24 526,00 hectares. — Population totale : 10 364.

Numéro d'ordre	Commune	Superficie en ha	agglomérée	éparse	totale	comptée à part	Total général	dont étrang.	1921	Catholiques	Protestants	Israélites	autre ou non déclarée	Bureau de Perception	Nom de la gare	Distance en km	Bureau de Poste	Commune	Numéro d'ordre
1016	Adaincourt	341,75	94	7	101	—	101	—	112	95	6	—	—	Faulquemont I	Rémilly	5,33	Rémilly	Adaincourt	1016
1017	Adelange	581,42	223	—	223	—	223	2	225	223	—	—	—	»	Faulquemont	5,30	Faulquemont	Adelange	1017
1018	Arraincourt	475,90	170	16	186	—	186	1	187	186	—	—	—	»	Brulange	2,32	Brulange	Arraincourt	1018
1019	Arriance	697,30	194	12	206	—	206	2	207	203	3	—	—	»	Herny	2,34	Herny	Arriance	1019
1020	Bambiderstroff	1 104,34	564	—	564	—	564	—	514	564	—	—	—	Faulquemont II	Faulquemont	7,33	Bambiderstroff	Bambiderstroff	1020
1021	Chémery	294,30	71	—	71	—	71	—	69	71	—	—	—	Faulquemont I	»	7,52	Brulange	Chémery	1021
1022	Créhange	1 046,65	294	—	294	—	294	25	322	282	1	11	—	»	»	3,00	Faulquemont	Créhange	1022
1023	Elvange	712,50	274	—	274	—	274	3	286	274	—	—	—	Faulquemont II	Mainvillers	4,16	Elvange	Elvange	1023
1024	Faulquemont	1 585,30	905	60	965	16	981	91	846	896	25	59	1	Faulquemont I	Faulquemont	0,78	Faulquemont	Faulquemont	1024
1025	Flétrange	608,65	117	120	237	—	237	—	239	237	—	—	—	Faulquemont II	»	4,92	Elvange	Flétrange	1025
1026	Fouligny	596,23	164	12	176	—	176	3	158	174	2	—	—	»	Courcelles-Chaussy	9,24	Bionville	Fouligny	1026
1027	Guinglange	1 088,70	161	67	228	—	228	3	250	227	1	—	—	»	Mainvillers	6,73	Elvange	Guinglange	1027
1028	Hallering	355,42	126	—	126	—	126	—	142	126	—	—	—	»	Courcelles-Chaussy	13,44	Bionville	Hallering	1028
1029	Han-sur-Nied	213,51	97	6	103	—	103	—	102	103	—	—	—	Faulquemont I	Herny	4,00	Rémilly	Han-sur-Nied	1029
1030	Haute-Vigneulles	958,70	180	98	278	—	278	—	282	278	—	—	—	Faulquemont II	Faulquemont	10,07	Bambiderstroff	Haute-Vigneulles	1030
1031	Hémilly	1 405,31	142	15	157	—	157	2	167	156	1	—	—	»	Herny	8,30	Elvange	Hémilly	1031
1032	*Herny	964,14	475	9	484	—	484	7	509	482	2	—	—	Faulquemont I	»	0,70	Herny	Herny	1032
1033	Holacourt	290,31	67	—	67	—	67	—	67	67	—	—	—	»	Lesse	2,50	Brulange	Holacourt	1033
1034	Landroff	469,70	192	27	219	43	262	6	209	262	—	—	—	Faulquemont II	Teting	4,20	Teting	Landroff	1034
1035	Longeville-lès-St-Avold	2 454,80	1591	201	1 792	—	1 792	—	1 769	1 360	—	—	432	»	St-Avold	7,44	Longeville-lès-Saint-Avold	Longeville-lès-St-Avold	1035
1036	Mainvillers	670,00	196	14	210	—	210	3	234	210	—	—	—	Faulquemont I	Mainvillers	0,96	Mainvillers	Mainvillers	1036
1037	Many	822,24	199	—	199	—	199	3	211	199	—	—	—	»	»	3,27	»	Many	1037
1038	Marange-Zondrange	828,45	155	107	262	—	262	5	296	261	—	—	1	Faulquemont II	Courcelles-Chaussy	11,90	Bionville	Marange-Zondrange	1038
1039	Pontpierre	845,47	571	4	575	—	575	10	520	565	—	5	5	»	Teting	3,12	Pontpierre	Pontpierre	1039
1040	Teting	992,30	552	100	652	—	652	92	537	641	11	—	—	»	»	0,92	Teting	Teting	1040
1041	*Thicourt	549,30	183	15	198	—	198	4	216	198	—	—	—	Faulquemont I	Brulange	2,04	Brulange	Thicourt	1041
1042	Thonville	232,68	120	—	120	—	120	—	121	120	—	—	—	»	»	3,04	»	Thonville	1042
1043	Tritteling	569,04	100	112	212	—	212	1	225	212	—	—	—	Faulquemont II	Faulquemont	4,05	Teting	Tritteling	1043
1044	Vahl-lès-Faulquemont	618,12	229	—	229	—	229	2	240	229	—	—	—	Faulquemont I	»	3,00	Pontpierre	Vahl-l.-Faulquemont	1044
1045	Vatimont	812,70	404	—	404	—	404	8	420	397	7	—	—	»	Baudrecourt	1,04	Baudrecourt	Vatimont	1045
1046	Villers-Stoncourt	949,84	321	6	327	—	327	—	364	327	—	—	—	»	Rémilly	3,29	Rémilly	Villers-Stoncourt	1046
1047	Voimhaut	415,97	166	—	166	—	166	—	167	165	—	1	—	»	»	2,29	»	Voimhaut	1047

II. — Arrondissement de Château-Salins.

5 Cantons : Albestroff, Château-Salins, Delme, Dieuze, Vic-sur-Seille.

Nombre de communes : 132. — *Superficie :* 100 089,71 hectares. — *Population totale :* 34 161.

1. — Canton d'Albestroff.

Nombre de communes : 28. — Superficie : 21 718,38 hectares. — Population totale : 7 297.

Numéro d'ordre	Commune	Superficie en ha	agglomérée	éparse	totale	comptée à part	Total général	dont étrang.	1921	Catholiques	Protestants	Israélites	autre ou non déclarée	Bureau de Perception	Nom de la gare	Distance en km	Bureau de Poste	Commune	Numéro d'ordre
1048	*Albestroff	1 901,80	399	21	420	29	449	3	457	447	2	—	—	Albestroff	Insming	3,72	Albestroff	Albestroff	1048
1049	*Bénestroff	955,94	405	18	423	—	423	4	418	401	22	—	—	Bénestroff	Bénestroff	0,97	Bénestroff	Bénestroff	1049
1050	*Bermering	569,50	318	—	318	—	318	3	319	315	3	—	—	»	Rodalbe-Bermering	1,07	Bermering	Bermering	1050
1051	*Francaltroff	1 322,60	575	26	601	—	601	10	609	592	2	7	—	Albestroff	Léning	2,00	Francaltroff	Francaltroff	1051
1052	*Givrycourt	276,00	158	—	158	—	158	—	154	158	—	—	—	»	Insming	6,05	Albestroff	Givrycourt	1052
1053	Guinzeling	502,38	108	—	108	—	108	—	122	107	1	—	—	»	Nébing	5,27	Nébing	Guinzeling	1053
1054	*Honskirch	654,75	300	—	300	—	300	1	300	300	—	—	—	»	Kappelkinger	4,00	Insming	Honskirch	1054

Numéro d'ordre	Commune	Superficie en ha	Population municipale (1926) agglomérée au chef-lieu	Population municipale (1926) éparse	Population municipale (1926) totale	Population comptée à part (1926)	totale au 7 mars 1926 Total général	totale au 7 mars 1926 dont étrang.	Population totale au 6 mars 1921	Religion Chrétiens Catholiques	Religion Chrétiens Protestants	Religion Israélites	Religion autre ou non déclarée	Bureau de Perception	Station de chemin de fer Nom de la gare	Station de chemin de fer Distance en km	Bureau de Poste	Commune	Numéro d'ordre
1055	*Insming	721,06	581	8	589	—	589	8	599	511	8	66	4	Albestroff	Insming	0,57	Insming	Insming	1055
1056	*Insviller	951,01	319	21	340	—	340	1	328	338	2	—	...	»	Loudrefing	4,08	Loudrefing	Insviller	1056
1057	*Léning	648,11	198	24	222	—	222	—	237	222	—	—		»	Léning	1,37	Léning	Léning	1057
1058	*Lohr	540,08	195	—	195	—	195	1	245	194	—	1		»	Loudrefing	6,16	Loudrefing	Lohr	1058
1059	Lostroff	496,17	89	—	89	—	89	5	103	88	1	—	—	Bénestroff	»	4,01	»	Lostroff	1059
1060	Loudrefing	3 785,70	453	—	453	—	453	10	458	452	1	—	—	Albestroff	»	1,06	»	Loudrefing	1060
1061	*Marimont-lès-Bénestroff	401,30	73	15	88	—	88	7	103	76	12	...	..	Bénestroff	Nébing	2,10	Bénestroff	Marimont-lès-Bénestroff	1061
1062	*Molring	325,38	35	—	35	—	35	—	43	35	—	...	...	Albestroff	»	2,95	Nébing	Molring	1062
1063	*Montdidier	117,30	62	—	62	—	62	1	65	62	—	...		»	Léning	4,04	Albestroff	Montdidier	1063
1064	*Munster	659,50	390	—	390	—	390	2	398	389	1	—	—	»	Insming	5,91	»	Munster	1064
1065	*Nébing	735,61	278	—	278	—	278	4	267	276	2	—	—	Bénestroff	Nébing	0,94	Nébing	Nébing	1065
1066	*Neufvillage	61,11	51	—	51	—	51	—	58	51	—	—	—	»	Léning	5,07	Bénestroff	Neufvillage	1066
1067	*Réning	404,04	187	—	187	—	187	—	173	186	1	—	—	Albestroff	Insming	1,06	Insming	Réning	1067
1068	*Rodalbe	1 057,21	242	52	294	2	296	3	304	294	2	—	—	Bénestroff	Rodalbe-Bermering	1,22	Bermering	Rodalbe	1068
1069	Torcheville	639,91	204	—	204	—	204	—	224	204	—	—	...	Albestroff	Nébing	5,40	Albestroff	Torcheville	1069
1070	*Vahl-lès-Bénestroff	896,45	210	21	231	—	231	9	225	231	—	—	.	Bénestroff	»	3,30	Bénestroff	Vahl-lès-Bénestroff	1070
1071	*Vibersviller	1 301,00	442	27	469	—	469	—	468	180	289	—	..	Albestroff	Insming	9,01	Vibersviller	Vibersviller	1071
1072	*Virming	1 076,76	210	183	393	—	393	5	398	392	1	—	...	Bénestroff	Rodalbe-Bermering	6,12	Bermering	Virming	1072
1073	*Vittersbourg	715,41	367	—	367	1	368	—	363	368	—	—	...	Albestroff	Kappelkinger	2,24	Insming	Vittersbourg	1073

2. — Canton de Château-Salins.

Nombre de communes : 34. — Superficie : 23 738,00 hectares. — Population totale : 7 899.

Numéro d'ordre	Commune	Superficie en ha	Population municipale (1926) agglomérée au chef-lieu	Population municipale (1926) éparse	Population municipale (1926) totale	Population comptée à part (1926)	totale au 7 mars 1926 Total général	totale au 7 mars 1926 dont étrang.	Population totale au 6 mars 1921	Religion Chrétiens Catholiques	Religion Chrétiens Protestants	Religion Israélites	Religion autre ou non déclarée	Bureau de Perception	Station de chemin de fer Nom de la gare	Station de chemin de fer Distance en km	Bureau de Poste	Commune	Numéro d'ordre
1074	*Aboncourt-sur-Seille	262,05	61	—	61	—	61	2	93	61	—	...		Delme	Brin-s.-Seille (M.-et-M.)	6,05	Delme	Aboncourt-s.-Seille	1074
1075	Achain	478,65	132	—	132	—	132	2	133	131	1	—		Lucy	Haboudange	5,90	Morhange	Achain	1075
1076	Amelécourt	751,20	133	4	137	—	137	2	145	137	—	—	...	Château-Salins	Château-Salins	3,01	Château-Salins	Amelécourt	1076
1077	*Attilloncourt	336,63	87	—	87	—	87	1	88	87	—	...	...	»	Moncel-s.-Seille (M.-et-M.)	3,05	Chambrey	Attilloncourt	1077
1078	Bellange	398,10	118	—	118	—	118	1	118	118	—	...	...	Lucy	Haboudange	4,52	Haboudange	Bellange	1078
1079	*Bioncourt	821,18	220	25	245	—	245	17	256	245	—	—	...	Château-Salins	Brin-s.-Seille (M.-et-M.)	2,71	Chambrey	Bioncourt	1079
1080	Burlioncourt	723,35	233	12	245	—	245	2	270	245	—	—	—	»	Hampont	2,08	Hampont	Burlioncourt	1080
1081	*Chambrey	1 439,30	501	6	507	—	507	14	448	502	3	—	2	Vic-sur-Seille	Chambrey	0,70	Chambrey	Chambrey	1081
1082	*Château-Salins	527,02	1 731	—	1 731	184	1 915	79	1 950	1 780	58	33	44	Château-Salins	Château-Salins	0,04	Château-Salins	Château-Salins	1082
1083	Château-Voué	551,95	125	—	125	—	125	—	124	125	—	—	—	»	Hampont	4,90	Hampont	Château-Voué	1083
1084	Conthil	620,90	273	16	289	—	289	1	298	289	—	...	...	»	Conthil	0,27	Conthil	Conthil	1084
1085	Coutures	577,83	141	7	148	—	148	2	150	148	—	—	—	»	Château-Salins	2,55	Château-Salins	Coutures	1085
1086	Dalhain	481,20	210	—	210	—	210	1	231	210	—	..	—	Lucy	Hampont	6,33	Haboudange	Dalhain	1086
1087	Dédeling	194,93	65	—	65	—	65	3	69	65	—	—	...	Château-Salins	»	4,30	Hampont	Dédeling	1087
1088	Fresnes-en-Saulnois	1 259,00	322	—	322	—	322	5	336	322	—	...	...	»	Fresnes-en-Saulnois	0,70	Château-Salins	Fresnes-en-Saulnois	1088
1089	Gerbécourt	288,18	161	5	166	—	166	—	201	166	—	—	—	»	Château-Salins	4,34	»	Gerbécourt	1089
1090	*Grémecey	904,20	104	—	104	—	104	3	103	104	—	—	—	»	Moncel-s.-Seille (M.-et-M.)	3,54	Chambrey	Grémecey	1090
1091	Haboudange	1 050,44	302	28	330	—	330	6	342	326	4	...	..	»	Haboudange	1,08	Haboudange	Haboudange	1091
1092	Hampont	1 106,91	312	—	312	—	312	2	326	312	—	—	...	»	Hampont	0,79	Hampont	Hampont	1092
1093	Haraucourt-sur-Seille	802,96	173	10	183	—	183	5	212	181	2	—	—	Vic-sur-Seille	Vic-sur-Seille	7,14	Marsal	Haraucourt-s.-Seille	1093
1094	Lidrezing	341,37	35	—	35	—	35	1	39	35	—	—	—	Château-Salins	Conthil	1,92	Conthil	Lidrezing	1094
1095	Lubécourt	344,00	99	2	101	—	101	—	141	101	—	—	—	»	Château-Salins	3,70	Château-Salins	Lubécourt	1095
1096	*Manhoué	409,80	185	—	185	—	185	11	183	182	3	—	—	Delme	Brin-s.-Seille (M.-et-M.)	6,94	Delme	Manhoué	1096
1097	Morville-lès-Vic	1 209,07	213	42	255	—	255	9	247	252	3	—	—	Château-Salins	Château-Salins	3,91	Château-Salins	Morville-lès-Vic	1097
1098	Obreck	338,22	104	—	104	—	104	—	106	104	—	—	...	»	Hampont	1,92	Hampont	Obreck	1098
1099	*Pettoncourt	480,19	174	—	174	—	174	14	168	174	—	—	—	Vic-sur-Seille	Moncel-s.-Seille (M.-et-M.)	1,94	Chambrey	Pettoncourt	1099
1100	Pévange	201,05	58	—	58	—	58	1	73	58	—	—	...	Château-Salins	Haboudange	3,40	Haboudange	Pévange	1100
1101	Puttigny	740,28	132	43	175	—	175	11	164	175	—	—	—	»	Hampont	3,70	Hampont	Puttigny	1101
1102	Riche	633,77	118	85	203	—	203	4	228	203	—	—	—	»	Haboudange	1,74	Haboudange	Riche	1102
1103	*Salonnes	1 267,95	266	37	303	—	303	7	318	285	2	...	16	Vic-sur-Seille	Salonnes	0,20	Château-Salins	Salonnes	1103
1104	Sotzeling	366,08	63	—	63	—	63	2	56	63	—	..	...	Château-Salins	Hampont	6,38	Hampont	Sotzeling	1104
1105	Vannecourt	951,00	180	—	180	—	180	1	226	180	—	—	—	»	»	7,73	Haboudange	Vannecourt	1105
1106	Vaxy	521,38	200	11	211	—	211	—	234	211	—	—	...	»	»	5,38	Château-Salins	Vaxy	1106
1107	Wuisse	2 232,91	107	44	151	—	151	10	154	143	—	—	8	»	»	5,70	Hampont	Wuisse	1107

3. — Canton de Delme.

Nombre de communes : 35. — *Superficie :* 20 006,04 hectares. — *Population totale :* 6 636.

Numéro d'ordre	Commune	Superficie en ha	Population municipale (1926) agglomérée	éparse	totale	Population comptée à part (1926)	totale au 7 mars 1926 Total général	dont étrang.	Population totale au 6 mars 1921	Religion Chrétiens Catholiques	Protestants	Religion Israélites	autres ou non déclarée	Bureau de Perception	Station de chemin de fer Nom de la gare	Distance en km	Bureau de Poste	Commune	Numéro d'ordre
1108	Ajoncourt	343,22	110	—	110	—	110	3	146	109	1	—	—	Delme	Jeandelaincourt (M.-et-M.)	3,22	Delme	Ajoncourt	1108
1109	Alaincourt-la-Côte	409,06	136	—	136	—	136	3	142	136	—	—	—	»	Liocourt	2,20	»	Alaincourt-la-Côte	1109
1110	Aulnois-s.-Seille	500,95	214	—	214	—	214	5	222	214	—	—	—	»	Puzieux	4,00	»	Aulnois-sur-Seille	1110
1111	Bacourt	389,26	175	—	175	—	175	—	210	171	—	4	—	»	Delme	6,12	»	Bacourt	1111
1112	Baudrecourt	380,41	221	—	221	—	221	4	223	221	—	—	—	Lucy	Baudrecourt	1,17	Baudrecourt	Baudrecourt	1112
1113	Bréhain	355,20	157	—	157	—	157	1	153	157	—	—	—	»	Haboudange	8,13	Marthille	Bréhain	1113
1114	Château-Bréhain	606,07	153	—	153	—	153	1	153	153	—	—	—	»	»	9,00	»	Château-Bréhain	1114
1115	Chenois	355,10	110	—	110	—	110	6	102	109	1	—	—	»	Lesse	1,28	Baudrecourt	Chenois	1115
1116	Chicourt	551,70	155	—	155	—	155	—	171	155	—	—	—	»	Baudrecourt	8,60	Marthille	Chicourt	1116
1117	Craincourt	894,00	267	—	267	6	273	13	295	270	3	—	—	Delme	Puzieux	3,21	Delme	Craincourt	1117
1118	Delme	509,11	635	—	635	2	637	33	770	570	2	65	—	»	Delme	0,02	»	Delme	1118
1119	Donjeux	321,00	113	—	113	—	113	5	155	112	1	—	—	»	»	0,94	»	Donjeux	1119
1120	Fonteny	1 553,67	215	51	266	—	266	7	274	266	—	—	—	»	Oriocourt	4,50	»	Fonteny	1120
1121	Fossieux	500,05	157	—	157	—	157	8	114	157	—	—	—	»	Jeandelaincourt (M.-et-M.)	6,07	»	Fossieux	1121
1122	Frémery	441,10	139	3	142	—	142	—	153	142	—	—	—	Lucy	Baudrecourt	7,21	Lucy	Frémery	1122
1123	Hannocourt	415,34	21	7	28	—	28	—	30	28	—	—	—	Delme	Delme	5,04	Delme	Hannocourt	1123
1124	Jallaucourt	833,57	245	—	245	—	245	17	274	245	—	—	—	»	[illegible]-en-Saulnois	4,90	Jallaucourt	Jallaucourt	1124
1125	Juville	604,90	138	3	141	—	141	13	150	141	—	—	—	»	Liocourt	2,94	Liocourt	Juville	1125
1126	Laneuveville-en-Saulnois	635,84	234	11	245	—	245	—	262	245	—	—	—	»	Oriocourt	1,28	Delme	Laneuveville-en-Saulnois	1126
1127	Lemoncourt	531,27	99	—	99	—	99	1	115	99	—	—	—	»	Delme	2,20	»	Lemoncourt	1127
1128	Lesse	826,00	267	28	295	—	295	11	310	294	[illegible]	—	—	Lucy	Lesse	0,60	Baudrecourt	Lesse	1128
1129	Liocourt	312,35	171	—	171	3	174	—	172	161	—	10	3	Delme	Liocourt	0,24	Liocourt	Liocourt	1129
1130	Lucy	736,00	277	—	277	—	277	6	318	276	1	—	—	Lucy	Baudrecourt	4,16	Lucy	Lucy	1130
1131	Malaucourt-sur-Seille	704,78	165	—	165	—	165	3	191	164	1	—	—	Delme	Delme	6,36	Delme	Malaucourt-sur-Seille	1131
1132	Marthille	1 005,04	252	7	259	7	266	2	319	259	—	—	7	Lucy	Brulange	5,50	Marthille	Marthille	1132
1133	Morville-sur-Nied	549,47	218	—	218	—	218	—	239	218	—	—	—	»	Baudrecourt	3,27	Baudrecourt	Morville-sur-Nied	1133
1134	Oriocourt	428,07	60	2	62	59	121	15	156	121	—	—	—	Delme	Oriocourt	0,74	Delme	Oriocourt	1134
1135	Oron	533,55	187	—	187	—	187	4	196	187	—	—	—	Lucy	Delme	8,20	Lucy	Oron	1135
1136	Prévocourt	668,47	139	18	157	—	157	9	174	157	—	—	—	»	»	6,70	Delme	Prévocourt	1136
1137	Puzieux	611,21	230	—	230	—	230	6	[illegible]	224	6	—	—	Delme	Puzieux	0,04	»	Puzieux	1137
1138	Saint-Epvre	482,87	106	13	119	26	145	2	130	138	7	—	—	Lucy	Baudrecourt	3,20	Baudrecourt	Saint-Epvre	1138
1139	Tincry	839,79	240	—	240	—	240	7	254	234	1	—	5	Delme	Delme	3,24	Delme	Tincry	1139
1140	Villers-sur-Nied	419,79	120	—	120	—	120	—	130	120	—	—	—	Lucy	Brulange	7,05	Marthille	Villers-sur-Nied	1140
1141	Viviers	720,15	169	—	169	—	169	2	182	169	—	—	—	Delme	Oriocourt	3,10	Delme	Viviers	1141
1142	Xocourt	485,04	95	—	95	—	95	2	122	95	—	—	—	»	Puzieux	2,00	»	Xocourt	1142

4. — Canton de Dieuze.

Nombre de communes : 22. — *Superficie :* 16 786,80 hectares. — *Population totale :* 6 978.

Numéro d'ordre	Commune	Superficie en ha	Population municipale (1926) agglomérée	éparse	totale	Population comptée à part (1926)	totale au 7 mars 1926 Total général	dont étrang.	Population totale au 6 mars 1921	Religion Chrétiens Catholiques	Protestants	Religion Israélites	autres ou non déclarée	Bureau de Perception	Station de chemin de fer Nom de la gare	Distance en km	Bureau de Poste	Commune	Numéro d'ordre
1143	Bassing	630,10	166	—	166	—	166	4	160	163	3	—	—	Bénestroff	Guébling	5,00	Bénestroff	Bassing	1143
1144	Bidestroff	784,05	217	6	223	—	223	2	201	217	6	—	—	Dieuze	Vergaville	5,57	Vergaville	Bidestroff	1144
1145	Blanche-Église	675,06	113	—	113	—	113	1	118	113	—	—	—	»	Dieuze	4,02	Dieuze	Blanche-Église	1145
1146	Bourgaltroff	974,79	341	—	341	—	341	—	336	341	—	—	—	Bénestroff	Guébling	2,10	Guébling	Bourgaltroff	1146
1147	Cutting	560,05	187	13	200	—	200	—	185	200	—	—	—	»	Loudrefing	4,00	Loudrefing	Cutting	1147
1148	Dieuze	919,13	2 340	23	2 363	44	2 407	93	2 527	2 150	136	103	19	Dieuze	Dieuze	0,56	Dieuze	Dieuze	1148
1149	Domnon-lès-Dieuze	663,41	185	13	198	—	198	3	213	197	1	—	—	Bénestroff	Loudrefing	5,0[illegible]	Loudrefing	Domnon-l.-Dieuze	1149
1150	Gelucourt	1 341,02	284	54	338	—	338	4	346	335	1	2	—	Dieuze	Gelucourt	1,33	Gelucourt	Gelucourt	1150
1151	Guébestroff	376,25	47	—	47	—	47	1	50	44	3	—	—	»	Dieuze	3,17	Dieuze	Guébestroff	1151
1152	Guéblange-lès-Dieuze	471,77	153	—	153	—	153	1	175	150	3	—	—	»	Gelucourt	3,72	Gelucourt	Guéblange-l.-Dieuze	1152
1153	Guébling	678,32	213	18	231	—	231	29	250	230	1	—	—	Bénestroff	Guébling	0,05	Guébling	Guébling	1153
1154	Guénestroff	473,05	291	7	298	—	298	6	341	293	5	—	—	Dieuze	Dieuze	2,10	Dieuze	Guénestroff	1154
1155	Kerprich-lès-Dieuze	648,06	252	—	252	—	252	18	290	244	8	—	—	»	»	1,00	»	Kerprich-lès-Dieuze	1155
1156	Lidrezing	984,07	132	32	164	—	164	8	188	163	1	—	—	Bénestroff	Conthil	3,07	Conthil	Lidrezing	1156
1157	Lindre-Basse	1 097,00	260	17	277	—	277	5	294	273	4	—	—	Dieuze	Dieuze	3,31	Dieuze	Lindre-Basse	1157

Numéro d'ordre	Commune	Superficie en ha	Population municipale (1926): agglomérée au chef-lieu	éparse	totale	Population comptée à part 1926	Population totale au 7 mars 1926: Total général	dont étrang.	Population totale au 6 mars 1921	Religion, Chrétiens: Catholiques	Protestants	Israélites	autre ou non déclarée	Bureau de Perception	Station de chemin de fer: Nom de la gare	Distance en km	Bureau de Poste	Commune	Numéro d'ordre
1158	Lindre-Haute	241,21	84	1	95	—	95	—	86	95	2	—	—	Dieuze	Dieuze	3,15	Dieuze	Lindre-Haute	1158
1159	Mulcey	326,28	295	8	303	—	303	1	319	299	4	—	—	»	»	4,24	Mulcey	Mulcey	1159
1160	Rorbach-lès-Dieuze	416,88	64	—	64	—	64	1	64	64	—	—	—	»	Loudrefing	5,27	Bisping	Rorbach-lès-Dieuze	1160
1161	Saint-Médard	980,85	180	14	194	—	194	5	211	192	2	—	—	»	Dieuze	7,80	Mulcey	Saint-Médard	1161
1162	Tarquimpol	687,41	72	38	110	—	110	8	123	89	21	—	—	»	Gelucourt	2,50	Gelucourt	Tarquimpol	1162
1163	Vergaville	1 292,08	604	30	634	—	634	4	687	621	7	—	6	»	Vergaville	0,90	Vergaville	Vergaville	1163
1164	Zarbeling	384,20	95	—	95	—	95	—	94	95	—	—	—	Bénestroff	Conthil	2,65	Conthil	Zarbeling	1164
1165	Zommange	737,83	69	6	75	—	75	1	75	75	—	—	—	Dieuze	Dieuze	8,11	Vergaville	Zommange	1165

5. — Canton de Vic-sur-Seille.

Nombre de communes : 14. — *Superficie* : 17 220,30 hectares. — *Population totale* : 5 351.

Numéro d'ordre	Commune	Superficie en ha	agglomérée au chef-lieu	éparse	totale	Population comptée à part 1926	Total général	dont étrang.	Population totale au 6 mars 1921	Catholiques	Protestants	Israélites	autre ou non déclarée	Bureau de Perception	Nom de la gare	Distance en km	Bureau de Poste	Commune	Numéro d'ordre
1166	Bezange-la-Petite	785,44	171	—	171	—	171	—	189	171	—			Vic-sur-Seille	Vic-sur-Seille	12,05	Lezey	Bezange-la-Petite	1166
1167	Bourdonnay	1 724,24	429	47	476	—	476	31	505	467	9	—	—	»	Azoudange	5,55	Bourdonnay	Bourdonnay	1167
1168	Donnelay	1 292,84	349	21	370	—	370	8	356	355	—	—	15	»	Gelucourt	7,12	Donnelay	Donnelay	1168
1169	Juvelize	750,20	241	—	241	—	241	5	242	241	—	—	—	»	Dieuze	9,29	Lezey	Juvelize	1169
1170	Lagarde	2 199,72	366	21	387	—	387	7	421	377	10	—	—	»	Moussey	9,30	Lagarde	Lagarde	1170
1171	Ley	612,97	140	9	149	—	149	3	157	149	—	—	—	»	Gelucourt	10,01	Donnelay	Ley	1171
1172	Lezey	743,85	150	—	150	—	150	11	162	149	1	—	—	»	Vic-sur-Seille	8,97	Lezey	Lezey	1172
1173	Maizières-lès-Vic	2 580,32	495	91	586	—	586	19	677	567	18	1	—	Dieuze	Azoudange	1,91	Maizières-lès-Vic	Maizières-lès-Vic	1173
1174	Marsal	1 100,24	458	—	458	—	458	13	502	445	8	—	—	Vic-sur-Seille	Vic-sur-Seille	6,87	Marsal	Marsal	1174
1175	Moncourt	663,65	142	—	142	—	142	4	141	142	—	—	—	»	Gelucourt	13,06	Donnelay	Moncourt	1175
1176	Moyenvic	1 038,73	454	11	465	—	465	9	514	465	—	—	—	»	Vic-sur-Seille	3,60	Moyenvic	Moyenvic	1176
1177	Ommeray	1 008,60	215	—	215	—	216	1	243	212	3	—	—	»	Azoudange	9,54	Bourdonnay	Ommeray	1177
1178	Vic-sur-Seille	1 948,25	1 382	—	1 382	20	1 [illegible]	44	1 439	1 324	14	14	—	»	Vic-sur-Seille	0,71	Vic-sur-Seille	Vic-sur-Seille	1178
1179	Xanrey	772,50	194	—	194	—	194	—	214	194	—	—	—	»	»	8,10	Moyenvic	Xanrey	1179

III. — Arrondissement de Forbach.

4 Cantons : Forbach, Grostenquin, Sarralbe, St-Avold.

Nombre de communes : 88. — *Superficie* : 72 393,50 hectares. — *Population totale* : 104 775.

1. — Canton de Forbach.

Nombre de communes : 21. — *Superficie* : 14 190,66 hectares. — *Population totale* : 49 667.

Numéro d'ordre	Commune	Superficie en ha	agglomérée au chef-lieu	éparse	totale	Population comptée à part 1926	Total général	dont étrang.	Population totale au 6 mars 1921	Catholiques	Protestants	Israélites	autre ou non déclarée	Bureau de Perception	Nom de la gare	Distance en km	Bureau de Poste	Commune	Numéro d'ordre
1180	*Alsting	572,80	1 062	9	1 071	—	1 071	40	1 075	1 064	7	—	—	Forbach	Stiring-Wendel[1]	8,30	Grossblittersdorff	Alsting	1180
1181	*Behren-lès-Forbach	554,57	519	—	519	—	519	23	461	509	10	—	—	»	Forbach	5,04	Forbach	Behren-lès-Forbach	1181
1182	*Bousbach	591,23	504	—	501	—	[illegible]	—	494	504	—	—	—	»	Diebling	6,15	»	Bousbach	1182
1183	*Cocheren	562,15	804	95	899	—	[illegible]	159	854	873	26	—	—	Merlebach	Cocheren	0,97	Cocheren	Cocheren	1183
1184	*Diebling	784,20	766	10	776	—	776	11	760	771	5	—	—	Puttelange-l.-Farschviller	Diebling	0,90	Diebling	Diebling	1184
1185	*Etzling	494,40	637	6	643	—	[illegible]	97	582	640	1	2	—	Forbach	Forbach	7,90	Etzling	Etzling	1185
1186	*Farschviller	1 124,90	986	—	986	—	[illegible]	45	944	983	3	—	—	Puttelange-l.-Farschviller	Farschviller	1,27	Farschviller	Farschviller	1186
1187	*Folkling	1 187,46	494	267	761	—	761	14	791	747	14	—	—	Merlebach	Cocheren	5,50	Folkling	Folkling	1187
1188	*Forbach[1])	2 087,82	7 467	3 180	10 647	922	11 [illegible]	2 222	10 514	10 113	929	200	237	Forbach	Forbach	0,40	Forbach	Forbach	1188
1189	*Kerbach	444,80	344	14	358	—	358	9	356	358	—	—	—	»	»[2])	7,66	Etzling	Kerbach	1189
1190	*Merlebach	280,41	6 975	—	6 975	67	7 [illegible]	2 945	4 746	6 [illegible]	[illegible]	80	178	Merlebach	Merlebach	0,80	Merlebach	Merlebach	1190
1191	*Metzing	644,16	342	15	357	—	357	18	[illegible]	357	—	—	—	Puttelange-l.-Farschviller	Diebling	1,54	Diebling	Metzing	1191
1192	*Morsbach	519,30	1 225	—	1 225	—	1 225	158	1 159	1 209	16	—	—	Merlebach	Cocheren	2,46	Morsbach	Morsbach	1192
1193	*Nousseviller-lès-Puttelange	612,84	291	158	449	—	449	6	414	449	—	—	—	Puttelange-l.-Farschviller	Hundling	2,21	Hundling	Nousseviller-lès-Puttelange	1193
1194	*Oeting	489,30	746	6	749	—	[illegible]	7	742	746	2	—	1	Forbach	Forbach	3,77	Forbach	Oeting	1194
1195	*Petite-Rosselle	504,81	2 395	7 894	10 282	—	10 282	5 496	8 989	9 972	[illegible]	3	19	»	»[3])	6,66	Petite-Rosselle	Petite-Rosselle	1195
1196	*Rosbruck	149,82	727	—	727	—	727	209	707	726	—	—	1	Merlebach	Cocheren	1,57	Morsbach	Rosbruck	1196
1197	*Spicheren	811,08	1 063	45	1 108	—	1 [illegible]	77	1 084	1 089	19	—	—	Forbach	Stiring-Wendel	5,02	Spicheren	Spicheren	1197
1198	*Stiring-Wendel	350,80	8 435	17	8 452	—	8 [illegible]	3 [illegible]	6 451	7 [illegible]	625	1	24	»	»	0,80	Stiring-Wendel	Stiring-Wendel	1198
1199	*Tenteling	719,80	[illegible]	168	471	—	471	6	444	470	1	—	—	Puttelange-l.-Farschviller	Diebling	3,06	Diebling	Tenteling	1199
1200	*Thédiling	815,60	651	—	651	—	[illegible]	26	658	651	—	—	—	Merlebach	Farébersviller	5,72	Cocheren	Thédiling	1200

(1) Par décret du 24 février 1927, avec effet du 1er mai 1927, la commune de Forbach a été divisée en 2 communes [illegible] 10 735 habitants) et de Schoeneck ([illegible] ha, [illegible] habitants).

1) Kleinblittersdorf (Sarre) 4,68 km. 2) Kleinblittersdorf (Sarre) 6,30 km. 3) Gross-Rosseln (Sarre) 0,67 km.

2. — Canton de Grostenquin.

Nombre de communes : 32. — Superficie: 22 907,76 hectares. — Population totale : 11 439.

Numéro d'ordre	Commune	Superficie en ha	Population municipale (1926) agglomérée au chef-lieu	éparse	totale	Population comptée à part (1926)	Population totale au 7 mars 1926 Total général	dont étrang.	Population totale au 6 mars 1921	Religion Chrétiens Catholiques	Protestants	Religion Israélites	autres ou non déclarée	Bureau de Perception	Station de chemin de fer Nom de la gare	Distance en km	Bureau de Poste	Commune	Numéro d'ordre
1201	Altrippe	487,88	217	—	217	—	217	—	216	217	—	—	—	Grostenquin	Insming	9,76	Maxstadt	Altrippe	1201
1202	Baronville	619,94	267	3	270	—	270	7	277	269	1	—	—	Morhange	Landroff	2,30	Morhange	Baronville	1202
1203	Bérig-Vintrange	848,36	225	32	257	—	257	6	236	253	4	—	—	"	Morhange	5,18	Grostenquin	Bérig-Vintrange	1203
1204	Bertring	604,44	164	10	174	—	174	—	174	174	—	—	—	Grostenquin	"	7,50	"	Bertring	1204
1205	Biding	671,70	224	—	234	53	287	11	261	287	—	—	—	"	St-Avold	7,68	Maxstadt	Biding	1205
1206	Bistroff	1 927,80	235	80	315	—	315	16	334	315	—	—	—	"	Teting	10,03	Grostenquin	Bistroff	1206
1207	Boustroff	347,66	150	—	150	—	150	4	158	150	—	—	—	Morhange	Faulquemont	6,30	Faulquemont	Boustroff	1207
1208	Brulange	584,78	151	32	183	—	183	5	175	166	2	—	15	"	Brulange	0,75	Brulange	Brulange	1208
1209	Destry	693,80	159	—	159	—	159	—	196	159	—	—	—	"	"	3,80	"	Destry	1209
1210	Diffembach-l.-Hellimer	578,90	307	—	307	—	307	1	320	307	—	—	—	Grostenquin	Insming	6,96	Hellimer	Diffembach-l.-Hellimer	1210
1211	Eincheville	674,01	249	—	249	—	249	2	250	244	5	—	—	Morhange	Landroff	3,46	Landroff	Eincheville	1211
1212	Erstroff	507,20	206	2	208	—	208	2	218	208	—	—	—	Grostenquin	Léning	7,28	Grostenquin	Erstroff	1212
1213	Frémestroff	551,38	245	—	245	—	245	1	243	245	—	—	—	"	"	9,02	"	Frémestroff	1213
1214	Freybouse	587,84	239	—	239	—	239	—	237	239	—	—	—	"	"	8,20	"	Freybouse	1214
1215	Gréning	278,05	151	—	151	2	153	—	150	153	—	—	—	"	Insming	4,41	Insming	Gréning	1215
1216	Grostenquin	1 573,34	233	189	422	—	422	12	416	412	2	—	8	"	Morhange	[illegible],57	Grostenquin	Grostenquin	1216
1217	Guessling	1 011,45	453	174	627	—	627	24	644	627	—	—	—	Morhange	Teting	5,88	Pontpierre	Guessling	1217
1218	Harprich	870,04	187	—	187	—	187	—	199	187	—	—	—	"	Morhange	3,25	Morhange	Harprich	1218
1219	Hellimer	1 041,78	516	10	526	—	526	2	537	476	2	48	—	Grostenquin	Insming	5,80	Hellimer	Hellimer	1219
1220	Landroff	770,18	274	11	285	—	285	7	270	274	11	—	—	Morhange	Landroff	1,51	Landroff	Landroff	1220
1221	Laning	670,06	419	15	434	—	434	—	465	433	1	—	—	Grostenquin	St-Avold	8,04	Maxstadt	Laning	1221
1222	Lelling	492,11	279	—	279	—	279	4	275	279	—	—	—	"	Teting	7,00	Pontpierre	Lelling	1222
1223	Leywiller	721,92	229	—	229	—	229	3	235	229	—	—	—	"	Insming	10,30	Maxstadt	Leywiller	1223
1224	Lixing-lès-St-Avold	681,96	340	—	340	—	340	—	362	340	—	—	—	"	St-Avold	6,60	Lixing-lès-St-Avold	Lixing-lès-St-Avold	1224
1225	Maxstadt	791,06	256	—	256	—	256	—	270	256	—	—	—	"	"	9,97	Maxstadt	Maxstadt	1225
1226	Morhange	1 530,47	1 784	33	1 817	814	2 631	110	4 034	2 289	179	51	112	Morhange	Morhange	2,46	Morhange	Morhange	1226
1227	Petit-Tenquin	487,91	223	19	242	—	242	1	258	241	1	—	—	Grostenquin	Insming	3,50	Insming	Petit-Tenquin	1227
1228	Racrange	728,63	308	76	384	—	384	22	451	381	3	—	—	Morhange	Morhange	2,46	Morhange	Racrange	1228
1229	Suisse	506,27	123	8	131	—	131	1	126	125	6	—	—	"	Brulange	2,80	Brulange	Suisse	1229
1230	Vahl-Ebersing	629,21	417	—	417	—	417	1	386	417	—	—	—	Grostenquin	St-Avold	5,23	Lixing-lès-St-Avold	Vahl-Ebersing	1230
1231	Vallerange	664,38	290	—	290	—	290	—	301	290	—	—	—	Morhange	Morhange	3,84	Morhange	Vallerange	1231
1232	V[illegible]er	722,27	346	—	346	—	346	2	354	346	—	—	—	"	Landroff	5,46	Landroff	Viller	1232

3. — Canton de Saint-Avold.

Nombre de communes : 21. — Superficie : 20 223,[illegible] hectares. — Population totale : 32 104.

Numéro d'ordre	Commune	Superficie en ha	Population municipale (1926) agglomérée au chef-lieu	éparse	totale	Population comptée à part (1926)	Population totale au 7 mars 1926 Total général	dont étrang.	Population totale au 6 mars 1921	Religion Chrétiens Catholiques	Protestants	Religion Israélites	autres ou non déclarée	Bureau de Perception	Station de chemin de fer Nom de la gare	Distance en km	Bureau de Poste	Commune	Numéro d'ordre
1233	*Altviller	484,77	315	—	315	—	315	7	298	306	7	—	2	St-Avold	St-Avold	2,34	St-Avold	Altviller	1233
1234	*Barst	578,58	132	123	255	—	255	7	245	253	2	—	—	"	Farébersviller	7,04	Maxstadt	Barst	1234
1235	*Béning-lès-St-Avold	369,28	645	—	645	—	645	160	557	618	27	—	—	Merlebach	Béning-lès-St-Avold	1,75	Béning-lès-St-Avold	Béning-lès-St-Avold	1235
1236	*Betting	444,80	311	84	395	13	408	63	385	400	8	—	—	St-Avold	"	2,20	"	Betting	1236
1237	*Cappel	597,10	383	—	383	—	383	—	358	383	—	—	—	"	Farébersviller	6,84	Maxstadt	Cappel	1237
1238	*Carling	267,22	1 411	—	1 411	17	1 428	159	1 267	1 378	15	1	34	Merlebach	Carling	0,74	Carling	Carling	1238
1239	*Dourd'hal	391,50	245	—	245	—	245	1	237	245	—	—	—	St-Avold	St-Avold	6,82	St-Avold	Dourd'hal	1239
1240	*Farébersviller	687,58	619	24	643	—	643	40	592	640	3	—	—	Merlebach	Farébersviller	0,62	Seingbouse	Farébersviller	1240
1241	*Folschviller	946,00	560	56	616	—	616	109	522	612	4	—	—	St-Avold	Teting	3,32	Folschviller	Folschviller	1241
1242	*Freyming	625,30	7 846	—	7 846	66	7 912	5 547	5 282	7 480	367	—	65	Merlebach	Merlebach	1,30	Freyming	Freyming	1242
1243	*Guenviller	473,56	298	—	298	—	298	5	300	298	—	—	—	St-Avold	Hombourg-Ht	3,75	Hombourg-Ht	Guenviller	1243
1244	*Henriville	336,15	380	—	380	—	380	3	368	380	—	—	—	Merlebach	Farébersviller	3,24	Seingbouse	Henriville	1244
1245	*Hombourg-Haut	1 224,00	2 230	23	2 253	—	2 253	264	2 086	2 130	106	17	—	St-Avold	Hombourg-Ht	0,35	Hombourg-Ht	Hombourg-Haut	1245
1246	*Hoste-Haut	946,12	121	327	448	—	448	1	461	448	—	—	—	"	Puttelange-l.-Farschviller	4,70	Puttelange-l.-Farschviller	Hoste-Haut	1246
1247	*Lachambre	785,80	383	97	480	—	480	2	419	480	—	—	—	"	St-Avold	3,12	St-Avold	Lachambre	1247
1248	*L'Hôpital	396,00	6 287	—	6 287	—	6 287	3 246	6 168	5 750	526	7	4	Merlebach	L'Hôpital-Puits-Sud	0,36	L'Hôpital	L'Hôpital	1248
1249	*Macheren	1 695,[illegible]	342	317	659	—	659	45	621	657	2	—	—	St-Avold	St-Avold	6,07	St-Avold	Macheren	1249
1250	*Porcelette	1 880,07	977	466	1 443	—	1 443	104	1 386	1 375	[illegible]	—	—	"	[illegible]	[illegible]	Porcelette	Porcelette	1250
1251	Saint-Avold	5 400,00	4 281	—	4 281	1131	5 412	1 264	4 132	4 984	[illegible]	37	136	"	St-Avold	2,08	St-Avold	Saint-Avold	1251
1252	*Seingbouse	808,35	711	—	711	—	711	45	659	705	[illegible]	—	—	"	Farébersviller	2,60	Seingbouse	Seingbouse	1252
1253	*Valmont	928,70	476	487	963	—	963	286	971	915	[illegible]	—	—	"	St-Avold	2,60	St-Avold	Valmont	1253

4. — Canton de Sarralbe.

Nombre de communes : 14. — *Superficie :* 14 071,34 hectares. — *Population totale :* 11 545.

Numéro d'ordre	Commune	Superficie en ha	Population municipale (1920) agglomérée au chef-lieu	éparse	totale	Population comptée à part (1920)	Population totale au 7 mars 1926 Total général	dont étrangers	Population totale au 6 mars 1921	Religion chrétienne Catholiques	Protestants	Religion Israélites	autre ou non déclarée	Bureau de Perception	Station de chemin de fer Nom de la gare	Distance en km	Bureau de Poste	Commune	Numéro d'ordre
1254	Ernestviller	459,01	214	98	312	—	312	—	343	311	—	—	1	Puttelange-l.-Farschviller	Puttelange-l.-Farschviller	4,00	Puttelange-l.-Farschviller	Ernestviller	1254
1255	Guéblange-l.-Sarralbe	1 918,86	125	768	893	—	893	—	912	893	—	—	—	Sarralbe	Audviller	1,86	Audviller	Guéblange-les-Sarralbe	1255
1256	Hazembourg	166,40	167	3	170	—	179	—	173	170	—	—	—	»	»	2,33	»	Hazembourg	1256
1257	Hilsprich	1 022,17	490	122	612	—	612	1	581	612	—	—	—	Puttelange-l.-Farschviller	Puttelange-l.-Farschviller	7,40	Rémering-les-Puttelange	Hilsprich	1257
1258	Holving	1 069,89	165	659	824	—	824	15	823	817	7	—	—	»	Sarralbe	6,07	Puttelange-l.-Farschviller	Holving	1258
1259	Kappelkinger	842,00	552	—	552	—	552	—	550	552	—	—	—	Sarralbe	Kappelkinger	1,80	Kappelkinger	Kappelkinger	1259
1260	Kirviller	254,47	180	—	180	—	189	—	185	171	9	—	—	»	Rech	4,00	Rech	Kirviller	1260
1261	Nelling	732,30	252	22	274	—	274	4	281	249	1	24	—	»	Insming	0,02	Insming	Nelling	1261
1262	Puttelange-lès-Farschviller	1 666,25	1 353	315	1 668	7	1 675	45	1 563	1 541	29	101	4	Puttelange-l.-Farschviller	Puttelange-l.-Farschviller	0,50	Puttelange-l.-Farschviller	Puttelange-les-Farschviller	1262
1263	Rémering-lès-Puttelange	923,80	633	—	633	—	633	1	622	633	—	—	—	»	»	3,90	Rémering-les-Puttelange	Rémering-les-Puttelange	1263
1264	Richeling	432,20	233	—	233	—	233	—	238	233	—	—	—	»	»	4,10	Puttelange-l.-Farschviller	Richeling	1264
1265	Saint-Jean-Rohrbach	1 219,12	694	7	701	—	701	—	671	698	—	3	—	»	»	5,20	St-Jean-Rohrbach	Saint-Jean-Rohrbach	1265
1266	Sarralbe	2 733,78	2 685	932	3 617	98	3 715	154	3 568	3 532	154	16	13	Sarralbe	Sarralbe	0,45	Sarralbe	Sarralbe	1266
1267	Willerwald	630,11	700	71	771	—	771	16	777	763	8	—	—	»	Willerwald	0,78	Willerwald	Willerwald	1267

IV. — Arrondissement de Metz-Campagne.

5 Cantons : Gorze, Metz, Pange, Verny, Vigy.

Nombre de communes : 151. — *Superficie :* 107 122,89 hectares. — *Population totale :* 98 201.

1. — Canton de Gorze.

Nombre de communes : 18. — *Superficie :* 14 268,37 hectares. — *Population totale :* 12 206.

Numéro d'ordre	Commune	Superficie en ha	Population municipale (1920) agglomérée au chef-lieu	éparse	totale	Population comptée à part (1920)	Population totale au 7 mars 1926 Total général	dont étrangers	Population totale au 6 mars 1921	Religion chrétienne Catholiques	Protestants	Religion Israélites	autre ou non déclarée	Bureau de Perception	Station de chemin de fer Nom de la gare	Distance en km	Bureau de Poste	Commune	Numéro d'ordre
1268	Ancy-s.-Moselle	912,70	792	—	792	—	792	47	768	790	2	—	—	Ars-sur-Moselle	Ancy-sur-Moselle	0,41	Ancy-sur-Moselle	Ancy-sur-Moselle	1268
1269	Arry	690,20	234	53	287	—	287	5	287	287	—	—	—	»	Novéant	4,57	Novéant	Arry	1269
1270	Ars-sur-Moselle	1 157,27	3 214	60	3 274	—	3 274	645	2 756	3 140	132	2	—	»	Ars-sur-Moselle	0,27	Ars-sur-Moselle	Ars-sur-Moselle	1270
1271	Châtel-St-Germain	1 128,14	698	123	821	129	[illegible]	86	742	906	4	4	36	Metz III	Châtel-St.-Germain	0,20	Châtel-St.-Germain	Châtel-St-Germain	1271
1272	Corny	822,85	723	6	729	—	729	42	631	726	3	—	—	Ars-sur-Moselle	Novéant	0,04	Novéant	Corny	1272
1273	Dornot	112,14	155	3	158	—	158	4	152	158	—	—	—	»	Ancy-sur-Moselle	1,58	Ancy-sur-Moselle	Dornot	1273
1274	Gorze	1 790,70	620	27	647	190	837	49	807	814	23	—	—	»	»	5,12	Gorze	Gorze	1274
1275	Gravelotte	566,11	374	—	374	—	374	39	402	371	3	—	—	»	Ars-sur-Moselle	6,54	Gravelotte	Gravelotte	1275
1276	Jouy-aux-Arches	601,88	741	66	807	119	[illegible]	96	892	865	17	44	—	»	»	1,60	Jouy-aux-Arches	Jouy-aux-Arches	1276
1277	Jussy	290,70	199	—	199	—	199	—	181	192	7	—	—	Metz III	Moulins-les-Metz	2,47	Moulins-les-Metz	Jussy	1277
1278	Lessy	285,21	366	14	380	—	380	23	311	371	9	—	—	»	Châtel-St.-Germain	0,01	»	Lessy	1278
1279	Novéant	1 298,34	1 250	—	1 250	—	1 250	90	1 058	1 235	15	—	—	Ars-sur-Moselle	Novéant	0,81	Novéant	Novéant	1279
1280	Rezonville	1 345,30	319	29	348	—	348	17	355	348	—	—	—	»	[1]) Ars-sur-Moselle	9,40	Gravelotte	Rezonville	1280
1281	Rozérieulles	658,22	326	125	451	5	[illegible]	27	433	466	3	—	—	Metz III	Moulins-les-Metz	2,35	Moulins-les-Metz	Rozérieulles	1281
1282	Ste-Ruffine	70,38	215	25	240	—	240	8	238	239	1	—	—	»	»	1,26	»	Ste-Ruffine	1282
1283	Vaux	662,02	408	44	452	—	452	27	380	452	—	—	—	Ars-sur-Moselle	»	3,08	»	Vaux	1283
1284	Vernéville	917,79	348	65	413	—	413	13	431	409	2	—	2	Metz III	Batilly (M.-et-M.)	3,00	Vernéville	Vernéville	1284
1285	Vionville	960,30	241	—	241	—	[illegible]	9	257	239	2	—	—	Ars-sur-Moselle	Mars-la-Tour (M.-et-M.)	4,70	Gravelotte	Vionville	1285

2. — Canton de Metz.

Nombre de communes : [illegible]. — *Superficie :* 22 540,[illegible] hectares. — *Population totale :* 61 198.

Numéro d'ordre	Commune	Superficie en ha	Population municipale (1920) agglomérée au chef-lieu	éparse	totale	Population comptée à part (1920)	Population totale au 7 mars 1926 Total général	dont étrangers	Population totale au 6 mars 1921	Religion chrétienne Catholiques	Protestants	Religion Israélites	autre ou non déclarée	Bureau de Perception	Station de chemin de fer Nom de la gare	Distance en km	Bureau de Poste	Commune	Numéro d'ordre
1286	Amanvillers	971,87	475	38	513	—	513	85	514	506	8	—	—	Metz III	Amanvillers	0,84	Amanvillers	Amanvillers	1286
1287	Amnéville	574,87	4 299	1 256	5 555	—	[illegible]	1 289	6 006	4 159	1 338	—	54	Rombas	Gandrange-Amnéville	1,27	Amnéville	Amnéville	1287
1288	Augny	1 497,80	509	71	580	64	[illegible]	80	498	[illegible]	2	6	3	Metz II	Augny	2,28	Augny	Augny	1288
1289	Ban-St-Martin	151,80	1 502	—	1 502	347	[illegible]	210	1 715	[illegible]	82	15	118	Metz III	Longeville	2,07	[illegible]	Ban-St-Martin	1289
1290	Borny	1 172,04	395	675	1 070	994	[illegible]	[illegible]	1 885	1 717	121	2	294	Metz II	Vallières-Vantoux	3,08	Borny	Borny	1290
1291	Bronvaux	157,06	246	—	246	—	[illegible]	87	178	222	24	—	—	Maizières-l.-Metz	Amanvillers	6,20	Marange-Silvange	Bronvaux	1291
1292	Chieulles	261,04	92	—	92	—	[illegible]	3	77	92	—	—	—	Metz II	Failly	4,94	Noisseville	Chieulles	1292

1) Gorze (tramway) [illegible] km.

Numéro d'ordre	Commune	Superficie en ha	Population municipale (1926) aggloméré au chef-lieu	éparse	totale	Population comptée à part (1926)	Population totale au 7 mars 1926 Total général	dont étrang.	Population totale au 6 mars 1921	Religion Chrétiens Catholiques	Protestants	Israélites	autre ou non déclarée	Bureau de Perception	Station de chemin de fer Nom de la gare	Distance en km	Bureau de Poste	Commune	Numéro d'ordre
1293	Fèves	479,78	232	—	232	—	232	66	265	232	—	—	—	Maizières-l.-Metz	Maizières-l.-Metz	5,00	Maizières-l.-Metz	Fèves	1293
1294	Hagondange	549,00	5 495	—	5 495	—	5 495	1 275	5 016	4 690	747	29	29	»	Hagondange	1,07	Hagondange	Hagondange	1294
1295	*Hauconcourt	790,26	460	30	490	—	490	23	479	478	12	—	—	»	Maizières-l.-Metz	2,54	Maizières-l.-Metz	Hauconcourt	1295
1296	La Maxe	756,44	327	53	380	—	380	9	355	380	—	—	—	Metz II	Woippy	4,20	Woippy	La Maxe	1296
1297	Longeville-lès-Metz	262,94	1 352	296	1 648	324	1 972	217	1 389	1 767	89	16	100	Metz III	Longeville-lès-Metz	0,54	Longeville-lès-Metz	Longeville-lès-Metz	1297
1298	Lorry-lès-Metz	610,32	506	78	584	27	611	21	587	600	6	3	2	»	Woippy	3,20	Lorry-lès-Metz	Lorry-lès-Metz	1298
1299	*Maizières-lès-Metz	981,00	3 838	317	4 155	—	4 155	1 233	3 420	3 795	295	42	24	Maizières-l.-Metz	Maizières-l.-Metz	0,66	Maizières-l.-Metz	Maizières-lès-Metz	1299
1300	*Malancourt-la-Montagne	435,29	440	50	490	—	490	210	401	490	—	—	—	Rombas	Rombas	5,36	Roncourt	Malancourt-la-Montagne	1300
1301	*Marange-Silvange	1 523,65	845	913	1 758	—	1 758	877	1 335	1 661	88	6	3	»	Maizières-l.-Metz	5,20	Marange-Silvange	Marange-Silvange	1301
1302	*Mey	191,1?	76	4	80	—	80	2	66	78	2	—	—	Metz II	Vallières-Vantoux	2,23	St-Julien	Mey	1302
1303	Montigny-L.-Metz	670,24	9 443	—	9 443	2 339	11 782	751	11 830	9 914	797	56	1 015	»	Metz	2,12	Montigny-l.-Metz	Montigny-lès-Metz	1303
1304	*Montois-la-Montagne	706,73	1 525	55	1 580	—	1 580	901	1 121	1 394	51	—	5	Rombas	[illegible]	2,30	Montois-la-Montagne	Montois-la-Montagne	1304
1305	Moulins-L.-Metz	699,55	643	229	872	180	1 052	67	979	944	36	4	68	Metz III	Moulins-les-Metz	0,48	Moulins-les-Metz	Moulins-lès-Metz	1305
1306	Norroy-le-Veneur	844,61	269	272	541	—	541	73	485	541	—	—	—	Metz II	Woippy	5,88	Norroy-le-Veneur	Norroy-le-Veneur	1306
1307	*Pierrevillers	583,38	896	—	896	—	896	195	869	830	61	5	—	Rombas	Rombas	4,25	Maizières-l.-Metz	Pierrevillers	1307
1308	Plappeville	252,92	557	78	635	136	771	113	584	706	65	—	—	Metz III	Metz-Nord	4,45	Plappeville	Plappeville	1308
1309	*Plesnois	310,94	179	107	286	—	286	18	287	285	1	—	—	Metz II	Woippy	5,30	Norroy-le-Veneur	Plesnois	1309
1310	Rombas	1 138,10	6 257	238	6 495	—	6 495	1 351	6 200	5 931	516	29	19	Rombas	Rombas	1,11	Rombas	Rombas	1310
1311	Roncourt	673,28	542	2	544	—	544	270	410	531	13	—	—	»	Amanvillers	4,24	Roncourt	Roncourt	1311
1312	Saint-Julien	447,85	1 172	36	1 208	—	1 208	165	1 101	1 098	100	—	10	Metz II	Metz-Abattoirs	1,79	St-Julien	Saint-Julien	1312
1313	Ste-Marie-aux-Chênes	1 022,00	1 858	73	1 931	—	1 931	1 062	1 725	1 868	56	7	—	Metz III	Amanvillers	4,00	Ste-Marie-aux-Chênes	Ste-Marie-a.-Chênes	1313
1314	St-Privat-la-Montagne	582,58	1 188	—	1 188	—	1 188	528	1 041	1 171	17	—	—	»	»	2,30	St-Privat-la-Montagne	St-Privat-la-Montagne	1314
1315	*Saulny	970,61	315	22	337	—	337	10	317	336	1	—	—	»	Woippy	4,20	Lorry-les-Metz	Saulny	1315
1316	Scy-Chazelles	452,98	480	234	714	55	769	71	654	737	27	4	1	»	Moulins-les-Metz	0,82	Moulins-les-Metz	Scy-Chazelles	1316
1317	*Semécourt	230,43	269	—	269	—	269	20	198	268	1	—	—	Maizières-l.-Metz	Maizières-l.-Metz	4,00	Maizières-l.-Metz	Semécourt	1317
1318	*Talange	370,00	2 038	—	2 038	—	2 038	909	1 408	1 787	247	2	2	»	Hagondange	2,00	Hagondange	Talange	1318
1319	*Vallières	292,67	475	404	879	—	879	112	756	792	81	—	6	Metz II	[illegible]	1,74	St-Julien	Vallières	1319
1320	*Vantoux	245,01	280	—	280	—	280	14	279	269	6	5	—	»	»	0,92	»	Vantoux	1320
1321	*Vany	309,93	71	68	139	—	139	3	116	139	—	—	—	»	Failly	3,13	Noisseville	Vany	1321
1322	Woippy	1 458,30	1 225	302	1 527	5	1 532	82	1 424	1 500	28	4	—	»	Woippy	0,84	Woippy	Woippy	1322

8. — Canton de Pange.

Nombre de communes : 25. — *Superficie :* 24 351,30 hectares. — *Population totale :* 8 440.

Numéro d'ordre	Commune	Superficie en ha	Population municipale (1926) aggloméré au chef-lieu	éparse	totale	Population comptée à part (1926)	Population totale au 7 mars 1926 Total général	dont étrang.	Population totale au 6 mars 1921	Religion Chrétiens Catholiques	Protestants	Israélites	autre ou non déclarée	Bureau de Perception	Station de chemin de fer Nom de la gare	Distance en km	Bureau de Poste	Commune	Numéro d'ordre
1323	*Ancerville	522,91	215	25	240	—	240	5	226	239	1	—	—	Rémilly	Rémilly	3,25	Rémilly	Ancerville	1323
1324	*Ars-Laquenexy	624,90	143	38	181	—	181	25	177	180	1	—	—	Metz II	Courcelles-sur-Nied	4,71	Courcelles-sur-Nied	Ars-Laquenexy	1324
1325	*Aube	530,79	223	7	230	—	230	2	224	230	—	—	—	Rémilly	Sanry-sur-Nied	2,44	Rémilly	Aube	1325
1326	*Bazoncourt	1 321,46	156	184	340	—	340	8	377	335	5	—	—	»	»	2,41	Sanry-sur-Nied	Bazoncourt	1326
1327	*Béchy	957,11	331	—	331	—	331	1	339	330	1	—	—	»	Rémilly	4,02	Béchy	Béchy	1327
1328	*Beux	503,17	172	—	172	—	172	—	163	172	—	—	—	»	Sanry-sur-Nied	6,06	Luppy	Beux	1328
1329	*Chanville	388,64	154	—	154	—	154	8	143	154	—	—	—	»	Rémilly	3,32	Rémilly	Chanville	1329
1330	*Coincy	715,01	93	30	123	—	123	8	132	117	6	—	—	Courcelles-Chaussy	Nouilly	5,04	Pange	Coincy	1330
1331	*Colligny	361,33	106	—	106	—	106	2	124	106	—	—	—	»	Pange	2,70	»	Colligny	1331
1332	*Courcelles-Chaussy	1 329,38	974	45	1 019	—	1 019	51	995	820	161	—	—	»	Courcelles-Chaussy	1,07	Courcelles-Chaussy	Courcelles-Chaussy	1332
1333	*Courcelles-sur-Nied	305,74	238	48	286	—	286	1	302	279	7	38	—	Rémilly	Courcelles-s.-Nied	0,35	Courcelles-s.-Nied	Courcelles-sur-Nied	1333
1334	*Dain	375,30	50	—	50	—	50	—	40	50	—	—	—	»	Sanry-sur-Nied	4,30	Luppy	Dain	1334
1335	*Flocourt	458,34	173	—	173	—	173	—	207	173	—	—	—	»	Baudrecourt	5,32	Rémilly	Flocourt	1335
1336	*Landonvillers	285,24	86	13	99	—	99	22	98	84	15	—	—	Courcelles-Chaussy	Landonvillers	0,47	Landonvillers	Landonvillers	1336
1337	*Laquenexy	998,57	175	154	329	—	329	16	351	328	—	—	1	Rémilly	Courcelles-s.-Nied	1,00	Courcelles-s.-Nied	Laquenexy	1337
1338	*Lemud	424,18	174	17	191	—	191	—	172	191	—	—	—	»	Sanry-sur-Nied	2,30	Rémilly	Lemud	1338
1339	*Luppy	1 025,50	369	9	378	—	378	2	418	378	—	—	—	»	Secourt-Solgne	5,05	Luppy	Luppy	1339
1340	*Maizeroy	872,94	113	158	271	—	271	19	267	269	2	—	—	Courcelles-Chaussy	Courcelles-Chaussy	3,13	Courcelles-Chaussy	Maizeroy	1340
1341	*Maizery	316,22	44	10	54	—	54	3	44	54	—	—	—	»	Pange	3,00	Pange	Maizery	1341
1342	*Marsilly	321,70	58	—	58	—	58	—	57	54	—	—	4	»	Courcelles-s.-Nied	5,21	»	Marsilly	1342
1343	*Montoy-Flanville	631,70	163	91	254	—	254	23	242	246	8	—	—	»	Nouilly	3,00	Noisseville	Montoy-Flanville	1343
1344	*Ogy	373,00	73	30	103	—	103	3	111	102	1	—	—	»	Pange	4,30	Pange	Ogy	1344
1345	*Pange	460,7?	185	46	231	—	231	—	231	229	2	—	—	»	»	0,00	»	Pange	1345
1346	*Raville	708,27	187	—	187	—	187	—	177	186	1	—	—	»	Courcelles-Chaussy	7,32	Bionville	Raville	1346
1347	*Rémilly	1 518,74	715	158	[illegible]	—	[illegible]	29	849	832	3	38	—	Rémilly	Rémilly	0,22	Rémilly	Rémilly	1347

Numéro d'ordre	Commune	Superficie en ha	Population municipale (1926) agglomérée au chef-lieu	éparse	totale	Population comptée à part (1926)	Population totale au 7 mars 1926 Total général	dont étrang.	Population totale au 6 mars 1921	Religion Chrétiens Catholiques	Protestants	Israélites	autres ou non déclarée	Bureau de Perception	Station de chemin de fer Nom de la gare	Distance en km	Bureau de Poste	Commune	Numéro d'ordre
1348	*Retonfey	977,17	279	25	304	—	304	9	304	301	—	—	3	Courcelles-Chaussy	Nouilly	4,01	Noisseville	Retonfey	1348
1349	*Sanry-sur-Nied	888,53	172	115	287	—	287	8	290	287	—	—	—	Rémilly	Sanry-sur-Nied	1,02	Sanry-sur-Nied	Sanry-sur-Nied	1349
1350	*Servigny-lès-Raville	1 420,35	283	99	382	—	382	5	425	382	—	—	—	Courcelles-Chaussy	Courcelles-Chaussy	6,00	Courcelles-Chaussy	Servigny-lès-Raville	1350
1351	*Silly-sur-Nied	453,55	123	26	149	—	149	10	168	140	9	—	—	»	»	3,11	»	Silly-sur-Nied	1351
1352	*Sorbey	559,25	200	17	217	—	217	7	202	216	—	—	1	Rémilly	Sanry-sur-Nied	1,30	Courcelles-sur-Nied	Sorbey	1352
1353	*Thimonville	740,47	196	—	196	—	196	—	206	196	—	—	—	»	Baudrecourt	6,00	Baudrecourt	Thimonville	1353
1354	*Tragny	543,12	120	—	120	—	120	2	122	116	—	4	—	»	Rémilly	7,00	Rémilly	Tragny	1354
1355	*Vaudoncourt	668,14	106	40	146	—	146	1	139	137	9	—	—	Courcelles-Chaussy	Condé-Northen	3,00	Courcelles-Chaussy	Vaudoncourt	1355
1356	*Villers-Stoncourt	1 057,13	37	174	211	—	211	5	235	211	—	—	—	Rémilly	Rémilly	7,30	Sanry-sur-Nied	Villers-Stoncourt	1356

4. — Canton de Verny.

Nombre de communes : 38. — *Superficie :* 25 960,87 hectares. — *Population totale :* 10 286.

Numéro d'ordre	Commune	Superficie en ha	agglomérée au chef-lieu	éparse	totale	comptée à part	Total général	dont étrang.	Pop. 1921	Catholiques	Protestants	Israélites	autres ou non déclarée	Bureau de Perception	Nom de la gare	Distance en km	Bureau de Poste	Commune	Numéro d'ordre
1357	Achâtel	291,91	117	—	117	—	117	—	125	117	—	—	—	Solgne	Secourt-Solgne	1,00	Solgne	Achâtel	1357
1358	*Buchy	357,72	74	6	80	—	80	—	81	80	—	—	—	»	Vigny	3,23	»	Buchy	1358
1359	Cheminot	1 123,41	218	143	361	—	361	10	366	259	2	—	—	»	Louvigny	5,24	Cheminot	Cheminot	1359
1360	Chérisey	507,40	222	12	234	—	234	18	201	233	1	—	—	Verny	Pommérieux-Verny	5,00	Verny	Chérisey	1360
1361	*Chesny	433,22	117	14	131	2	133	4	120	133	—	—	—	»	Peltre	2,00	Peltre	Chesny	1361
1362	Coin-lès-Cuvry	656,04	185	26	211	—	211	7	218	210	1	—	—	»	Coin-lès-Cuvry	0,70	Coin-sur-Seille	Coin-lès-Cuvry	1362
1363	Coin-sur-Seille	322,70	133	2	135	—	135	8	137	130	5	—	—	»	Coin-sur-Seille	0,44	»	Coin-sur-Seille	1363
1364	Cuvry	544,45	161	15	176	55	231	14	181	230	1	—	—	»	Coin-lès-Cuvry	1,84	Marly	Cuvry	1364
1365	Féy	566,28	160	21	181	—	181	2	187	178	3	—	—	»	Novéant	4,03	Novéant	Féy	1365
1366	Fleury	970,48	313	5	318	16	334	26	312	321	12	—	1	»	Coin-lès-Cuvry	3,13	Magny	Fleury	1366
1367	Fovillle	360,16	133	—	133	—	133	—	145	133	—	—	—	Solgne	Liocourt	2,05	Liocourt	Foville	1367
1368	Goin	889,67	289	42	331	—	331	6	354	328	3	—	—	»	Goin-Sillegny	1,50	Verny	Goin	1368
1369	*Jury	316,90	118	7	125	—	125	3	117	125	—	—	—	Metz II	Peltre	3,32	Peltre	Jury	1369
1370	Liéhon	537,55	118	—	118	—	118	—	122	117	1	—	—	Verny	Vigny	5,00	Solgne	Liéhon	1370
1371	Lorry-Mardigny	1 135,71	200	160	360	—	360	17	390	360	—	—	—	»	Novéant	7,32	Lorry-Mardigny	Lorry-Mardigny	1371
1372	Louvigny	1 563,27	549	11	560	—	560	17	558	560	4	17	—	Solgne	Louvigny	2,00	Louvigny	Louvigny	1372
1373	*Magny	756,98	748	—	748	—	748	15	701	728	20	—	—	Metz II	Peltre	3,13	Magny	Magny	1373
1374	Marieulles	818,90	199	181	380	3	383	11	409	383	—	—	—	Verny	Coin-sur-Seille	6,01	Novéant	Marieulles	1374
1375	*Marly	1 068,13	569	133	702	321	1 023	13	1 123	970	8	2	46	»	Marly	0,00	Marly	Marly	1375
1376	*Mécleuves	1 287,04	159	128	287	—	287	15	291	277	10	—	—	»	Courcelles-sur-Nied	4,00	Courcelles-sur-Nied	Mécleuves	1376
1377	Moncheux	754,10	123	5	128	—	128	6	146	128	—	—	—	Solgne	Liocourt	3,00	Liocourt	Moncheux	1377
1378	Orny	723,83	207	12	219	3	222	11	203	222	—	—	—	Verny	Pommérieux-Verny	5,40	Verny	Orny	1378
1379	Pagny-lès-Goin	509,00	173	6	179	—	179	1	200	179	—	—	—	Solgne	Louvigny	1,80	»	Pagny-lès-Goin	1379
1380	*Peltre	836,73	491	40	531	274	805	41	772	801	4	—	—	Metz II	Peltre	0,00	Peltre	Peltre	1380
1381	Pommérieux	420,38	207	81	288	—	288	23	228	272	16	—	—	Verny	Pommérieux-Verny	1,00	Verny	Pommérieux	1381
1382	Pontoy	1 088,58	208	8	216	—	216	5	240	216	—	—	—	»	Sanry-sur-Nied	6,00	Solgne	Pontoy	1382
1383	Pouilly	510,55	188	17	205	—	205	3	202	205	—	—	—	»	Coin-lès-Cuvry	3,00	Magny	Pouilly	1383
1384	Pournoy-la-Chétive	255,00	118	—	118	—	118	10	177	114	4	—	—	»	Coin-sur-Seille	2,30	Coin-sur-Seille	Pournoy-la-Chétive	1384
1385	Pournoy-la-Grasse	707,85	165	13	178	—	178	5	164	178	—	—	—	»	Pommérieux-Verny	2,14	Verny	Pournoy-la-Grasse	1385
1386	Sailly	564,70	144	6	150	—	150	3	172	150	—	—	—	Solgne	Secourt-Solgne	2,34	Solgne	Sailly	1386
1387	Saint-Jure	1 051,37	295	—	295	—	295	1	154	295	—	—	—	»	Louvigny	2,00	Louvigny	Saint-Jure	1387
1388	Secourt	730,00	188	23	211	—	211	4	227	211	—	—	—	»	Secourt-Solgne	2,00	Solgne	Secourt	1388
1389	Sillegny	1 045,51	209	37	246	—	246	5	259	245	1	—	—	Verny	Pommérieux-Verny	3,00	Sillegny	Sillegny	1389
1390	Silly-en-Saulnois	231,45	39	—	39	—	39	4	41	39	—	—	—	Solgne	Secourt-Solgne	3,00	Solgne	Silly-en-Saulnois	1390
1391	*Solgne	726,11	284	66	350	—	350	6	385	340	10	—	—	»	»	2,07	»	Solgne	1391
1392	Verny	386,00	202	10	212	—	212	1	219	196	1	15	—	Verny	Pommérieux-Verny	1,00	Verny	Verny	1392
1393	Vigny	602,00	255	—	255	—	255	15	259	254	1	—	—	Solgne	Vigny	0,00	Solgne	Vigny	1393
1394	Vulmont	321,07	63	—	63	—	63	4	80	63	—	—	—	»	Liocourt	4,00	Liocourt	Vulmont	1394

5. — Canton de Vigy.

Nombre de communes : 24. — *Superficie :* 19 022,00 hectares. — *Population totale :* 6 604.

Numéro d'ordre	Commune	Superficie en ha	agglomérée au chef-lieu	éparse	totale	comptée à part	Total général	dont étrang.	Pop. 1921	Catholiques	Protestants	Israélites	autres ou non déclarée	Bureau de Perception	Nom de la gare	Distance en km	Bureau de Poste	Commune	Numéro d'ordre
1395	Antilly	471,00	104	16	120	—	120	25	120	120	—	—	—	Vigy	Vigy	2,00	Antilly	Antilly	1395
1396	Argancy	1 145,00	203	278	481	42	523	47	584	522	1	—	—	»	»	7,00	»	Argancy	1396
1397	Ay-sur-Moselle	495,10	315	70	385	—	385	56	402	363	22	—	—	»	Hagondange	4,00	Ay-sur-Moselle	Ay-sur-Moselle	1397
1398	Burtoncourt	510,15	171	—	171	—	171	—	169	171	—	—	—	»	Piblange	3,00	[illegible]	Burtoncourt	1398

Numéro d'ordre	Commune	Superficie en ha	Population municipale (1926) agglomérée	éparse	totale	Population comptée à part (1926)	Population totale au 7 mars 1926 Total général	dont étrang.	Population totale au 6 mars 1921	Religion Chrétiens Catholiques	Protestants	Israélites	autre ou non déclarée	Bureau de Perception	Station de chemin de fer Nom de la gare	Distance en km	Bureau de Postes	Commune	Numéro d'ordre
1399	Chailly-lès-Ennery	729,78	174	15	189	—	189	3	202	189	—	—	—	Vigy	Vigy	5,78	Ay-sur-Moselle	Chailly-lès-Ennery	1399
1400	Charleville	1 283,10	134	79	213	53	266	1	202	236	29	—	1	»	Condé-Northen	5,14	Boulay	Charleville	1400
1401	Charly	678,17	147	33	180	25	205	4	222	205	—	—	—	»	Sanry-lès-Vigy	4,53	Antilly	Charly	1401
1402	Ennery	730,12	387	10	397	—	397	19	378	354	11	32	—	»	Maizières-l.-Metz	4,80	Ay-sur-Moselle	Ennery	1402
1403	Failly	398,96	173	4	177	—	177	—	185	177	—	—	—	»	Failly	0,97	Noisseville	Failly	1403
1404	Flévy	1 156,00	193	34	227	—	227	23	223	185	15	—	27	»	Maizières-l.-Metz	7,40	Ay-sur-Moselle	Flévy	1404
1405	Glatigny	622,56	114	17	131	—	131	4	144	131	—	—	—	»	Landonvillers	5,19	Landonvillers	Glatigny	1405
1406	Hayes	1 198,47	146	22	168	14	182	12	159	181	1	—	—	»	»	5,30	»	Hayes	1406
1407	Les Étangs	605,55	244	—	244	—	244	8	243	216	15	13	—	Courcelles-Chaussy	»	1,23	»	Les Étangs	1407
1408	Malroy	353,82	172	—	172	—	172	29	182	172	—	—	—	Vigy	Failly	6,24	Antilly	Malroy	1408
1409	Noisseville	268,70	138	27	165	—	165	3	158	162	3	—	—	»	Nouilly	1,53	Noisseville	Noisseville	1409
1410	*Nouilly	250,16	163	21	184	—	184	3	163	181	3	—	—	»	»	0,30	»	Nouilly	1410
1411	Sainte-Barbe	1 117,95	89	218	307	—	307	6	340	304	3	—	—	»	Failly	4,14	»	Sainte-Barbe	1411
1412	Saint-Hubert	1 694,25	98	80	178	—	178	9	171	177	1	—	—	»	St-Hubert	0,98	Vigy	Saint-Hubert	1412
1413	Sanry-lès-Vigy	559,67	140	86	226	—	226	8	222	225	1	—	—	»	Sanry-lès-Vigy	0,02	»	Sanry-lès-Vigy	1413
1414	Servigny-l.-Ste-B.	308,78	182	68	250	—	250	—	235	250	—	—	—	»	Nouilly	2,32	Noisseville	Servigny-lès-Ste-Barbe	1414
1415	Trémery	767,66	251	8	259	—	259	5	271	258	1	—	—	»	Hagondange	5,78	Ay-sur-Moselle	Trémery	1415
1416	Vigy	1 707,91	515	90	605	—	605	20	608	594	8	3	—	»	Vigy	0,40	Vigy	Vigy	1416
1417	Vrémy	280,50	82	16	98	—	98	—	106	98	—	—	—	»	Failly	2,01	Noisseville	Vrémy	1417
1418	Vry	1 510,35	152	111	263	—	263	6	291	260	3	—	—	»	Vigy	4,55	Vigy	Vry	1418

V. — Arrondissement de Metz-Ville.

3 Cantons composant la Ville de Metz.

Numéro d'ordre	Commune	Superficie en ha	agglomérée	éparse	totale	comptée à part	Total général	dont étrang.	1921	Catholiques	Protestants	Israélites	autre ou non déclarée	Bureau de Perception	Nom de la gare	Distance en km	Bureau de Postes	Commune	Numéro d'ordre
1419	Metz	1 988,24	63 125	—	63 125	6 490	[illegible]	11 648	62 311	59 318	4 188	[illegible] 250	2 364	Metz I	Metz Gare Centr.	1,18	Metz	Metz	1419

VI. — Arrondissement de Sarrebourg.

5 Cantons : Fénétrange, Lorquin, Phalsbourg, Réchicourt-le-Château, Sarrebourg.

Nombre de communes : 105. — Superficie : 100 [illegible] hectares. — Population totale : 54 307.

1. — Canton de Fénétrange.

Nombre de communes : 21. — Superficie : 19 [illegible] hectares. — Population totale : 8 301.

Numéro d'ordre	Commune	Superficie en ha	agglomérée	éparse	totale	comptée à part	Total général	dont étrang.	1921	Catholiques	Protestants	Israélites	autre ou non déclarée	Bureau de Perception	Nom de la gare	Distance en km	Bureau de Postes	Commune	Numéro d'ordre
1420	Angviller-lès-Bisping	545,29	106	—	106	—	106	—	123	106	—	—	—	Fénétrange	Loudrefing	5,10	Bisping	Angviller-lès-Bisping	1420
1421	Berthelming	1 070,80	587	82	669	21	690	2	671	667	19	4	—	»	Berthelming	0,72	Berthelming	Berthelming	1421
1422	Bettborn	656,63	270	3	273	—	273	3	278	262	11	—	—	»	»	2,57	»	Bettborn	1422
1423	Bickenholtz	246,41	120	—	120	—	120	1	135	112	8	—	—	»	Schalbach	1,70	Lixheim	Bickenholtz	1423
1424	Bisping	2 079,95	245	49	294	—	294	1	312	265	29	—	—	»	Loudrefing	6,90	Bisping	Bisping	1424
1425	Dolving	664,20	358	21	379	—	379	—	392	379	—	—	—	»	Oberstinzel	3,20	Gosselming	Dolving	1425
1426	Fénétrange	1 448,56	840	45	885	60	945	10	1 092	65	24	—	554	»	Fénétrange	0,60	Fénétrange	Fénétrange	1426
1427	Fleisheim	410,90	172	—	172	—	172	—	190	163	9	—	—	»	Schalbach	3,70	Lixheim	Fleisheim	1427
1428	Gosselming	1 015,42	493	24	517	—	517	2	507	497	8	12	—	»	Berthelming	3,00	Gosselming	Gosselming	1428
1429	Hellering	404,65	238	3	241	—	241	—	270	81	153	—	7	»	Oberstinzel	4,00	Fénétrange	Hellering	1429
1430	Hilbesheim	753,27	409	10	419	—	419	—	431	419	—	—	—	»	Sarraltroff	3,50	Sarraltroff	Hilbesheim	1430
1431	Mittersheim	1 739,47	573	16	589	—	589	2	624	365	219	5	—	»	Mittersheim	2,14	Mittersheim	Mittersheim	1431
1432	Niederstinzel	1 235,00	365	—	365	—	365	4	397	177		—	—	»	Niederstinzel	0,46	Niederstinzel	Niederstinzel	1432
1433	Oberstinzel	507,30	204	28	232	—	232	10	240	225		—	—	»	Oberstinzel	1,35	Berthelming	Oberstinzel	1433
1434	Postroff	509,20	365	—	365	—	365	1	404	169		—	—	»	Fénétrange	4,45	Fénétrange	Postroff	1434
1435	Romelfing	1 059,76	449	11	460	—	460	2	456	474		—	—	»	»	2,20	»	Romelfing	1435
1436	St-Jean-de-Bassel	1 004,97	281	—	281	294	575	21	519	564		—	—	»	Berthelming	2,60	Berthelming	St-Jean-de-Bassel	1436
1437	Sarraltroff	1 197,86	580	17	597	—	597	2	620	569		—	—	»	Sarraltroff	0,45	Sarraltroff	Sarraltroff	1437
1438	Schalbach	1 257,78	508	—	508	—	508	3	521	348		15	—	»	Schalbach	0,30	Schalbach	Schalbach	1438
1439	Veckersviller	479,00	484	—	484	—	484	—	487	484		—	—	»	Sewiller	2,60	»	Veckersviller	1439
1440	Vieux-Lixheim	644,00	251	5	256	—	256	1	280	254		—	—	»	Sarraltroff	6,00	Lixheim	Vieux-Lixheim	1440

Numéro d'ordre	Commune	Superficie en ha	Population municipale (1926) agglomérée	éparse	totale	Population comptée à part (1926)	Population totale au 7 mars 1926 Total général	dont étrang.	Population totale au 6 mars 1921	Religion Chrétiens Catholiques	Protestants	Israélites	autre ou non déclarée	Bureau de Perception	Station de chemin de fer Nom de la gare	Distance en km	Bureau de Poste	Commune	Numéro d'ordre
	2. — Canton de Lorquin. Nombre de communes : 18. — Superficie : 21 6[illegible] hectares. — Population totale : 6 349.																		
1441	Abreschviller	4 127,[illegible]	950	273	1 223	76	[illegible]	33	1 355	1 2[illegible]	46	8	9	Lorquin	Abreschviller	0,52	Abreschviller	Abreschviller	1441
1442	Aspach	405,78	84	—	84	—	84	1	92	88	1	—	—	»	Lorquin	4,37	Lorquin	Aspach	1442
1443	Fraquelfing	452,48	137	—	137	—	137	—	152	137	—	—	—	»	»	5,12	»	Fraquelfing	1443
1444	Hattigny	1 324,17	298	—	298	—	[illegible]	16	298	297	1	—	—	»	»	6,46	»	Hattigny	1444
1445	Héming	368,80	492	—	492	—	[illegible]	34	492	455	34	—	3	»	Héming	0,21	Héming	Héming	1445
1446	Hermelange	257,83	158	—	158	—	[illegible]	—	168	158	—	—	—	»	Nitting	1,86	Lorquin	Hermelange	1446
1447	Lafrimbolle	1 072,71	130	228	358	—	[illegible]	20	364	290	68	—	—	»	»	9,86	St-Quirin	Lafrimbolle	1447
1448	Landange	484,87	218	—	218	—	213	6	270	189	24	—	—	»	Gondrexange	2,02	Lorquin	Landange	1448
1449	Laneuveville-lès-Lorquin	224,38	104	—	104	—	104	1	104	104	—	—	—	»	Nitting	3,61	»	Laneuveville-lès-Lorquin	1449
1450	Lorquin	873,22	715	24	739	44	783	24	1 108	750	18	—	15	»	Lorquin	1,10	»	Lorquin	1450
1451	Métairies-St-Quirin	866,30	—	241	241	—	241	4	242	211	30	—	—	»	Barville-Bas	5,30	Niderhoff	Métairies-St-Quirin	1451
1452	Neufmoulins	192,74	38	—	38	—	38	1	50	38	—	—	—	»	Héming	1,21	Héming	Neufmoulins	1452
1453	Niderhoff	529,40	314	14	328	—	[illegible]	3	314	320	8	—	—	»	Nitting	5,07	Niderhoff	Niderhoff	1453
1454	Nitting	866,39	231	63	294	—	294	9	308	285	9	—	—	»	»	0,66	Lorquin	Nitting	1454
1455	Saint-Quirin	5 285,10	648	169	817	—	817	10	896	806	11	—	—	»	Vasperviller-St.-Quirin	4,15	St-Quirin	Saint-Quirin	1455
1456	Turquestein	3 015,23	—	70	70	—	70	1	66	64	6	—	—	»	»	10,86	»	Turquestein	1456
1457	Vasperviller	158,20	240	—	240	—	[illegible]	8	244	238	2	—	—	»	»	1,47	Abreschviller	Vasperviller	1457
1458	Voyer	448,33	395	5	400	—	[illegible]	7	377	398	2	—	—	»	Barville-Bas	2,76	»	Voyer	1458
	3. — Canton de Phalsbourg. Nombre de communes : 26. — Superficie : 13 285,94 hectares. — Population totale : 14 628.																		
1459	Arzviller	511,92	479	23	502	—	[illegible]	2	529	498	4	—	—	Sarrebourg II	Arzviller	2,10	Arzviller	Arzviller	1459
1460	Berling	313,80	237	26	263	—	[illegible]	—	285	2	261	—	—	Phalsbourg	Berling	0,38	Berling	Berling	1460
1461	Bourscheid	389,87	85	—	85	—	[illegible]	—	104	80	11	—	4	»	Maisons-Rouges	4,57	Mittelbronn	Bourscheid	1461
1462	Brouviller	398,21	352	14	366	—	[illegible]	4	408	366	—	—	—	»	Réding	6,16	Lixheim	Brouviller	1462
1463	Dabo	4 823,[illegible]	1 252	1 752	3 004	—	[illegible]	8	2 966	2 8[illegible]	[illegible]	—	1	Sarrebourg II	Lutzelbourg	13,80	Dabo	Dabo	1463
1464	Danne-et-Quatre-Vents	722,91	482	25	507	7	[illegible]	2	540	519	1	—	3	Phalsbourg	Phalsbourg	2,92	Phalsbourg	Danne-et-Quatre-Vents	1464
1465	Dannelbourg	289,91	298	—	298	—	[illegible]	4	327	298	—	—	—	»	Lutzelbourg	2,05	Lutzelbourg	Dannelbourg	1465
1466	Garrebourg	884,82	553	27	580	—	[illegible]	8	377	572	8	—	—	»	»	3,17	»	Garrebourg	1466
1467	Guntzviller	524,80	344	12	356	—	[illegible]	6	370	356	—	—	—	Sarrebourg II	Arzviller	3,06	Arzviller	Guntzviller	1467
1468	Hangviller	450,62	322	10	332	—	[illegible]	8	330	8	[illegible]	—	—	Phalsbourg	Berling	1,70	Metting	Hangviller	1468
1469	Hazelbourg	610,00	293	48	341	—	341	5	392	8	[illegible]	—	—	Sarrebourg II	Lutzelbourg	7,80	Schaeferhof	Hazelbourg	1469
1470	Henridorff	781,80	566	66	632	21	[illegible]	6	646	[illegible]	14	—	—	Phalsbourg	Arzviller	4,04	Lutzelbourg	Henridorff	1470
1471	Hérange	273,40	113	—	113	—	112	1	117	113	—	—	—	»	Maisons-Rouges	6,70	Lixheim	Hérange	1471
1472	Hultehouse	457,94	344	2	346	—	[illegible]	—	363	345	1	—	—	»	Lutzelbourg	3,00	Lutzelbourg	Hultehouse	1472
1473	Lixheim	412,30	566	4	570	34	[illegible]	11	640	[illegible]	145	70	2	»	Réding	6,40	Lixheim	Lixheim	1473
1474	Lutzelbourg	577,24	608	12	620	—	[illegible]	22	612	584	[illegible]	—	1	»	Lutzelbourg	0,54	Lutzelbourg	Lutzelbourg	1474
1475	Metting	560,80	342	—	342	—	[illegible]	2	388	107	[illegible]	—	—	»	Berling	3,35	Metting	Metting	1475
1476	Mittelbronn	771,80	554	6	560	—	[illegible]	4	544	521	24	10	5	»	Maisons-Rouges	1,77	Mittelbronn	Mittelbronn	1476
1477	Phalsbourg	1 294,60	1 2[illegible]	1 156	2 425	51	2 476	61	3 073	1 5[illegible]	[illegible]	[illegible]	8	»	Phalsbourg	0,92	Phalsbourg	Phalsbourg	1477
1478	St-Jean-Kourtzerode	282,96	155	35	190	—	[illegible]	—	201	167	[illegible]	—	—	»	Maisons-Rouges	4,90	Mittelbronn	St-Jean-Kourtzerode	1478
1479	Saint-Louis	919,80	703	102	805	—	[illegible]	42	846	[illegible]	22	—	—	Sarrebourg II	Arzviller	4,05	Arzviller	Saint-Louis	1479
1480	Vescheim	182,11	216	—	216	—	[illegible]	—	[illegible]	216	—	—	—	Phalsbourg	Berling	1,51	Berling	Vescheim	1480
1481	Vilsberg	500,91	412	42	454	—	[illegible]	5	[illegible]	[illegible]	16	—	—	»	Vilsberg	0,62	»	Vilsberg	1481
1482	Waltembourg	130,80	91	—	91	—	[illegible]	—	105	82	9	—	—	»	Maisons-Rouges	5,25	Mittelbronn	Waltembourg	1482
1483	Wintersbourg	385,80	219	—	219	—	[illegible]	2	[illegible]	18	201	—	—	»	Berling	4,65	»	Wintersbourg	1483
1484	Zilling	357,96	285	—	285	—	[illegible]	—	[illegible]	281	4	—	—	»	Maisons-Rouges	3,76	»	Zilling	1484
	4. — Canton de Réchicourt-le-Château. Nombre de communes : 15. — Superficie : 19 8[illegible] hectares. — Population totale : 5 624.																		
1485	Assenoncourt	1 647,87	[illegible]	17	[illegible]	—	[illegible]	—	270	[illegible]		—	—	Réchicourt-le-Château	Gelucourt	4,80	Maizières-l.-Vic	Assenoncourt	1485
1486	Avricourt	1 094,87	[illegible]	[illegible]	[illegible]	7	[illegible]	48	[illegible]	[illegible]		—	9	»	Nouvel-Avricourt	1,[illegible]	Nouvel-Avricourt	Avricourt	1486
1487	Azoudange	1 561,80	220	51	271	—	[illegible]	9	[illegible]	[illegible]		—	—	»	Azoudange	1,[illegible]	Maizières-lès-Vic	Azoudange	1487
1488	Desseling	694,87	[illegible]	—	[illegible]	—	[illegible]	1	164	[illegible]		—	—	»	»	12,[illegible]	Languimberg	Desseling	1488

Numéro d'ordre	Commune	Superficie en ha	Population municipale (1926) agglomérée au chef-lieu	éparse	totale	Population comptée à part (1926)	Population totale au 7 mars 1926 Total général	dont étrang.	Population totale au 6 mars 1921	Religion Chrétiens Catholiques	Protestants	Israélites	autres ou non déclarée	Bureau de Perception	Station de chemin de fer Nom de la gare	Distance en km	Bureau de Poste	Commune	Numéro d'ordre
1489	Foulcrey	1 234,12	475	5	480	—	480	6	517	479	1	—	—	Réchicourt-le-Château	Réchicourt-le-Château	4,37	Foulcrey	Foulcrey	1489
1490	Fribourg	1 741,03	220	21	241	—	241	9	265	220	21	—	—	»	Azoudange	9,02	Languimberg	Fribourg	1490
1491	Gondrexange	2 920,79	576	20	596	—	596	1	625	588	8	—	—	»	Gondrexange	0,56	Gondrexange	Gondrexange	1491
1492	Guermange	1 848,16	209	15	224	—	224	3	244	224	—	—	—		Gelucourt	9,40	Languimberg	Guermange	1492
1493	Hertzing	160,83	150	6	156	—	156	6	161	155	1	—	—	»	Héming	1,55	Héming	Hertzing	1493
1494	Ibigny	477,75	78	50	128	—	128	1	117	128	—	—	—	»	Réchicourt-le-Château	5,90	Foulcrey	Ibigny	1494
1495	Languimberg	1 838,09	268	21	289	—	289	3	300	282	7	—	—	»	Azoudange	6,37	Languimberg	Languimberg	1495
1496	Moussey	766,58	262	30	292	3	295	8	340	289	6	—	—	»	Moussey	3,17	Nouvel-Avricourt	Moussey	1496
1497	Réchicourt-le-Château	2 545,83	541	76	617	—	617	3	623	607	10	—	—	»	Réchicourt-le-Château	0,77	Réchicourt-le-Château	Réchicourt-le-Château	1497
1498	Richeval	391,07	133	34	167	—	167	2	177	166	1	—	—	»	Gondrexange	6,24	Foulcrey	Richeval	1498
1499	Saint-Georges	834,56	246	—	246	—	246	2	236	242	4	—	—	»	»	3,78	Lorquin	Saint-Georges	1499

5. — Canton de Sarrebourg.

Nombre de communes : 25. — *Superficie* : **22 852,16** hectares. — *Population totale* : **20 095.**

Numéro d'ordre	Commune	Superficie en ha	Agglomérée	Éparse	Totale	Comptée à part	Total général	dont étrang.	Pop. 1921	Catholiques	Protestants	Israélites	Autres	Bureau de Perception	Nom de la gare	Distance en km	Bureau de Poste	Commune	Numéro d'ordre
1500	Barchain	169,20	101	–	101	—	101	7	101	101	—	—	—	Sarrebourg I	Héming	2,63	Héming	Barchain	1500
1501	Bébing	957,45	126	29	155	—	155	—	169	129	26	—	—	»	Imling	2,35	»	Bébing	1501
1502	*Biberkirch	284,42	595		595	—	595	5	650	592	3	—	—	Sarrebourg II	Vallérysthal-Tr.-Fontaines	1,20	Vallérysthal-Tr.-Fontaines	Biberkirch	1502
1503	Brouderdorff	179,02	503	5	508	—	508	1	535	494	13	—	1	»	»	5,19	Niderviller	Brouderdorff	1503
1504	*Buhl-Lorraine	1 153,1.	623	61	684	—	684	9	709	670	7	—	7	Sarrebourg I	Sarrebourg	3,30	Sarrebourg	Buhl-Lorraine	1504
1505	Diane-Capelle	725,23	235	35	270	8	278	7	312	263	7	—	8	»	Héming	5,38	Héming	Diane-Capelle	1505
1506	Harreberg	620,86	246	76	322	—	322	1	347	322	—	—	—	Sarrebourg II	Vallérysthal-Tr.-Fontaines	4,91	Harreberg	Harreberg	1506
1507	Hartzviller	414,42	789	–	789	—	789	2	887	789	—	—	—	Sarrebourg I	Hartzviller	0,24	Hartzviller	Hartzviller	1507
1508	Haut-Clocher	1 143,66	338	34	372	—	372	2	362	363	9	—	—	»	Sarrebourg	5,28	Langatte	Haut-Clocher	1508
1509	Hesse	1 284,58	502	33	535	16	551	29	564	528	23	—	—	»	Hesse	0,28	Hesse	Hesse	1509
1510	*Hoff	853,02	519	322	841	—	841	12	813	790	45	1	5	»	Sarrebourg	1,80	Sarrebourg	Hoff	1510
1511	Hommarting	1 012,24	600	45	645	—	645	7	668	628	17	—	—	»	Réding	4,04	Arzviller	Hommarting	1511
1512	Hommert	348,63	300	102	402	—	402	—	414	402	—	—	—	Sarrebourg II	Vallérysthal-Tr.-Fontaines	5,55	Harreberg	Hommert	1512
1513	*Imling	645,37	502	15	517	75	592	119	548	431	86	—	75	Sarrebourg I	Imling	0,22	Imling	Imling	1513
1514	Kerprich-aux-Bois	808,50	180	4	184	—	184	1	188	183	1	—	—	»	Héming	6,26	Héming	Kerprich-aux-Bois	1514
1515	Langatte	1 295,84	523	16	539	—	539	5	583	517	6	16	—	»	Sarrebourg	7,12	Langatte	Langatte	1515
1516	Niderviller	1 089,34	798	94	892	—	892	24	865	856	36	.	—	Sarrebourg II	»	5,71	Niderviller	Niderviller	1516
1517	Plaine-de-Walsch	496,25	328	83	411	—	411	1	419	411	—	—	—	»	Vallérysthal-Tr.-Fontaines	3,75	Vallérysthal-Tr.-Fontaines	Plaine-de-Walsch	1517
1518	Réding	1 149,50	605	625	1 230	12	1 242	28	1 214	1 202	28	—	12	Sarrebourg I	Réding	1,22	Réding	Réding	1518
1519	Rhodes	1 526,91	102	10	112	—	112	1	126	100	11	—	1	»	Azoudange	10,86	Languimberg	Rhodes	1519
1520	*Sarrebourg	815,70	5 776	49	5 825	660	6 485	319	8 330	4 798	1 029	285	378	»	Sarrebourg	0,40	Sarrebourg	Sarrebourg	1520
1521	Schneckenbusch	212,40	237	11	248	—	248	1	232	234	14	—	—	»	Hesse	4,07	Niderviller	Schneckenbusch	1521
1522	Trois-Fontaines	1 008,02	892	236	1 128	—	1 128	16	1 200	1 112	16	—	—	Sarrebourg II	Vallérysthal-Tr.-Fontaines	0,46	Vallérysthal-Tr.-Fontaines	Trois-Fontaines	1522
1523	Walscheid	3 834,54	1 227	554	1 781	—	1 781	6	1 912	1 781	—	—	—	»	»	4,34	Walscheid	Walscheid	1523
1524	Xouaxange	514,02	225	13	238	—	238	16	255	238	—	—	—	Sarrebourg I	Héming	3,00	Héming	Xouaxange	1524

VII. — Arrondissement de Sarreguemines.

4 Cantons : **Bitche, Rohrbach, Sarreguemines, Volmunster.**

Nombre de communes : **73.** — *Superficie* : **79 577,37** hectares. — *Population totale* : **68 587.**

1. — Canton de Bitche.

Nombre de communes : **17.** — *Superficie* : **30 167,89** hectares. — *Population totale* : **14 166.**

Numéro d'ordre	Commune	Superficie en ha	Agglomérée	Éparse	Totale	Comptée à part	Total général	dont étrang.	Pop. 1921	Catholiques	Protestants	Israélites	Autres	Bureau de Perception	Nom de la gare	Distance en km	Bureau de Poste	Commune	Numéro d'ordre
1525	*Baerenthal	3 918,66	458	187	645	—	645	5	795	85	550	3	7	Bitche	Philippsbourg	3,00	Baerenthal	Baerenthal	1525
1526	Bitche	4 125,55	2 327	250	2 577	909	3 486	100	3 151	2 925	267	54	260	»	Bitche	0,30	Bitche	Bitche	1526
1527	Eguelshardt	1 679,30	178	234	412	—	412	—	450	394	18	—	—	»	Eguelshardt	0,74	Eguelshardt	Eguelshardt	1527
1528	*Goetzenbruck	415,20	921	21	942	—	942	4	980	931	9	—	2	»	Lemberg	2,00	Goetzenbruck	Goetzenbruck	1528
1529	*Hanviller	365,64	316	24	340	—	340	8	358	335	5	—	—	»	Bitche	7,34	Hanviller	Hanviller	1529
1530	*Haspelschiedt	2 512,99	489	6	495	—	495	6	512	490	5	—	—	»	»	7,05	Haspelschiedt	Haspelschiedt	1530
1531	*Lemberg	1 084,91	1 517	34	1 551	—	1 551	11	1 501	1 534	17	—	—	»	Lemberg	0,07	Lemberg	Lemberg	1531
1532	*Liederschiedt	500,60	362	19	381	—	381	11	394	378	3	—	—	»	Bitche	12,70	Hanviller	Liederschiedt	1532
1533	*Meisenthal	628,88	667	210	877	—	877	5	842	865	12	—	—	»	Meisenthal	0,00	Meisenthal	Meisenthal	1533

Numéro d'ordre	Commune	Superficie en ha	Population municipale (1926) agglomérée au chef-lieu	éparse	totale	Population comptée à part (1926)	Population totale au 7 mars 1926 Total général	dont étrang.	Population totale au 6 juin 1921	Religion Chrétiens Catholiques	Protestants	Israélites	autre ou non déclarée	Bureau de Perception	Station de chemin de fer Nom de la gare	Distance en km	Bureau de Poste	Commune	Numéro d'ordre
1534	Mouterhouse	4 540,97	184	316	500	—	500	10	476	312	188	—	—	Bitche	Bannstein	5,50	Mouterhouse	Mouterhouse	1534
1535	Philippsbourg	2 386,13	485	—	485	—	485	3	513	46	428	—	1	»	Philippsbourg	0,26	Philippsbourg	Philippsbourg	1535
1536	*Reyersviller	881,55	350	—	350	—	350	—	280	344	6	—	—	»	Bitche	5,37	Bitche	Reyersviller	1536
1537	*Reppeviller	1 376,93	325	13	338	—	338	6	266	338	—	—	—	»	»	13,94	Haspelschiedt	Reppeviller	1537
1538	St-Louis-lès-Bitche	452,74	825	—	825	4	829	8	815	812	3	—	4	»	St-Louis-l.-Bitche	1,42	St-Louis-l.-Bitche	St-Louis-lès-Bitche	1538
1539	*Sarreinsberg	331,70	1 005	267	1 272	—	1 272	2	1 244	1 270	2	—	—	»	Lemberg	3,01	Goetzenbruck	Sarreinsberg	1539
1540	*Schorbach	1 325,97	967	24	991	—	991	14	1 017	974	17	—	—	»	Bitche	5,21	Schorbach	Schorbach	1540
1541	Sturzelbronn	3 255,01	142	130	272	—	272	7	271	272	—	—	—	»	Philippsbourg	9,42	Sturzelbronn	Sturzelbronn	1541

2. — Canton de Rohrbach.

Nombre de communes : 15. — Superficie : 18 218,70 hectares. — Population totale : 13 857.

Numéro d'ordre	Commune	Superficie en ha	Population municipale (1926) agglomérée au chef-lieu	éparse	totale	Population comptée à part (1926)	Population totale au 7 mars 1926 Total général	dont étrang.	Population totale au 6 juin 1921	Religion Chrétiens Catholiques	Protestants	Israélites	autre ou non déclarée	Bureau de Perception	Station de chemin de fer Nom de la gare	Distance en km	Bureau de Poste	Commune	Numéro d'ordre
1542	Achen	1 211,86	771	25	796	—	796	3	849	788	8	—	—	Rohrbach	Kalhausen	5,32	Achen	Achen	1542
1543	Bettviller	1 841,84	355	602	960	—	960	3	972	954	6	—	—	»	Rohrbach	3,75	Rohrbach	Bettviller	1543
1544	Bining	1 591,00	1 050	63	1 113	—	1 113	2	1 110	1 112	1	—	—	»	»	2,91	»	Bining	1544
1545	Enchenberg	972,77	1 042	74	1 116	—	1 116	8	1 127	1 116	—	—	—	»	Enchenberg	0,32	Enchenberg	Enchenberg	1545
1546	Etting	706,06	681	—	681	—	681	—	670	681	—	—	—	»	Kalhausen	4,72	Achen	Etting	1546
1547	Gros-Réderching	1 572,91	711	297	1 008	—	1 008	20	932	1 004	4	—	—	»	Rohrbach	3,75	Rohrbach	Gros-Réderching	1547
1548	Kalhausen	1 332,09	707	143	850	—	850	36	888	822	28	—	—	»	Kalhausen	2,70	Kalhausen	Kalhausen	1548
1549	Lambach	553,93	423	212	635	—	635	—	659	633	2	—	—	»	Enchenberg	3,90	Enchenberg	Lambach	1549
1550	Montbronn	1 498,85	1 542	115	1 657	—	1 657	1	1 652	1 657	—	—	—	»	St-Louis-l.-Bitche	3,10	Montbronn	Montbronn	1550
1551	Petit-Réderching	1 100,21	729	186	915	—	915	3	878	896	19	—	—	»	Petit-Réderching	1,11	Petit-Réderching	Petit-Réderching	1551
1552	Rahling	2 130,15	825	45	870	—	870	—	885	861	9	—	—	»	Diemeringen	6,78	Rahling	Rahling	1552
1553	Rohrbach	1 328,16	968	101	1 069	—	1 069	20	1 152	1 063	6	—	—	»	Rohrbach	1,74	Rohrbach	Rohrbach	1553
1554	Schmittviller	233,25	371	—	371	—	371	2	372	371	—	—	—	»	Oermingen	5,00	Kalhausen	Schmittviller	1554
1555	Siersthal	1 051,08	755	2	757	48	800	11	890	798	2	—	—	»	Petit-Réderching	5,05	Petit-Réderching	Siersthal	1555
1556	Soucht	1 075,43	959	57	1 016	—	1 016	1	1 049	996	20	—	—	»	Soucht	0,64	Meisenthal	Soucht	1556

3. — Canton de Sarreguemines.

Nombre de communes : 25. — Superficie : 17 941,84 hectares. — Population totale : 33 429.

Numéro d'ordre	Commune	Superficie en ha	Population municipale (1926) agglomérée au chef-lieu	éparse	totale	Population comptée à part (1926)	Population totale au 7 mars 1926 Total général	dont étrang.	Population totale au 6 juin 1921	Religion Chrétiens Catholiques	Protestants	Israélites	autre ou non déclarée	Bureau de Perception	Station de chemin de fer Nom de la gare	Distance en km	Bureau de Poste	Commune	Numéro d'ordre
1557	*Bliesbruck	1 067,07	761	15	776	—	776	42	796	747	13	16	—	Sarreguemines II	Bliesbruck	0,40	Bliesbruck	Bliesbruck	1557
1558	*Blies-Ebersing	523,70	348	32	380	—	380	18	351	362	18	—	—	»	Blies-Ebersing	0,46	»	Blies-Ebersing	1558
1559	Blies-Guersviller	359,79	375	—	375	—	375	21	371	373	2	—	—	»	Sarreguemines	5,87	Sarreguemines	Blies-Guersviller	1559
1560	Folpersviller	244,[illegible]	520	—	520	—	520	19	546	517	3	—	—	»	Folpersviller	1,50	Frauenberg	Folpersviller	1560
1561	Frauenberg	274,99	425	—	425	—	425	38	448	400	4	20	1	»	Blies-Ebersing	2,70	»	Frauenberg	1561
1562	Grosbliederstroff	1 300,0[illegible]	2 193	50	2 243	—	2 243	145	2 180	2 073	41	126	3	Sarreguemines I	Sarreguemines [1])	7,20	Grosbliederstroff	Grosbliederstroff	1562
1563	Grundviller	620,56	284	12	296	—	296	3	281	296	—	—	—	Sarreguemines II	Puttelange-l.-Farschviller	4,70	Puttelange-l.-Farschviller	Grundviller	1563
1564	Guebenhouse	441,05	357	—	357	—	357	1	359	356	—	—	1	»	»	3,20	»	Guebenhouse	1564
1565	Hambach	1 760,41	1 045	295	1 340	—	1 340	27	1 300	1 328	12	—	—	»	Hambach	0,31	Hambach	Hambach	1565
1566	Hundling	704,70	729	10	739	4	743	17	687	731	8	—	4	Sarreguemines I	Hundling	0,26	Hundling	Hundling	1566
1567	Ippling	322,76	485	—	485	—	485	11	451	478	7	—	—	»	Ippling	0,10	»	Ippling	1567
1568	Lixing-lès-Rouhling	421,[illegible]	427	—	427	—	427	5	427	427	—	—	—	»	Hundling [2])	8,70	Grosbliederstroff	Lixing-lès-Rouhling	1568
1569	Loupershouse	810,84	373	182	555	—	555	3	585	541	—	—	14	Sarreguemines II	Farschviller	0,98	Farschviller	Loupershouse	1569
1570	Neufgrange	716,50	544	74	618	52	670	19	633	662	8	—	—	» I	Neufgrange	0,52	Hambach	Neufgrange	1570
1571	Neunkirch-lès-Sarreguemines	831,83	1 877	—	1 877	14	1 891	76	1 911	1 867	26	—	1	Sarreguemines II	Folpersviller	2,18	Neunkirch	Neunkirch-lès-Sarreguemines	1571
1572	Remelfing	250,[illegible]	1 045	7	1 052	—	1 052	21	958	1 030	30	—	2	» I	Sarreinsming	1,35	Remelfing	Remelfing	1572
1573	Rouhling	602,13	471	4	475	—	475	8	474	475	—	—	—	»	Welferding	4,80	Grosbliederstroff	Rouhling	1573
1574	Sarreguemines	1 019,57	12 908	—	12 908	904	13 812	1 475	14 197	11 198	1 [illegible]	497	191	»	Sarreguemines	0,00	Sarreguemines	Sarreguemines	1574
1575	Sarreinsming	692,[illegible]	889	—	889	17	906	34	954	[illegible]	1	—	17	Sarreguemines II	Sarreinsming	0,86	Sarreinsming	Sarreinsming	1575
1576	*Welferding	842,92	1 433	—	1 433	8	1 441	16	1 642	1 402	36	—	3	Sarreguemines I	Sarreguemines	2,33	Welferding	Welferding	1576
1577	*Wiesviller	862,75	784	3	787	—	787	12	868	788	—	—	4	Sarreguemines II	Woelfling	2,57	Woelfling	Wiesviller	1577
1578	Wittring	805,6[illegible]	764	26	790	—	790	19	790	763	26	2	2	»	Wittring	0,87	Wittring	Wittring	1578
1579	Woelfling	[illegible]	482	—	482	—	482	1	469	476	6	—	—	»	Woelfling	2,00	Woelfling	Woelfling	1579
1580	Woustviller	1 096,[illegible]	502	14	516	—	516	23	481	509	7	—	—	»	Hundling	4,57	Hambach	Woustviller	1580
1581	Zetting	[illegible],32	670	—	670	5	675	6	680	671	4	—	—	Sarreguemines I	Zetting	0,38	Sarreinsming	Zetting	1581

1) Kleinblittersdorf (Sarre) 6,30 km. 2) Kleinblittersdorf (Sarre) 3,66 km.

4. — Canton de Volmunster.

Nombre de communes : 16. — *Superficie :* 13 249,71 hectares. — *Population totale :* 8 135.

Numéro d'ordre	Commune	Superficie en ha	Population municipale (1926) agglomérée au chef-lieu	éparse	totale	Population comptée à part (1926)	Population totale au 7 mars 1926 Total général	dont étrangers	Population totale au 6 mai 1921	Religion Chrétiens Catholiques	Protestants	Israélites	autre ou non déclarée	Bureau de Perception	Station de chemin de fer Nom de la gare	Distance en km	Bureau de Poste	Commune	Numéro d'ordre
1582	Bousseviller	400,96	248	—	248	—	248	3	232	248	—	—	—	Volmunster	Bitche	9,42	Hanviller	Bousseviller	1582
1583	Breidenbach	1 089,12	463	169	632	—	632	4	627	627	5	—	—	»	»	12,31	Breidenbach	Breidenbach	1583
1584	Epping	1 064,46	345	201	546	—	546	4	611	546	—	—	—	»	Rohrbach	9,67	Volmunster	Epping	1584
1585	Erching	676,23	379	11	390	—	390	1	403	390	—	—	—	»	Wœlfling	6,55	Rimling	Erching	1585
1586	Hottviller	831,6[illegible]	656	135	791	—	791	1	814	786	5	—	—	»	Petit-Réderching	6,70	Bitche	Hottviller	1586
1587	Lengelsheim	590,10	441	—	441	—	441	4	465	435	6	—	—	»	Bitche	9,71	Breidenbach	Lengelsheim	1587
1588	Loutzviller	321,67	259	—	259	—	259	4	277	259	—	—	—	»	»	16,00	Volmunster	Loutzviller	1588
1589	Nousseviller-lès-Bitche	485,00	174	59	233	—	233	—	245	233	—	—	—	»	»	8,00	Bitche	Nousseviller-lès-Bitche	1589
1590	Obergailbach	899,41	335	—	335	—	335	7	331	334	1	—	—	»	Wœlfling	5,33	Wœlfling	Obergailbach	1590
1591	Ormersviller	731,78	444	—	444	—	444	—	469	444	—	—	—	»	Rohrbach	12,23	Volmunster	Ormersviller	1591
1592	Rimling	1 326,00	590	—	590	—	590	2	598	590	—	—	—	»	Wœlfling	6,42	Rimling	Rimling	1592
1593	Rolbing	597,21	327	206	533	—	533	15	602	531	2	—	—	»	Bitche	19,00	Breidenbach	Rolbing	1593
1594	Schweyen	1 134,02	476	3	479	—	479	1	481	479	—	—	—	»	»	16,08	»	Schweyen	1594
1595	Volmunster	1 491,20	450	444	894	—	894	1	908	880	13	—	1	»	»	11,33	Volmunster	Volmunster	1595
1596	Waldhouse	657,77	538	3	541	—	541	4	549	536	5	—	—	»	»	13,26	Walschbronn	Waldhouse	1596
1597	Walschbronn	1 011,00	701	78	779	—	779	4	797	761	15	—	3	»	»	14,01	»	Walschbronn	1697

VIII. — Arrondissement de Thionville-Est.

4 *Cantons :* Cattenom, Metzervisse, Sierck, Thionville.

Nombre de communes : 79. — *Superficie :* 67 793,98 hectares. — *Population totale :* 62 206.

1. — Canton de Cattenom.

Nombre de communes : 24. — *Superficie :* 20 662,87 hectares. — *Population totale :* 13 781.

Numéro d'ordre	Commune	Superficie en ha	Population municipale (1926) agglomérée au chef-lieu	éparse	totale	Population comptée à part (1926)	Population totale au 7 mars 1926 Total général	dont étrangers	Population totale au 6 mai 1921	Religion Chrétiens Catholiques	Protestants	Israélites	autre ou non déclarée	Bureau de Perception	Station de chemin de fer Nom de la gare	Distance en km	Bureau de Poste	Commune	Numéro d'ordre
1598	Basse-Rentgen	1 016,21	234	123	357	—	357	95	371	356	—	—	1	Rodemack	Rodemack	3,00	Roussy-le-Village	Basse-Rentgen	1598
1599	*Berg	291,84	165	—	165	—	165	36	158	143	22	—	—	»	Fixem	3,41	Fixem	Berg	1599
1600	*Beyren-lès-Sierck	923,28	191	257	448	—	448	58	436	442	—	6	—	»	Puttelange-lès-Thionville	2,39	»	Beyren-lès-Sierck	1600
1601	*Boust	701,84	227	131	358	—	358	26	394	358	—	—	—	»	Hettange-Grande	4,86	Hettange-Grande	Boust	1601
1602	*Breistroff-la-Grande	1 060,70	256	141	397	—	397	25	381	397	—	—	—	»	Rodemack	2,00	Rodemack	Breistroff-la-Grande	1602
1603	*Cattenom	2 041,97	768	62	830	3	833	58	850	816	4	18	—	Thionville II	Cattenom	0,84	Cattenom	Cattenom	1603
1604	Entrange	390,38	261	167	428	—	428	110	392	426	2	—	—	»	Hettange-Grande	5,00	Oeutrange	Entrange	1604
1605	Escherange	1 322,00	287	172	459	—	459	80	489	449	10	—	—	»	Zoufftgen	8,38	Volmerange-les-Mines	Escherange	1605
1606	*Evrange	224,86	117	—	117	—	117	48	114	116	1	—	—	Rodemack	Rodemack	6,41	Roussy-le-Village	Evrange	1606
1607	*Fixem	353,38	251	16	267	—	267	13	256	265	—	2	—	»	Fixem	0,32	Fixem	Fixem	1607
1608	*Garche	541,00	508	42	550	—	550	40	561	547	[illegible]	—	—	Thionville II	Garche	0,30	Cattenom	Garche	1608
1609	*Gavisse	414,71	156	110	266	—	266	18	252	[illegible]	[illegible]	—	—	Rodemack	Fixem	1,60	Fixem	Gavisse	1609
1610	Hagen	356,03	135	—	135	—	135	11	139	1[illegible]	—	—	—	»	Rodemack	6,00	Roussy-le-Village	Hagen	1610
1611	*Hettange-Grande	1 626,00	2 344	413	2 757	41	2 798	1 131	2 384	2 6[illegible]	20	38	44	Thionville II	Hettange-Grande	0,00	Hettange-Grande	Hettange-Grande	1611
1612	Kanfen	849,96	455	88	543	—	543	57	511	541	2	—	—	»	Zoufftgen	3,30	Zoufftgen	Kanfen	1612
1613	Kœking	233,00	295	—	295	—	295	18	264	295	—	—	—	»	Kœking	0,94	Cattenom	Kœking	1613
1614	*Mondorff	389,00	95	23	118	—	118	60	120	113	—	5	—	Rodemack	Mondorff-les-Bains	0,52	Puttelange-lès-Thionville	Mondorff	1614
1615	Oeutrange	997,28	672	—	672	—	672	20	678	668	2	—	2	Thionville II	Hettange-Grande	4,00	Oeutrange	Oeutrange	1615
1616	Puttelange-lès-Thionville	1 108,00	598	25	623	—	623	167	634	614	—	4	5	Rodemack	Puttelange-lès-Thionville	0,40	Puttelange-lès-Thionville	Puttelange-lès-Thionville	1616
1617	Rodemack	1 029,44	375	208	583	10	593	50	606	590	—	—	3	»	Rodemack	0,40	Rodemack	Rodemack	1617
1618	Roussy-le-Village	1 269,04	800	—	800	—	800	50	838	800	—	—	—	»	Zoufftgen	4,36	Roussy-le-Village	Roussy-le-Village	1618
1619	*Sentzich	582,10	469	—	469	—	469	21	468	462	1	6	—	Thionville II	Sentzich	0,39	Cattenom	Sentzich	1619
1620	Volmerange-les-Mines	1 291,30	1 150	326	1 476	—	1 476	336	1 307	1 463	9	5	—	»	Zoufftgen	5,41	Volmerange-les-Mines	Volmerange-les-Mines	1620
1621	Zoufftgen	1 [illegible],20	573	34	607	7	614	75	600	607	—	—	7	Rodemack	»	0,94	Zoufftgen	Zoufftgen	1621

2. — Canton de Metzervisse.

Nombre de communes : 25. — *Superficie :* 22 412,43 hectares. — *Population totale :* 11 720.

Numéro d'ordre	Commune	Superficie en ha	Population municipale (1926) agglomérée au chef-lieu	éparse	totale	Population comptée à part (1926)	Population totale au 7 mars 1926 Total général	dont étrangers	Population totale au 6 mai 1921	Religion Chrétiens Catholiques	Protestants	Israélites	autre ou non déclarée	Bureau de Perception	Station de chemin de fer Nom de la gare	Distance en km	Bureau de Poste	Commune	Numéro d'ordre
1622	*Aboncourt	560,06	303	14	317	—	317	34	298	310		—	—	Metzervisse	Aboncourt	3,00	Ebersviller	Aboncourt	1622
1623	*Basse-Ham	1 005,00	528	330	858	—	858	110	780	848		—	—	Thionville I	Basse-Ham	0,70	Kœnigsmacker	Basse-Ham	1623
1624	*Bertrange	652,10	95	323	418	—	418	68	348	418		—	—	Metzervisse	Uckange	2,00	Thionville	Bertrange	1624

Numéro d'ordre	Commune	Superficie en ha	Population municipale (1926) agglomérée au chef-lieu	éparse	totale	Population comptée à part (1926)	Population totale au 7 mars 1926 Total général	dont étrangers	Population totale au 6 mars 1921	Religion Chrétiens Catholiques	Protestants	Religion Israélites	autre ou non déclarée	Bureau de Perception	Station de chemin de fer Nom de la gare	Distance en km	Bureau de Poste	Commune	Numéro d'ordre
1625	*Bettelainville	1 370,66	176	227	403	—	403	2	388	403	—	—	—	*Metzervisse	Bettelainville	1,80	Vigy	Bettelainville	1625
1626	*Bousse	880,96	221	100	321	—	321	30	325	319	2	—	—	»	Hagondange	4,40	Hagondange	Bousse	1626
1627	*Buding	636,36	289	42	331	—	331	9	312	282	—	49	—	»	Kédange	4,02	Metzervisse	Buding	1627
1628	*Budling	572,63	184	—	184	—	184	2	179	184	—	—	—	»	Distroff	8,19	Oudrenne	Budling	1628
1629	*Distroff	792,90	814	40	854	—	854	190	772	836	18	—	—	Thionville I	»	0,80	Distroff	Distroff	1629
1630	*Elzange	400,72	140	—	140	—	140	9	138	138	2	—	—	»	Kœnigsmacker	5,27	»	Elzange	1630
1631	*Guénange	832,17	480	85	565	204	769	60	680	769	—	—	—	Metzervisse	Uckange	3,02	Guénange	Guénange	1631
1632	*Hombourg-Budange	1 543,66	285	87	372	—	372	24	360	372	—	—	—	»	Kédange	1,50	Hombourg-Budange	Hombourg-Budange	1632
1633	Inglange	571,01	183	23	206	—	206	13	192	206	—	—	—	»	Distroff	3,38	Distroff	Inglange	1633
1634	*Kédange	390,09	536	4	540	—	540	42	497	525	15	—	—	»	Kédange	0,60	Kédange	Kédange	1634
1635	*Kemplich	972,77	201	193	394	—	394	5	387	393	1	—	—	»	Monneren	3,00	»	Kemplich	1635
1636	*Kœnigsmacker	1 840,28	950	219	1 169	—	1 169	89	1 114	1 113	27	29	—	Thionville I	Kœnigsmacker	0,50	Kœnigsmacker	Kœnigsmacker	1636
1637	*Kuntzig	894,54	505	179	684	—	684	45	647	643	41	—	—	»	Kuntzig	0,44	Kuntzig	Kuntzig	1637
1638	*Luttange	1 282,06	362	60	422	—	422	40	367	418	4	—	—	Metzervisse	Kédange	5,71	Luttange	Luttange	1638
1639	*Metzeresche	955,81	421	—	421	—	421	9	406	406	9	6	—	»	»	2,35	Kédange	Metzeresche	1639
1640	*Metzervisse	807,84	792	—	792	—	792	96	701	757	4	31	—	»	Metzervisse	0,51	Metzervisse	Metzervisse	1640
1641	*Monneren	1 105,86	356	107	463	—	463	14	479	458	—	5	—	»	Monneren	0,33	Monneren	Monneren	1641
1642	*Oudrenne	2 037,73	380	226	606	—	606	13	601	606	—	—	—	Thionville I	Kœnigsmacker	5,30	Oudrenne	Oudrenne	1642
1643	*Rurange	886,86	131	142	273	—	273	18	241	256	17	—	—	Metzervisse	Hagondange	7,23	Guénange	Rurange	1643
1644	*Valmestroff	378,42	156	—	156	—	156	13	134	155	1	—	—	Thionville I	Distroff	4,19	Distroff	Valmestroff	1644
1645	*Veckring	665,31	180	116	296	—	296	13	311	290	6	—	—	Metzervisse	Monneren	3,00	Kédange	Veckring	1645
1646	*Volstroff	1 223,24	197	148	345	—	345	22	315	333	12	—	—	»	Metzervisse	2,08	Kuntzig	Volstroff	1646

3. — Canton de Sierck.

Nombre de communes : 23. — *Superficie :* 18 044,06 hectares. — *Population totale :* 10 985.

Numéro d'ordre	Commune	Superficie en ha	agglomérée au chef-lieu	éparse	totale	Population comptée à part (1926)	Total général	dont étrangers	Population totale au 6 mars 1921	Catholiques	Protestants	Israélites	autre ou non déclarée	Bureau de Perception	Nom de la gare	Distance en km	Bureau de Poste	Commune	Numéro d'ordre
1647	Apach	338,38	312	114	453	—	453	51	420	452	1	—	—	Sierck	Apach	0,37	Sierck	Apach	1647
1648	Basse-Kontz	318,66	540	—	540	—	540	26	513	538	2	—	—	»	Sierck	1,30	»	Basse-Kontz	1648
1649	Flastroff	837,93	251	201	452	—	452	14	461	451	1	—	—	Waldwisse	Grindorff	3,30	Neunkirch	Flastroff	1649
1650	Grindorff	668,30	308	—	308	—	308	1	334	308	—	—	—	»	»	2,30	Halstroff	Grindorff	1650
1651	Halstroff	1 062,65	268	14	282	3	285	6	287	281	1	—	3	»	»	1,00	»	Halstroff	1651
1652	Haute-Kontz	641,41	423	—	423	—	423	7	395	423	—	—	—	Sierck	Sierck	4,30	Sierck	Haute-Kontz	1652
1653	Hunting	377,90	259	—	259	—	259	14	258	258	1	—	—	»	Malling	2,16	Malling	Hunting	1653
1654	Kerling	1 781,72	216	268	484	—	484	19	538	484	—	—	—	»	»	4,04	»	Kerling	1654
1655	Kirsch-lès-Sierck	887,50	371	—	371	—	371	12	415	371	—	—	—	»	Apach	4,73	Sierck	Kirsch-lès-Sierck	1655
1656	Kirschnaumen	1 988,40	298	368	666	—	666	14	714	666	—	—	—	Waldwisse	Grindorff	5,70	Kirschnaumen	Kirschnaumen	1656
1657	Laumesfeld	829,58	142	175	317	—	317	8	321	317	—	—	—	»	Laumesfeld	0,80	Monneren	Laumesfeld	1657
1658	Launstroff	780,92	311	133	444	—	444	22	456	444	—	—	—	»	Waldwisse	4,90	Waldwisse	Launstroff	1658
1659	*Malling	442,31	270	130	400	—	400	26	342	400	—	—	—	Sierck	Malling	0,46	Malling	Malling	1659
1660	Manderen	900,54	325	131	456	—	456	8	463	456	—	—	—	»	Apach	6,17	Manderen	Manderen	1660
1661	Merschweiller	575,77	181	100	281	—	281	23	292	281	—	—	—	»	»	5,30	»	Merschweiller	1661
1662	Montenach	919,00	389	51	440	—	440	15	458	415	4	21	—	»	Sierck	4,36	Sierck	Montenach	1662
1663	Rémeling	645,71	295	—	295	—	295	4	317	295	—	—	—	Waldwisse	Waldwisse	4,46	Waldwisse	Rémeling	1663
1664	Rettel	675,60	628	15	643	71	714	51	753	714	—	—	—	Sierck	Sierck	1,30	Sierck	Rettel	1664
1665	Ritzing	618,76	207	—	207	—	207	8	222	207	—	—	—	Waldwisse	Waldwisse	7,30	Waldwisse	Ritzing	1665
1666	Rustroff	321,33	353	38	391	114	505	58	486	501	1	—	3	Sierck	Sierck	1,34	Sierck	Rustroff	1666
1667	Sierck	478,00	1 486	—	1 486	—	1 486	228	1 183	1 404	30	47	5	»	»	0,00	»	Sierck	1667
1668	Waldweistroff	773,92	449	—	449	—	449	2	445	449	—	—	—	Waldwisse	Waldweistroff	2,00	Waldweistroff	Waldweistroff	1668
1669	Waldwisse	1 178,04	610	140	750	—	750	69	757	718	8	24	—	»	Waldwisse	0,00	Waldwisse	Waldwisse	1669

4. — Canton de Thionville.

Nombre de communes : 7. — *Superficie :* 5 644,00 hectares. — *Population totale :* 25 711.

Numéro d'ordre	Commune	Superficie en ha	agglomérée au chef-lieu	éparse	totale	Population comptée à part (1926)	Total général	dont étrangers	Population totale au 6 mars 1921	Catholiques	Protestants	Israélites	autre ou non déclarée	Bureau de Perception	Nom de la gare	Distance en km	Bureau de Poste	Commune	Numéro d'ordre
1670	*Basse-Yutz	1 024,35	6 338	1 172	7 510	587	8 097	687	7 578	6 479	1 229	20	351	Thionville II	Thionville	1,71	Basse-Yutz	Basse-Yutz	1670
1671	*Haute-Yutz	372,46	820	—	820	—	820	75	845	785	35	—	—	Thionville I	»	2,35	»	Haute-Yutz	1671
1672	*Illange	552,32	473	—	473	—	473	25	447	439	34	—	—	»	»	3,02	Thionville	Illange	1672
1673	*Manom	1 038,00	1 197	327	1 524	—	1 524	190	1 380	1 514	10	—	—	Thionville II	Laguange	1,75	[illegible]	Manom	1673
1674	*Terville	382,00	1 308	82	1 390	—	1 390	379	1 084	1 311	79	—	—	»	Thionville	3,70	Terville	Terville	1674
1675	Thionville	1 662,00	11 974	322	12 296	764	13 060	2 702	13 464	11 547	[illegible]	368	274	Thionville I	»	0,00	Thionville	Thionville	1675
1676	*Veymerange	612,00	220	128	348	—	348	35	345	348	—	—	—	Thionville II	Florange	3,00	Terville	Veymerange	1676

IX. — Arrondissement de Thionville-Ouest.

3 Cantons : Fontoy, Hayange, Moyeuvre-Grande.

Nombre de communes : 33. — *Superficie :* 26 288,45 hectares. — *Population totale :* 95 937.

Numéro d'ordre	Commune	Superficie en ha	Population municipale (1926) agglomérée	éparse	totale	Population comptée à part (1926)	Population totale au 7 mars 1926 Total général	dans aggl.	Population totale au 6 mars 1921	Religion Chrétiens Catholiques	Protestants	Religion Israélites	autre déclarée	Bureau de Perception	Station de chemin de fer Nom de la gare	Distance en km	Bureau de Poste	Commune	Numéro d'ordre
	1. — Canton de Fontoy. *Nombre de communes :* 12. — *Superficie :* 12 000,40 hectares. — *Population totale :* 22 386.																		
1677	**Angevillers**	865,52	1 976	—	1 976	—	**1 876**	547	701	1 069	87	—	—	Algrange	Fontoy	5,75	Angevillers	**Angevillers**	1677
1678	**Audun-le-Tiche**	1 542,63	5 993	108	6 101	—	**6 101**	3 991	4 441	5 969	91	1	40	Audun-le-Tiche	Audun-le-Tiche-Haut	0,84	Audun-le-Tiche	**Audun-le-Tiche**	1678
1679	**Aumetz**	1 035,60	2 176	93	2 269	—	**2 269**	1 111	2 029	2 160	105	1	3	»	Aumetz	0,52	Aumetz	**Aumetz**	1679
1680	**Boulange**	1 272,34	555	1 399	1 954	—	**1 954**	1 268	1 230	1 849	86	—	30	Fontoy	Boulange	1,30	Boulange	**Boulange**	1680
1681	**Fontoy**	1 588,46	2 295	1 404	3 699	—	**3 699**	1 764	2 863	3 470	224	1	5	»	Fontoy	0,80	Fontoy	**Fontoy**	1681
1682	**Havange**	967,64	356	11	367	—	**367**	59	356	365	2	—	—	»	Boulange	3,06	»	**Havange**	1682
1683	**Lommerange**	800,70	222	—	222	—	**222**	11	219	222	—	—	—	»	Fontoy	4,03	»	**Lommerange**	1683
1684	**Ottange**	1 339,0.	3 117	421	3 538	—	**3 538**	2 249	2 437	3 521	17	—	—	Audun-le-Tiche	Hirps	5,23	Ottange	**Ottange**	1684
1685	**Rédange**	549,06	1 437	101	1 538	—	**1 538**	1 151	1 280	1 481	45	—	12	»	Rédange	0,21	Rédange	**Rédange**	1685
1686	**Rochonvillers**	563,38	222	—	222	—	**222**	3	246	222	—	—	—	»	Boulange	7,06	Ottange	**Rochonvillers**	1686
1687	**Russange**	342,87	1 161	3	1 164	—	**1 164**	554	1 059	1 142	22	—	—	»	Audun-le-Tiche	0,65	Audun-le-Tiche	**Russange**	1687
1688	**Tressange**	931,12	139	297	436	—	**436**	116	397	431	5	—	—	Fontoy	Boulange	3,06	Aumetz	**Tressange**	1688
	2. — Canton de Hayange. *Nombre de communes :* 15. — *Superficie :* 10 721,86 hectares. — *Population totale :* 53 033.																		
1689	***Algrange**	695,52	8 003	1 484	9 487	91	**9 578**	4 756	6 947	8 478	918	33	90	Algrange	Algrange	0,66	Algrange	**Algrange**	1689
1690	**Erzange**	95,46	1 117	—	1 117	—	**1 117**	218	1 082	1 069	48	—	—	Hayange	Hayange	2,56	Schrémange	**Erzange**	1690
1691	**Fameck**	1 258,45	414	1 100	1 514	—	**1 514**	273	1 310	1 507	7	—	—	»	Uckange	4,19	Uckange	**Fameck**	1691
1692	**Florange**	1 318,29	3 828	345	4 173	—	**4 173**	976	2 709	4 030	135	2	6	»	Florange	0,78	Florange	**Florange**	1692
1693	**Hayange**	628,20	11 690	22	11 712	46	**11 758**	4 568	10 641	11 082	484	168	71	»	Hayange	0,97	Hayange	**Hayange**	1693
1694	**Knutange**	242,81	6 264	—	6 264	—	**6 264**	2 951	5 368	5 970	247	17	30	Fontoy	Knutange-Nilvange	1,54	Knutange	**Knutange**	1694
1695	***Marspich**	456,94	1 128	85	1 213	—	**1 213**	213	1 085	1 180	33	—	—	Hayange	Hayange	2,41	Hayange	**Marspich**	1695
1696	**Mondelange**	410,50	1 633	—	1 633	—	**1 633**	526	1 150	1 437	179	—	17	Moyeuvre-Grande	Hagondange	1,24	Hagondange	**Mondelange**	1696
1697	**Neufchef**	1 657,82	921	8	929	—	**929**	254	802	918	11	—	—	Fontoy	Hayange	4,41	Hayange	**Neufchef**	1697
1698	***Nilvange**	281,00	7 490	—	7 490	—	**7 490**	3 044	6 256	6 742	684	17	47	Algrange	Knutange-Nilvange	0,54	Knutange	**Nilvange**	1698
1699	**Ranguevaux**	1 108,34	845	13	858	—	**858**	171	767	853	5	—	—	Hayange	Hayange	4,00	Hayange	**Ranguevaux**	1699
1700	***Richemont**	847,06	676	355	1 031	72	**1 103**	196	1 091	1 071	20	3	9	Moyeuvre-Grande	Richemont	0,07	Richemont	**Richemont**	1700
1701	**Schrémange**	275,23	1 986	—	1 986	—	**1 986**	325	1 792	1 905	60	1	—	Hayange	Florange	2,08	Schrémange	**Schrémange**	1701
1702	***Uckange**	555,86	2 609	16	2 625	—	**2 625**	985	2 293	2 375	208	18	24	»	Uckange	0,09	Uckange	**Uckange**	1702
1703	***Volkrange**	889,98	334	518	852	—	**852**	186	794	845	6	—	1	»	Hayange	4,20	Boussange-sous-St.-Michel	**Volkrange**	1703
	3. — Canton de Moyeuvre Grande. *Nombre de communes :* 6. — *Superficie :* 3 467,61 hectares. — *Population totale :* 20 298.																		
1704	**Clouange**	303,32	3 229	7	3 236	2	**3 238**	1 918	2 680	3 091	135	16	3	Moyeuvre-Grande	Rombas	0,70	Rombas	**Clouange**	1704
1705	**Gandrange**	393,86	476	242	718	—	**718**	137	603	683	35	—	—	»	Gandrange-Amnéville	1,35	Amnéville	**Gandrange**	1705
1706	**Moyeuvre-Grande**	949,45	10 284	101	10 385	12	**10 397**	4 751	9 199	9 858	457	35	52	»	Moyeuvre-Grande	0,84	Moyeuvre-Grande	**Moyeuvre-Grande**	1706
1707	**Moyeuvre-Petite**	530,80	480	3	483	—	**483**	81	452	470	13	—	—	»	»	3,55	»	**Moyeuvre-Petite**	1707
1708	**Rosselange**	523,86	3 882	—	3 882	—	**3 882**	1 110	3 304	3 762	63	—	1	»	Rosselange	0,64	Rosselange	**Rosselange**	1708
1709	**Vitry-sur-Orne**	763,80	1 088	542	1 630	—	**1 630**	378	1 630	1 571	54	1	4	»	Rombas	2,05	Rombas	**Vitry-sur-Orne**	1709

Nomenclature des principales Annexes
des communes du Bas-Rhin, du Haut-Rhin et de la Moselle

(Les nombres relatifs aux annexes sont compris dans ceux des communes.)

A. — Département du Bas-Rhin.

I. — Arrondissement d'Erstein.

1. — Canton de Benfeld.

Numéro d'ordre	Communes et annexes	Nombre de maisons	Nombre d'habitants
1	**Benfeld**	425	2 655
	a) Ehl, *ham.*	3	15
2	**Boofzheim**	212	833
	a) Au Canal, *mais.*	4	17
3	**Friesenheim**	118	645
	a) Neunkirch, *ham.*	5	27
	b) Zelsheim, *ham.*	26	127
4	**Herbsheim**	121	589
5	**Huttenheim**	370	1 [illegible]
6	**Kertzfeld**	210	[illegible]
7	**Kogenheim**	2[illegible]5	[illegible]
8	**Matzenheim**	141	904
	a) Heussern, *ham.*	27	111
	b) Woerth, *ham.*	8	28
9	**Rhinau**	351	1 618
10	**Rossfeld**	148	643
11	**Sand**	168	719
	a) Ehl, *ham.*	4	20
12	**Sermersheim**	168	734
13	**Witternheim**	81	346

2. — Canton d'Erstein.

Numéro d'ordre	Communes et annexes	Nombre de maisons	Nombre d'habitants
14	**Bolsenheim**	62	312
15	**Daubensand**	44	172
16	**Erstein**	1 [illegible]	5 [illegible]
	a) Auf d. Bleiche, *mais.*	5	29
	b) Bruhly, *mais.*	7	41
	c) Gare	5	22
	d) Krafft, *ham.*	40	195
	e) Route de Krafft	3	10
	f) Sucrerie	7	55
17	**Gerstheim**	363	1 715
18	**Hindisheim**	257	1 084
19	**Hipsheim**	105	498
20	**Limersheim**	108	471
21	**Nordhouse**	272	1 210
	a) Au, *ham.*	57	255
	b) Ploulen, *mais.*	17	60
22	**Obenheim**	190	808
23	**Osthouse**	180	792
24	**Schaeffersheim**	102	480
25	**Uttenheim**	98	494
26	**Westhouse**	231	1 021

3. — Canton de Geispolsheim.

Numéro d'ordre	Communes et annexes	Nombre de maisons	Nombre d'habitants
27	**Blaesheim**	188	716
28	**Duppigheim**	236	905
	a) Gare, *mais.*	4	20
29	**Duttlenheim**	292	1 325
30	**Entzheim**	137	602
	a) Au chemin de fer, *mais.*	6	43
31	**Eschau**	386	1 627
	a) Am Hetzlader, *mais.*	16	71
	b) Wibolsheim, *vil.*	101	430
32	**Fegersheim**	352	1 804
	a) Ohnheim, *vil.*	95	457
33	**Geispolsheim**	473	2 118
	a) École et Quartier de la gare	25	101
34	**Holtzheim**	234	1 184
35	**Ichtratzheim**	40	178
36	**Illkirch-Graffenstaden**	1 273	8 978
	a) Sanatorium Rosengarten	1	51
	b) Holau, section	55	323
37	**Lingolsheim**	474	2 938
38	**Lipsheim**	149	646
39	**Ostwald**	398	1 865
40	**Plobsheim**	331	1 598
	a) Thumenau, *ferme*	4	25

4. — Canton d'Obernai.

Numéro d'ordre	Communes et annexes	Nombre de maisons	Nombre d'habitants
41	**Bernardswiller**	245	775
42	**Bourgheim**	46	189
43	**Goxwiller**	134	585
44	**Innenheim**	196	769
45	**Krautergersheim**	294	1 198
46	**Meistratzheim**	285	1 113
47	**Niedernai**	246	678
	a) Totenbreitel, *tuil.*	2	10
48	**Obernai**	882	3 946
	a) Homburgerhof, *ham.*	8	30
	b) Kilbs, *mais.*	2	8
	c) Tempelmühle, *mais.*	2	12
	d) [illegible], *ch. et ferme*	2	17
49	**Valff**	203	978
50	**Zellwiller**	205	698

Numéro d'ordre	Communes et annexes	Nombre de maisons	Nombre d'habitants
	II. — Arrondissement de Haguenau.		
	1. — Canton de Bischwiller.		
51	Auenheim	186	432
52	Bischwiller	1 412	8 142
53	Dalhunden	120	556
54	Drusenheim	437	2 166
	a) [illegible] du Rhin, *mais.*	6	42
55	Forstfeld	112	457
56	Fort-Louis	50	227
57	Herrlisheim	502	2 212
58	Kauffenheim	42	181
59	Leutenheim	171	766
	a) Kœnigsbruck, *ham.*	4	24
60	Neuhæusel	48	260
61	Oberhoffen-sur-Moder	461	2 086
62	Offendorf	303	1 420
63	Rœschwoog	256	1 212
64	Rohrwiller	194	942
65	Roppenheim	193	756
66	Rountzenheim	186	812
67	Schirrhein	300	1 527
68	Schirrhoffen	102	436
69	Sessenheim	227	956
	a) Dengelsheim (Dangolsheim), *ham.*	39	170
70	Soufflenheim	786	3 287
71	Stattmatten	86	378
	2. — Canton de Haguenau.		
72	Batzendorf	137	670
73	Berstheim	81	276
74	Dauendorf	221	1 166
	a) Neubourg, *ham.*	35	172
75	Haguenau	2 443	17 871
	a) Camp de Haguenau-Oberhoffen	9	35
	b) Chemin des Jésuites	3	30
	c) Chemin des Paysans	5	23
	d) Denuch, *ferme*	3	15
	e) Ferme Oberlin, *ham.*	19	76
	f) Ferme des Anabaptistes	6	25
	g) Ferme Weinum	2	20
	h) Hardhausen, *ham.*	25	126
	i) Hundshof, *ham.*	20	99
	j) Marienthal, *vil.*	73	354
	k) Oberstritten, *mais.*	2	14
	l) Route d. Bischwiller	6	44
	m) Route d. Weitbruch	5	22
	n) Rue Claussenhof	9	40
	o) Rue des Aviateurs	2	17
	p) Rue du Château Fiat	30	171
	q) Rue Steingebiss	4	20
76	Hochstett	35	184
77	Huttendorf	67	287
78	Kaltenhouse	234	1 047
79	Morschwiller	88	388
80	Niederschæffolsheim	216	1 050
81	Ohlungen	182	780
	a) Keffendorf, *vil.*	15	80
82	Schweighouse	379	1 676
83	Uhlwiller	130	671
	a) Niederaltdorf, *ham.*	30	140
84	Wahlenheim	43	207
85	Weitbruch	350	1 704
	a) Birkwald, *ham.*	4	30
86	Wintershouse	76	401
87	Wittersheim	97	475
	a) Gebolsheim, *ham.*	3	30
	3. — Canton de Niederbronn-les-Bains.		
88	Bitschhoffen	77	384
89	Dambach	152	766
	a) Neudœrfel, *vil.*	10	49
	b) Neunhoffen, *vil.*	54	275
	c) Wineckerthal, *vil.*	24	107
90	Engwiller	94	462
91	Griesbach	101	460
92	Gumbrechtshoffen-Niederbronn	176	834
93	Gumbrechtshoffen-Oberbronn	71	367
94	Gundershoffen	332	1 404
	a) Ingelshof, *mais.*	5	22
	b) Schœnerlenhof, *ham.*	23	93
95	Kindwiller	116	535
96	Mertzwiller	406	2 130
97	Mietesheim	135	617
98	Niederbronn-les-Bains	681	3 000
	a) Jægerthal, *mais.*	4	24
	b) [illegible], *fonderie.*	1	30
	c) Wasenberg, *mais.*	24	107
99	Oberbronn	255	1 200
	a) Breitenwasen, *ham.*	7	37
	b) Eichelbach, *mais.*	6	10
	c) Langenstrang, *mais.*	13	56
	d) Ziegelberg, *mais.*	3	14
100	Offwiller	155	666
101	Reichshoffen	824	3 665
	a) Lutterbachhof, *ferme*	7	23
	b) Reichshoffen-Usines	80	410
	c) Wohlfahrtshofen, *h.*	4	26
102	Rothbach	125	478
103	Uberach	171	846
104	Uhrwiller	180	799
	a) Niefern, *ham.*	12	73
105	Uttenhoffen	31	130
106	Walck	180	765
107	Windstein	56	355
	a) Gunsthal, *ferme*	3	10
	b) Jægerthal, *ham.*	8	44
	c) Nagelsthal (y compris Rosenthal)	5	23
	d) Welschhof, *ferme*	2	13
108	Zinswiller	210	960
	III. — Arrondissement de Molsheim.		
	1. — Canton de Molsheim.		
109	Altorf	180	777
110	Avolsheim	130	562
111	Dachstein	116	567
	a) Gare de Duttlenheim	3	20

Numéro d'ordre	Communes et annexes	Nombre de maisons	Nombre d'habitants
112	Dinsheim	272	1 162
	a) Hammer, *ham.*	3	35
	b) Moulin de la Bruche	4	17
113	Dorlisheim	411	1 744
	a) Château St-Jean	1	32
114	Ergersheim	148	662
115	Ernolsheim-Bruche	127	583
116	Gresswiller	187	830
117	Heiligenberg	94	374
	a) Papeterie	2	16
	b) Weschmatt, *ham.*	6	24
118	Lutzelhouse	367	1 130
	a) Netzenbach, *ham.*	37	167
119	Molsheim	586	3 196
120	Mutzig	601	2 587
	a) Hermolsheim, *ham.*	36	171
121	Niederhaslach	182	795
122	Oberhaslach	212	975
123	Soultz-les-Bains	100	505
	a) Biblenheim, *ham.*	4	18
124	Still	230	1 168
	a) Munchhof, *mais.*	3	16
125	Urmatt	283	984
	a) Place de la Gare	12	50
	b) Mullerhof, *Rebberg*	7	37
126	Wolxheim	213	766
	a) Canal, *ham.*	29	101
	2. — Canton de Rosheim.		
127	Bischoffsheim	350	1 382
	a) Bischenberg, *couv.*	3	22
	b) Kilbs (im Tal), *ferme*	2	11
128	Bœrsch	365	1 333
	a) Klingenthal, *vil.*	78	283
	b) St-Léonard, *ham.*	11	26
129	Grendelbruch	292	1 163
	a) Baechney, *mais.*	4	24
	b) Muckenbach, *ferme*	5	35
	c) Neuenmatten, *ferme*	8	34
130	Griesheim-près-Molsheim	220	811
131	Mollkirch	135	593
	a) Laubenheim, *ham.*	20	87
	b) Meyerhof, *ham.*	12	44
132	Mühlbach-sur-Bruche	128	662
	a) Bachmatten, *ferme*	2	14
	b) Mullerhof, *fabr.*	2	24
133	Ottrott	294	1 214
	a) Klingenthal, *ham.*	18	89
	b) Sainte-Odile, *couv.*	1	36
134	Rosenwiller	164	579
135	Rosheim	640	2 679
136	St-Nabor	71	364
	3. — Canton de Saales.		
137	Bourg-Bruche	180	711
	a) La Groppe, *ham.*	10	26
	b) Le Hang, *ham.*	9	62
	c) [illegible] de Bruche, *ham.*	8	43
	d) Moulin de Bruche	3	13
138	Colroy-la-Roche	120	487
	a) Devant-St-Blaise, *m.*	18	87
139	Plaine	288	1 146
	a) Bambois, *ham.*	5	19
	b) Champenay, *vil.*	108	377
	c) Devant-Fouday, *h.*	12	75
	d) Diespach, *vil.*	34	114
	e) Pontay, *ham.*	33	122
	f) Fosse, *ham.*	6	24
140	Ranrupt	152	666
	a) Fonrupt, *ham.*	14	44
	b) Hauts-Bois, *ham.*	14	63
	c) La Salcée, *ham.*	18	55
	d) Motenlas, *mais.*	4	19
	e) Stampoumont, *ham.*	31	116
141	Saales	230	1 313
	a) Tannenberg, *san.*	3	171
142	St-Blaise-la-Roche	81	341
143	Saulxures	100	672
	a) Bénaville, *ferme*	3	22
	b) Gouttrangoutte, *h.*	6	19
	c) Grandroué, *ham.*	6	18
	4. — Canton de Schirmeck.		
144	Barembach	175	775
145	Bellefosse	64	256
146	Belmont	96	290
	a) La Hutte, *ham.*	27	38
147	Blancherupt	20	87
148	Fouday	51	343
	a) Trouchy, *ham.*	22	131
149	Grandfontaine	170	505
	a) Framont, *ham.*	28	96
	b) Hautfourneau, *ham.*	28	132
	c) Minières, *ham.*	32	89
150	La Broque	546	3 066
	a) Albet, *ham.*	48	234
	b) Fréconrupt, *ham.*	45	188
	c) Haymonrupt, *fermes.*	2	20
	d) La Claquette, *ham.*	77	395
	e) Maison-Neuve, *ham.*	97	390
	f) Quelles, *fermes*	4	19
	g) Salm, *ham.*	8	36
	h) Vacquenoux, *ham.*	14	56
151	Natzwiller	174	887
	a) Struthof, *ferme et hôt.*	2	8
152	Neuviller	158	575
	a) Haute-Goutte, *ham.*	52	208
	b) Riangoutte, *ham.*	9	34
153	Rothau	296	1 627
154	Russ	216	982
	a) Schwarzbach, *vil.*	39	205
	b) Steinbach, *ham.*	7	29
155	Schirmeck	291	1 767
	a) Framont, *mais.*	3	13
	b) Sanatorium	2	155
	c) Wackenbach, *vil.*	70	305
156	Solbach	36	130
157	Waldersbach	77	259
158	Wildersbach	128	470
159	Wisches	368	1 626
	a) Hersbach, *vil.*	113	540
	b) Tonelsbach, *scierie*	6	23

Numéro d'ordre	Communes et annexes	Nombre de maisons	Nombre d'habitants
	5. — Canton de Wasselonne.		
160	Balbronn	295	952
161	Bergbieten	125	596
162	Cosswiller	109	398
	a) Diebach, *ham.*	5	19
163	Dahlenheim	119	553
164	Dangolsheim	133	469
165	Engenthal	262	1 291
	a) Obersteigen, *ham.*	14	66
	b) Schneeberg, *ham.*	4	27
	c) Schneethal, *ham.*	73	381
	d) Windsbourg, *ham.*	8	30
	e) Wolfsthal, *ham.*	25	124
166	Flexbourg	114	345
167	Irmstett	27	113
168	Kirchheim	80	339
169	Marlenheim	368	1 367
	a) Kronthal, *ham.*	12	56
170	Nordheim	151	586
171	Odratzheim	88	363
172	Romanswiller	294	946
173	Scharrachbergheim	118	589
174	Traenheim	118	376
175	Wangen	177	614
	a) Moulin de Wangen	10	37
176	Wangenbourg	80	190
	a) Freudeneck, *ham.*	13	43
	b) Schneethal, *ham.*	3	15
	c) Wolfsthal, *ham.*	3	19
177	Wasselonne	714	3 401
	a) Brechlingen, *vil.*	117	484
	b) Papeterie, *fabr.*	12	53
	c) Schwitz, *mais.*	5	29
178	Westhoffen	365	1 441

IV. — Arrondissement de Saverne.

Numéro d'ordre	Communes et annexes	Nombre de maisons	Nombre d'habitants
	1. — Canton de Bouxwiller.		
179	Bischholtz	55	236
180	Bosselshausen	55	205
181	Bouxwiller	616	2 796
	a) Faisanderie, *ferme*	1	15
	b) Usines Reidt	1	29
182	Buswiller	55	237
183	Griesbach-le-Bastberg	38	181
184	Imbsheim	160	708
185	Ingwiller	494	2 285
	a) Neuenberg, *colle*	3	69
	b) [illegible], *ferme*	2	17
186	Kirrwiller	116	513
187	Menchhoffen	68	319
188	Mulhausen	121	470
189	Niedermodern	119	455
190	Niedersoultzbach	55	297
191	Obermodern	268	900
192	Obersoultzbach	98	427
193	Pfaffenhoffen	287	1 352
194	Riedheim	40	200
195	Schalkendorf	74	299
196	Schillersdorf	122	380
197	Uttwiller	60	212
198	Weinbourg	122	557
199	Zutzendorf	136	586
	2. — Canton de Drulingen.		
200	Adamswiller	78	332
201	Asswiller	71	276
202	Bærendorf	108	[illegible]
203	Berg	119	565
	a) Wolsthof, *ham.*	5	24
204	Bettwiller	79	322
205	Burbach	119	388
206	Butten	119	548
207	Diedendorf	104	462
	a) Wolfskirch, *moulin*	6	26
208	Diemeringen	282	1 222
209	Drulingen	125	700
210	Durstel	96	330
	a) [illegible], *ham.*	5	21
211	Eschwiller	47	208
212	Eywiller	92	401
213	Gœrlingen	73	339
214	Gungwiller	60	257
215	Hirschland	129	612
216	Kirrberg	79	339
217	Mackwiller	169	733
	a) Klinkberg, *ham.*	17	72
218	Ottwiller	66	279
219	Pisdorf	106	433
220	Rexingen	59	247
221	Rauwiller	48	194
222	Siewiller	115	429
223	Thal-Drulingen	65	318
224	Volksberg	125	595
	a) Rosteig, *ham.*	15	67
225	Waldhambach	224	865
226	Weislingen	147	643
	a) Weislinger Hof, *ham.*	7	32
227	Weyer	162	694
228	Wolfskirchen	128	545
229	Zollingen	50	195
	3. — Canton de La-Petite-Pierre.		
230	Dossenheim-sur-Zinsel	185	882
	a) Falkengarten, *ham.*	4	23
	b) Kugelberg, *ham.*	3	16
231	Erckartswiller	75	323
232	Eschbourg	181	815
	a) Graufthal, *vil.*	56	234
233	Frohmuhl	62	272
234	Hinsbourg	36	159
235	La Petite-Pierre	169	778
236	Lichtenberg	208	940
	a) Champagne, *ham.*	7	28
	b) [illegible], *ham.*	20	82
237	Lohr	120	600
238	Neuwiller-les-Saverne	255	1 300
	a) [illegible], *ham.*	4	19
	b) Schmalthal, *ferme*	4	25
	c) Thannenthal, *ferme*	3	17

Numéro d'ordre	Communes et annexes	Nombre de maisons	Nombre d'habitants
239	Petersbach	166	798
240	Pfalzweyer	70	302
241	Puberg	83	391
242	Reipertswiller	182	871
	a) Melch, *ham.*	21	106
	b) Scierie	8	37
	c) Wildenguth, *ham.*	19	90
243	Rosteig	119	789
244	Schœnbourg	120	588
245	Sparsbach	96	390
246	Struth	90	408
	a) Hansmannshof, *h.*	6	22
247	Tieffenbach	115	483
248	Weiterswiller	173	637
249	Wimmenau	148	671
	a) Kindsbronn, *ham.*	3	17
	b) Kohlhuette, *ham.*	3	17
250	Wingen-sur-Moder	194	867
	a) Heideneck, *ham.*	32	144
	b) [illegible], *ham.*	9	68
	b) [illegible], *ham.*	9	37
	d) Kohlhuette, *ham.*	4	15
	e) Neuhuette, *ham.*	71	312
	f) Stauferberg, *ham.*	4	15
251	Zittersheim	79	322
	a) Moderfeld, *ham.*	7	30
	4. — Canton de Marmoutier.		
252	Allenwiller	95	402
253	Birkenwald	95	363
254	Crastatt	49	227
255	Dimbsthal	61	198
256	Gottenhausen	42	204
257	Haegen	149	583
	a) Stambach, *ham.*	12	56
258	Hengwiller	41	181
259	Hohengœft	95	379
260	Jetterswiller	49	217
261	Kleingœft	35	135
262	Knœrsheim	35	162
263	Landersheim	31	140
264	Lochwiller	55	255
265	Marmoutier	436	1 798
	a) Biegen, *mais.*	11	74
	b) Buchberg, *ham.*	4	16
	c) Sindelsberg, *ham.*	30	110
266	Otterswiller	185	742
267	[illegible]	41	212
	a) [illegible], *ham.*	14	94
268	Reinhardsmunster	97	417
269	Reutenbourg	98	457
	a) Reinacker, *couvent*	1	71
270	Salenthal	41	169
271	Schwenheim	161	727
272	Singrist	75	294
273	Thal-Marmoutier	130	481
	a) St-Gall, *ham.*	35	113
	b) [illegible], *ham.*	36	194
274	Westhouse-Marmoutier	55	289
275	Zehnacker	48	215
276	Zeinheim	29	104
	5. — Canton de Sarre-Union.		
277	Altwiller	150	540
	a) [illegible], *chât. et f.*	4	27
	b) Neuweyerhof, *ham.*	9	32
278	Bissert	51	194
279	Butten	166	779
280	Dehlingen	119	522
281	Domfessel	74	321
282	Harskirchen	206	817
	a) Auberg, *mais.*	4	20
	b) Willer, *ham.*	24	115
283	Herbitzheim	366	1 628
	a) Salzbronn, *mais.*	3	15
284	Hinsingen	33	115
285	Keskastel	253	1 267
	a) Gravière, *mais.*	6	31
286	Lorentzen	105	461
	a) Watterhof, *ferme*	2	14
287	Oermingen	228	1 089
288	Ratzwiller	90	316
	a) Neubau, *ham.*	6	30
289	Rimsdorf	56	256
	a) Buscherhof, *ham.*	5	22
290	Sarre-Union	582	2 746
291	Sarrewerden	112	437
292	Schopperten	68	298
293	Siltzheim	99	402
294	Vœllerdingen	118	523
	6. — Canton de Saverne.		
295	Altenheim	69	290
296	Dettwiller	458	2 033
	a) Rosenwiller, *vil.*	46	219
297	Eckartswiller	124	401
298	Ernolsheim-Saverne	130	483
299	Furchhausen	53	208
300	Gottesheim	73	304
301	Hattmatt	118	502
302	Littenheim	55	311
303	Lupstein	126	584
304	Maennolsheim	35	152
305	Monswiller	275	1 348
306	Ottersthal	108	430
307	Printzheim	57	286
308	St-Jean-Saverne	167	681
309	Saverne	1 673	7 916
	a) Niederbarr, *ferme*	4	22
	b) Vogesia, *fonderie*	5	48
310	Steinbourg	291	1 372
	a) La Rondelle, *ham.*	15	94
311	Waldolwisheim	190	841
312	Wolschheim	45	260

V. — Arrondissement de Sélestat.

Numéro d'ordre	Communes et annexes	Nombre de maisons	Nombre d'habitants
	1. — Canton de Barr.		
313	Andlau	386	1 815
314	Barr	780	4 195
315	Bernardvillé	70	294
316	Blienschwiller	141	480

Numéro d'ordre	Communes et annexes	Nombre de maisons	Nombre d'habitants
317	Dambach-la-Ville	389	2 032
	a) Dieffenthal, *mais.*	4	22
318	Eichhoffen	75	326
319	Epfig	475	1 882
320	Gertwiller	164	664
321	Heiligenstein	144	623
322	Hohwald (Le)	120	601
	a) [illegible], *ham.*	22	158
	b) Sperberbaechel, *ham.*	22	108
	c) Wittertalhof, *ham.*	26	103
323	Itterswiller	82	359
324	Mittelbergheim	190	688
325	Nothalten	140	623
	a) Zell, *vil.*	52	211
326	Reichsfeld	97	365
	a) Taubenthal, *ham.*	5	24
327	St-Pierre	75	373
	a) Château d'Ittenwiller	1	12
328	Stotzheim	288	1 071

2. — Canton de Marckolsheim.

Numéro d'ordre	Communes et annexes	Nombre de maisons	Nombre d'habitants
329	Artolsheim	182	727
330	Baldenheim	240	942
	a) Rathsamhausen-le-H., *ham.*	9	37
331	Bindernheim	146	644
332	Boesenbiesen	59	222
333	Bootzheim	82	325
334	Diebolsheim	103	481
335	Elsenheim	134	635
336	Heidolsheim	75	278
337	Hessenheim	101	432
338	Hilsenheim	380	1 834
	a) Willerhof, *orphelinat*	1	180
339	Mackenheim	160	725
340	Marckolsheim	446	1 906
	a) Pont du Rhin, *mais.*	4	21
341	Mussig	211	872
	a) Breitenheim, *ferme*	4	18
342	Muttersholtz	407	1 615
	a) Ehnwyr, *ham.*	37	147
	b) Rathsamhausen-le-Bas, *h.*	5	22
343	Ohnenheim	182	780
344	Richtolsheim	75	317
345	Saasenheim	80	441
346	Schoenau	124	485
347	Schwobsheim	80	[illegible]
348	Sundhouse	280	1 067
349	Wittisheim	240	1 188

3. — Canton de Sélestat.

Numéro d'ordre	Communes et annexes	Nombre de maisons	Nombre d'habitants
350	Châtenois (1)	519	2 308
	a) Hurst, *ham.*	14	46
	b) La Vancelle, *vil.*	46	190
	c) Maisons isolées	42	231
351	Dieffenthal	60	167
352	Ebersheim	385	1 712
	a) Ill, *ham.*	10	40
353	Ebersmunster	122	480
354	Kintzheim	285	1 211
	a) La Vancelle, *mais.*	10	36
355	Orschwiller	183	888
	a) Haut-Koenigsbourg, *chât. et mais.*	6	21
356	Scherwiller	440	2 182
357	Sélestat	1 519	10 165

4. — Canton de Villé.

Numéro d'ordre	Communes et annexes	Nombre de maisons	Nombre d'habitants
358	Albé	182	801
359	Bassemberg	65	282
360	Breitenau	71	277
	a) Froide-Fontaine, *ham.*	8	44
361	Breitenbach	280	811
	a) Lindgrube, *ferme*	3	21
362	Dieffenbach-au-Val	98	380
363	Fouchy	165	611
	a) Barrure, *ham.*	7	23
	b) Combre, *mais.*	8	38
	c) Noirceux, *ham.*	17	[illegible]
	d) Rouhn, *ham.*	12	67
	e) Schnarupt, *ham.*	2	16
364	Lalaye	180	686
	a) Le Bas, *mais.*	10	19
	b) Le Blanc-Noyer, *h.*	10	57
	c) Charbes, *ham.*	56	214
	d) La Grande-Basse, *ham.*	23	83
365	Maisonsgoutte	168	518
	a) Engelsbach, *ham.*	19	79
	b) Wagenbach, *ham.*	35	157
366	Neubois	120	514
367	Neuve-Eglise	128	548
	a) Breitenau, *ham.*	6	15
	b) Hirtzelbach, *ham.*	20	86
368	St-Martin	87	319
369	St-Maurice	79	365
	a) Triembach, *mais.*	4	23
370	St-Pierre-Bois	156	257
	a) Hohwarth, *vil.*	60	282
	b) Hutten, *ham.*	4	14
371	Steige	287	870
372	Thanvillé	80	388
	a) Près Saint-Maurice, *ham.*	5	20
	b) Près Saint-Pierre-Bois, *ham.*	12	34
373	Triembach	115	388
374	Urbeis	127	488
	a) Champ d'Ill, *ferme*	9	26
	b) Climont, *ham.*	8	41
	c) Schnarupt, *ham.*	5	18
375	Villé	235	1 [illegible]

VI. — Arrondissement de Strasbourg-Campagne.

1. — Canton de Brumath.

Numéro d'ordre	Communes et annexes	Nombre de maisons	Nombre d'habitants
376	Bernolsheim	80	368
377	Bietlenheim	37	158
378	Bilwisheim	80	388
379	Brumath	670	3 758
	a) Stephansfeld, *asile et mais.*	37	1 360
380	Donnenheim	38	184
381	Eckwersheim	160	720
382	Gambsheim	384	2 [illegible]

(1) Par décret du 23 février [illegible], entré en vigueur le 1er mai [illegible], la commune de Châtenois a été divisée en deux communes distinctes : Châtenois ([illegible] maisons, [illegible] habitants) et La Vancelle ([illegible] maisons, [illegible] habitants). L'écart «Maisons isolées» appartient à la commune actuelle de Châtenois, l'écart «Hurst» à la commune de La Vancelle.

Numéro d'ordre	Communes et annexes	Nombre de maisons	Nombre d'habitants
383	Geudertheim	284	1 233
384	Gries	380	1 774
	a) Marienthal, *ham.*	27	178
385	Hoerdt	570	3 043
	a) Asile	16	398
386	Kilstett	206	983
387	Krautwiller	29	144
388	Kriegsheim	68	308
389	Kurtzenhouse	124	587
390	Mittelschaeffolsheim	50	258
391	Mommenheim	222	1 172
392	Olwisheim	71	334
393	Rottelsheim	[illegible]	202
394	Vendenheim	[illegible]	1 604
395	Wantzenau (La)	509	2 [illegible]
	a) Worth, *ham.*	16	66
396	Weyersheim	483	2 119

2. — Canton de Hochfelden.

Numéro d'ordre	Communes et annexes	Nombre de maisons	Nombre d'habitants
397	Alteckendorf	146	646
398	Bossendorf	67	272
399	Duntzenheim	125	561
400	Ettendorf	149	747
401	Friedolsheim	44	200
402	Geiswiller	45	206
403	Gingsheim	68	286
404	Grassendorf	55	235
405	Hochfelden	519	2 517
	a) Au Canal	7	44
406	Hohatzenheim	32	174
407	Hohfrankenheim	53	231
408	Ingenheim	105	420
409	Issenhausen	21	102
410	Lixhausen	66	300
411	Melsheim	115	433
412	Minversheim	118	555
413	Mittelhausen	125	532
414	Mutzenhouse	56	305
415	Ringeldorf	21	105
416	Ringendorf	135	472
417	Saessolsheim	161	604
418	Schaffhouse	78	335
419	Scherlenheim	30	140
420	Schwindratzheim	220	1 054
421	Waltenheim-sur-Zorn	134	588
422	Wickersheim	65	261
423	Wilshausen	26	114
424	Wilwisheim	99	472
425	Wingersheim	215	1 031
426	Zoebersdorf	27	170

3. — Canton de Schiltigheim.

Numéro d'ordre	Communes et annexes	Nombre de maisons	Nombre d'habitants
427	Achenheim	235	921
428	Bischheim	1 073	10 240
	a) Chât. anglais, *mais.*	1	64
429	Breuschwickersheim	116	558
430	Eckbolsheim	287	2 234
431	Hangenbieten	103	604
	a) Ile aux [illegible], *mais.*	5	139
	b) Weiler, *moul.*	1	21
432	Hoenheim	388	2 611
433	Ittenheim	170	842
434	Kolbsheim	122	511
435	Lampertheim	180	886
436	Mittelhausbergen	60	312
437	Mundolsheim	124	773
	a) Gare d. marchandises	4	42
438	Niederhausbergen	99	484
439	Oberhausbergen	166	823
440	Oberschaeffolsheim	233	1 146
441	Reichstett	287	1 305
442	Schiltigheim	1 795	19 230
	a) Cité des chemins de fer	9	178
443	Souffelweyersheim	216	1 239
	a) Cité de la Gare	4	48
	b) Route de Bischwiller, *mais.*	24	177
	c) Souffle, *ham.*	18	145
444	Wolfisheim	229	1 146

4. — Canton de Truchtersheim.

Numéro d'ordre	Communes et annexes	Nombre de maisons	Nombre d'habitants
445	Avenheim	32	198
446	Behlenheim	29	176
447	Berstett	129	587
448	Dingsheim	93	412
449	Dossenheim-Kochersberg	22	119
450	Durningen	65	323
451	Fessenheim-le-Bas	52	279
452	Furdenheim	129	612
453	Gimbrett	65	300
454	Gougenheim	101	411
455	Griesheim-sur-Souffel	58	257
456	Handschuheim	26	109
457	Hurtigheim	86	447
458	Ittlenheim	34	159
459	Kienheim	36	158
460	Kleinfrankenheim	27	104
461	Kuttolsheim	121	566
462	Neugartheim	40	173
463	Offenheim	48	217
464	Osthoffen	118	545
465	Pfettisheim	97	414
466	Pfulgriesheim	78	374
467	Quatzenheim	128	578
468	Reitwiller	78	308
469	Rohr	94	361
470	[illegible]	48	255
471	Schnersheim	77	408
472	Stutzheim	58	273
473	Truchtersheim	118	608
474	Willgottheim	124	680
475	Wintzenheim-Kochersberg	78	384
476	Wiwersheim	47	258
477	Woellenheim	11	64

VII. — Arrondissement de Strasbourg-Ville.

Numéro d'ordre	Communes et annexes	Nombre de maisons	Nombre d'habitants
478	Strasbourg	11 038	174 492
	1. Cronenbourg (1)	607	8 061
	2. Koenigshoffen (1)	507	6 200

(1) Faubourg faisant partie de l'agglomération du chef-lieu.

Numéro d'ordre	Communes et annexes	Nombre de maisons	Nombre d'habitants
478	3. Montagne-Verte (1)	253	3 771
	4. Neudorf (1)	1 964	25 931
	5. Neuhof (1)	661	5 969
	6. Robertsau (1)	1 489	10 714
	a) [illegible], mais.	2	14
	b) [illegible], mais.	6	29
	c) [illegible], mais.	6	30
	d) Ganzau, ham.	7	41
	e) [illegible], [illegible]	2	121
	f) Murhof, mais.	5	50
	g) Rothig, mais.	9	82
	h) [illegible], mais.	18	173
	i) Seemark, [illegible]	1	44

VIII. - Arrondissement de Wissembourg.

1. — Canton de Lauterbourg.

Numéro d'ordre	Communes et annexes	Nombre de maisons	Nombre d'habitants
479	Lauterbourg	276	1 840
	a) Port du Rhin, mais.	6	71
480	Neewiller-pr.-Lauterbourg	95	467
481	Niederlauterbach	192	[illegible]
482	Salmbach	135	646
483	Scheibenhard	80	376

2. — Canton de Seltz.

Numéro d'ordre	Communes et annexes	Nombre de maisons	Nombre d'habitants
484	Aschbach	160	857
485	Beinheim	228	946
	a) Alt-Beinheim, mais.	4	25
486	Buhl	97	483
487	Crœttwiller	25	114
488	Eberbach-Seltz	85	411
489	Kesseldorf	60	[illegible]
490	Mothern	294	1 [illegible]
491	Munchhausen	113	[illegible]
492	Niederrœdern	160	[illegible]
493	Oberlauterbach	92	[illegible]
494	Schaffhouse-près-Seltz	79	[illegible]
495	Seltz	375	1 813
	a) Neu-Beinheim, mais.	5	20
	b) Port du Rhin, mais.	6	27
496	Siegen	105	[illegible]
	a) Kaidenbourg, ham.	26	93
497	Stundwiller	68	[illegible]
498	Trimbach	112	[illegible]
499	Wintzenbach	121	[illegible]

3. — Canton de Soultz-sous-Forêts.

Numéro d'ordre	Communes et annexes	Nombre de maisons	Nombre d'habitants
500	Birlenbach	75	382
501	Bremmelbach	26	117
502	Drachenbronn	46	173
503	Hatten	392	1 821
	a) [illegible], ferme	1	16
504	Hermerswiller	44	[illegible]
505	Hoffen	97	476
506	Hohwiller	77	[illegible]
507	Hunspach	162	707
	a) Oberhof, ham.	4	23
508	Ingolsheim	42	[illegible]
509	Keffenach	46	175
510	Kuhlendorf	36	[illegible]
511	Kutzenhausen	165	[illegible]
	a) [illegible], ham.	59	310
512	Leiterswiller	46	215
513	Lobsann	[illegible]	[illegible]
514	Memmelshoffen	[illegible]	[illegible]
	a) Meisenthal, ham.	5	25
515	Merkwiller-Pechelbronn	143	[illegible]
	a) Hölschloch, ham.	31	[illegible]
516	Niederbetschdorf	227	1 [illegible]
517	Oberbetschdorf	273	1 [illegible]
518	Oberrœdern	[illegible]	[illegible]
519	Reimerswiller	49	[illegible]
520	Retschwiller	[illegible]	[illegible]
521	Rittershoffen	[illegible]	[illegible]
522	Schœnenbourg	[illegible]	[illegible]
523	Schwabwiller	[illegible]	[illegible]
524	Soultz-sous-Forêts	291	1 [illegible]
525	Surbourg	251	1 276

4. — Canton de Wissembourg.

Numéro d'ordre	Communes et annexes	Nombre de maisons	Nombre d'habitants
526	Altenstadt	[illegible]	1 [illegible]
	a) Fabr. d'allumettes	5	26
	b) Geisberg, ham.	6	45
	c) Geitershof, ham.	7	37
	d) Près de la Gare, [illegible]	9	44
527	Cleebourg	132	[illegible]
528	Climbach	83	447
529	Lembach	[illegible]	1 [illegible]
	a) Disteldorf, ham.	12	48
	b) Pfaffenbronn, ham.	16	75
530	Niederseebach	[illegible]	[illegible]
531	Niedersteinbach	77	[illegible]
	a) Wengelsbach, ham.	19	[illegible]
532	Oberhoffen-les-Wissembourg	[illegible]	[illegible]
533	Oberseebach	[illegible]	1 [illegible]
	a) Frohnackerhof, ham.	7	34
534	Obersteinbach	[illegible]	[illegible]
535	Riedseltz	[illegible]	1 [illegible]
	a) Oberdorf, vil.	45	[illegible]
536	Rott	[illegible]	[illegible]
537	Schleithal	[illegible]	1 [illegible]
538	Steinseltz	[illegible]	[illegible]
539	Wingen	[illegible]	[illegible]
	a) Klein-Wingen, ham.	[illegible]	164
540	Wissembourg	734	5 [illegible]
	a) Weiler, vil.	[illegible]	342

5. — Canton de Wœrth.

Numéro d'ordre	Communes et annexes	Nombre de maisons	Nombre d'habitants
541	Biblisheim	[illegible]	[illegible]
542	Dieffenbach-les-Wœrth	[illegible]	[illegible]
543	Durrenbach	[illegible]	[illegible]
544	Eberbach-Wœrth	[illegible]	[illegible]
545	Eschbach	[illegible]	[illegible]
546	Forstheim	[illegible]	[illegible]
547	Frœschwiller	[illegible]	[illegible]
	a) Elsasshausen, ham.	5	[illegible]
548	Gœrsdorf	[illegible]	[illegible]
549	Gunstett	[illegible]	[illegible]

(1) Faubourg faisant partie de l'agglomération du chef-lieu.

Numéro d'ordre	Communes et annexes	Nombre de maisons	Nombre d'habitants
550	Hegeney	54	[illegible]
551	Lampertsloch	114	[illegible]
	a) Le Bel, cité	18	102
552	Langensoultzbach	162	[illegible]
553	Laubach	42	[illegible]
554	Mattstall	42	178
	a) Verrerie, ham.	7	17
555	Mitschdorf	41	178
556	Morsbronn-les-Bains	116	536
557	Nehwiller-près-Wœrth	74	[illegible]
	a) [illegible], ham.	3	19
558	Oberdorf	[illegible]	[illegible]
	a) Spachbach, vil.	29	106
559	Preuschdorf	162	[illegible]
560	Walbourg	110	[illegible]
	a) Gare Walbourg	7	42
	b) Hinterfeld, ham.	24	126
561	Wœrth	216	1 [illegible]

B. — Département du Haut-Rhin.

1. — Arrondissement d'Altkirch.

1. — Canton d'Altkirch.

Numéro d'ordre	Communes et annexes	Nombre de maisons	Nombre d'habitants
562	Altkirch	570	3 [illegible]
	a) Moulin d'Ill	2	12
	b) St-Morand, ham.	2	39
	c) Schweighof, ferme	2	26
563	Aspach	115	[illegible]
564	Ballersdorf	134	[illegible]
565	Berentzwiller	[illegible]	[illegible]
566	Brinighoffen	27	111
567	Carspach	237	1 [illegible]
568	Eglingen	[illegible]	[illegible]
569	Emlingen	[illegible]	177
570	Enschingen	27	142
571	Franken	[illegible]	279
572	Frœningen	[illegible]	[illegible]
573	Hausgauen	[illegible]	[illegible]
574	Heidwiller	[illegible]	319
575	Heiwiller	[illegible]	144
576	Hochstatt	[illegible]	1 [illegible]
577	Hundsbach	[illegible]	[illegible]
578	Illfurth	[illegible]	1 [illegible]
579	Jettingen	[illegible]	412
580	Luemschwiller	131	[illegible]
581	Obermorschwiller	75	[illegible]
582	Schwoben	31	137
583	Spechbach-le-Bas	75	[illegible]
584	Spechbach-le-Haut	67	311
585	Tagolsheim	[illegible]	407
	a) [illegible] Dorf, ham.	10	45
586	Tagsdorf	54	[illegible]
587	Walheim	148	[illegible]
588	Willer	[illegible]	[illegible]
	a) Windenhof, fermes	2	21
589	Wittersdorf	172	760

2. — Canton de Dannemarie.

Numéro d'ordre	Communes et annexes	Nombre de maisons	Nombre d'habitants
590	Altenach	78	[illegible]
591	Ammerzwiller	[illegible]	[illegible]
592	Balschwiller	[illegible]	[illegible]
593	Bellemagny	[illegible]	[illegible]
594	Bréchaumont	[illegible]	[illegible]
595	Bretten	[illegible]	134
596	Buethwiller	44	[illegible]
597	Chavannes-sur-l'Étang	74	[illegible]
598	Dannemarie	[illegible]	1 [illegible]
599	Diefmatten	46	214
600	Elbach	37	[illegible]
601	Eteimbes	38	134
602	Falkwiller	42	[illegible]
603	Gildwiller	47	212
	a) [illegible], ham.	6	20
604	Gommersdorf	[illegible]	[illegible]
605	Guevenatten	43	144
606	Hagenbach	[illegible]	[illegible]
	a) [illegible], tuil.	3	27
	b) Tuilerie mécanique	1	46
607	Hecken	29	[illegible]
608	Lutran	[illegible]	[illegible]
609	Magny	29	[illegible]
610	Manspach	74	[illegible]
	a) St-Léger, ham.	[illegible]	134
611	Montreux-Jeune	[illegible]	[illegible]
612	Montreux-Vieux	[illegible]	[illegible]
613	Retzwiller	[illegible]	[illegible]
	a) Brückenmühle, ham.	8	[illegible]
	b) Cité	11	[illegible]
	c) Mais. Vogtensberger	4	[illegible]
614	Romagny	37	[illegible]
615	Saint-Cosme	11	[illegible]
616	Sternenberg	[illegible]	[illegible]
617	Traubach-le-Bas	[illegible]	377
618	Traubach-le-Haut	[illegible]	[illegible]
619	Ueberkumen	[illegible]	[illegible]
620	Valdieu	[illegible]	[illegible]
621	Wolfersdorf	[illegible]	[illegible]
	a) Cité Gilardoni	3	[illegible]

3. — Canton de Ferrette.

Numéro d'ordre	Communes et annexes	Nombre de maisons	Nombre d'habitants
622	Bendorf	[illegible]	[illegible]
623	Bettlach	[illegible]	[illegible]
	a) St-Blaise, ham.	5	[illegible]
624	Biederthal	[illegible]	[illegible]
	a) [illegible], ferme	1	[illegible]
625	Bouxwiller	[illegible]	[illegible]
	a) Luppach, cou.	3	[illegible]
626	Courtavon	[illegible]	[illegible]
627	Durlinsdorf	[illegible]	[illegible]

Numéro d'ordre	Communes et annexes	Nombre de maisons	Nombre d'habitants
628	Durmenach	188	884
629	Ferrette	112	441
630	Fislis	72	329
631	Kiffis	61	226
	a) [illegible], ferme	3	13
632	Koestlach	80	373
633	Levoncourt	45	164
634	Liebsdorf	60	222
	a) Liebenstein, ferme	1	14
635	Ligsdorf	81	307
	a) [illegible], ham.	5	13
636	Linsdorf	40	178
637	Lucelle	14	81
	a) Scholis, fermes	2	25
638	Lutter	72	263
639	Moernach	94	482
640	Moos	56	211
641	Moyen-Muespach	60	279
642	Muespach-le-Bas	101	428
643	Muespach-le-Haut	97	430
644	Oberlarg	32	186
645	Oltingue	140	750
	a) Usine	2	15
646	Raedersdorf	80	416
647	Roppentzwiller	152	780
648	Sondersdorf	70	311
649	Vieux-Ferrette	110	495
650	Werentzhouse	82	354
651	Winkel	100	427
652	Wolschwiller	90	366

4. — Canton de Hirsingue.

Numéro d'ordre	Communes et annexes	Nombre de maisons	Nombre d'habitants
653	Bettendorf	95	392
654	Bisel	105	474
655	Feldbach	86	332
656	Friesen	125	563
657	Fulleren	97	348
658	Grentzingen	114	524
659	Heimersdorf	98	483
660	Henflingen	29	129
661	Hindlingen	95	332
662	Hirsingue	272	1 380
663	Hirtzbach	209	992
	a) Hilberg, ham.	9	46
664	Largitzen	95	351
	a) Luffendorf, ham.	8	31
665	Mertzen	40	187
	a) Moulin	4	22
666	Niederlarg	18	81
667	Oberdorf	107	494
668	Pfetterhouse	164	829
	a) Gare	6	76
669	Riespach	110	602
	a) Bennerthof, ferme	1	16
670	Ruederbach	66	327
	a) Birkenhof, fermes	3	18
671	Saint-Ulrich	62	211
672	Seppois-le-Bas	105	517
673	Seppois-le-Haut	56	281
674	Steinsoultz	91	480
675	Strueth	58	229
676	Ueberstrass	50	229
677	Waldighofen	170	868

II. — Arrondissement de Colmar.

1. — Canton d'Andolsheim.

Numéro d'ordre	Communes et annexes	Nombre de maisons	Nombre d'habitants
678	Andolsheim	181	869
679	Artzenheim	116	487
680	Baltzenheim	63	212
681	Bischwihr	80	392
682	Durrenentzen	111	482
683	Fortschwihr	60	269
684	Grussenheim	186	779
685	Holtzwihr	104	482
686	Horbourg	217	1 111
687	Houssen	196	889
	a) Hollenhuette, mais.	3	14
	b) Rosenkranz, ham.	3	16
688	Jebsheim	200	746
689	Kunheim	140	687
690	Muntzenheim	95	482
691	Riedwihr	82	354
692	Sundhoffen	205	889
	a) Gare	6	26
693	Urschenheim	77	315
694	Wickerschwihr	35	177
695	Widensolen	105	498
696	Wihr-en-Plaine	85	490

2. — Canton de Colmar.

Numéro d'ordre	Communes et annexes	Nombre de maisons	Nombre d'habitants
697	Colmar	4 288	48 167
698	Ste-Croix-en-Plaine	273	1 284
	a) [illegible], moul. et ferme	2	18

3. — Canton de Munster.

Numéro d'ordre	Communes et annexes	Nombre de maisons	Nombre d'habitants
699	Breitenbach-Haut-Rhin	184	981
	a) [illegible], mais.	3	14
	b) Eckersberg, ham.	27	134
	c) [illegible], ham.	21	117
	d) [illegible], mais.	3	16
	e) Stemlisberg, ham.	3	14
700	Eschbach-au-Val	84	426
	a) [illegible], mais.	5	30
	b) [illegible], mais.	6	38
	c) Solberg, mais.	4	24
701	Griesbach-au-Val	96	532
	a) Meierhof, fermes	3	22
	b) Muehlele, mais.	5	54
702	Gunsbach	182	729
	a) Muehlele, fabr. et mais.	9	96
703	Hohrod	81	374
	a) Hohrodberg, mais.	23	130
	b) Weyer-Langenberle	10	49
704	Luttenbach près Munster	130	704
	a) Brunschlage, mais.	4	27
	b) Fronzell, ham.	28	170
	c) Geisbach, mais.	2	15
	d) Kalbling, mais.	2	19
	e) Leymel, mais.	8	38
	f) Roeste, mais.	3	20
	g) Sonnlisberg, mais.	5	24
	h) Wis mais.	3	28
705	Metzeral	191	1 020

Numéro d'ordre	Communes et annexes	Nombre de maisons	Nombre d'habitants
706	Mittlach	92	512
	a) Eberach, ham.	15	84
	b) Mittlach-le-Haut, h.	38	194
	c) Schiessloch, mais.	9	58
707	Muhlbach-sur-Munster	147	[illegible]
708	Munster	616	4 641
	a) Barlischhof, hab. d'ouvriers	1	115
	b) Bretsel, mais.	5	25
	c) Dubach, mais.	9	56
	d) Erlenwasen, mais.	17	48
	e) Haslach, ham.	10	46
	f) Heidenbach, mais.	7	37
	g) Kalbenstein, mais.	5	29
	h) Leymel, mais.	14	242
	i) Moenchberg, mais.	7	35
	j) [illegible], ferm. et mais.	4	28
	k) Spitalacker, ferme	3	[illegible]
	l) Solberg, ferme et m.	4	19
	m) Walsbach, mais.	10	56
	n) Widenthal, mais.	1	21
709	Sondernach	166	840
710	Soultzbach-les-Bains	129	667
711	Soultzeren	197	1 118
	a) Buchteren, mais.	4	18
	b) Buhl, mais.	4	27
	c) Burnacker, mais.	3	25
	d) Eck, ham.	9	45
	e) Gebrach, mais.	2	14
	f) Geisberg, mais.	5	30
	g) Kaltenborn, mais.	5	27
	h) Langern, mais.	4	33
	i) Landenbach, ham.	2	16
	j) Mengelsberg, ham.	4	21
	k) [illegible], fermes	3	14
712	Stosswihr	199	1 289
	a) Altenberg, ann.	2	148
	b) Ampfersbach, ham.	21	116
	c) Hagel, ham.	12	71
	d) Loch, ham.	6	30
	e) Rebberg-Muschlersberg, mais. et ferme	4	24
	f) Remloch, vil.	20	111
	g) Rosselwasen, ham.	7	48
	h) Sattel, fermes	3	22
	i) Schmelzwasen, ham.	13	75
	j) Schnaigat, ham.	8	44
	k) Schweinsbach, ferme	2	13
	l) Steinmauer, mais.	4	[illegible]
	m) Vorder-Schnaigat,	4	20
713	Wasserbourg	121	497
	a) [illegible], ham.	5	18
714	Wihr-au-Val	198	[illegible]
	a) Gare, mais.	23	100

4. — Canton de Neuf-Brisach.

Numéro d'ordre	Communes et annexes	Nombre de maisons	Nombre d'habitants
715	Algolsheim	77	321
	a) Les Fermes	4	17
716	Appenwihr	50	199
717	Balgau	88	438
718	Biesheim	284	1 145
	a) [illegible], ham.	12	55
719	Dessenheim	197	811
720	Geiswasser	50	171
721	Heiteren	155	665
722	Hettenschlag	48	199
723	Logelheim	56	284
724	Nambsheim	67	232
725	Neuf-Brisach	338	2 180
726	Obersaasheim	113	494
727	Vogelgrun	38	153
	a) Au pont d. Rhin, mais.	3	14
	b) Rotgarn, ferme	2	16
728	Volgelsheim	112	1 814
	a) Au Bouc, mais.	5	24
	b) Cité	8	39
	c) Pavillon, caserne	6	76
	d) Près des caserne	4	16
	e) Sirène, mais.	3	19
729	Weckolsheim	56	223
730	Wolfgantzen	85	343

5. — Canton de Wintzenheim.

Numéro d'ordre	Communes et annexes	Nombre de maisons	Nombre d'habitants
731	Eguisheim	324	1 448
	a) Tuileries mécanique	2	39
732	Herrlisheim près Colmar	173	732
733	Husseren-les-Châteaux	97	388
734	Obermorschwihr	90	331
735	Turckheim	485	2 441
	a) Trois-Épis et [illegible], ferme	11	34
736	Voegtlinshoffen	114	486
737	Walbach	105	465
	a) Oberdorf, ham.	6	28
738	Wettolsheim	255	1 167
739	Wintzenheim	634	3 408
	a) La Forge, ham.	46	194
	b) Logelbach, vil.	84	651
	c) St-Gilles, ferme et mais. for.	4	28
740	Zimmerbach	81	409

III. — Arrondissement de Guebwiller.

1. — Canton d'Ensisheim.

Numéro d'ordre	Communes et annexes	Nombre de maisons	Nombre d'habitants
741	Biltzheim	53	239
	a) [illegible], ferme	1	22
742	Blodelsheim	213	869
743	Ensisheim	496	3 060
	a) Faubourg de Belfort	38	463
	b) St-Georges, ferme et mais. for.	2	31
	c) Moulin Adolsheim	1	20
744	Fessenheim	148	751
745	Hirtzfelden	158	670
746	Meyenheim	129	590
747	Munchhouse	162	664
748	Munwiller	62	294
749	Niederentzen	90	396
750	Niederhergheim	161	766
751	Oberentzen	102	452
752	Oberhergheim	227	1 082
753	Pulversheim	94	371
754	Réguisheim	314	1 455
755	Roggenhouse	48	230
756	Rumersheim-le-Haut	165	694
757	Rustenhart	134	519
	a) Rheinfelderhof, ham.	6	36

Numéro d'ordre	Communes et annexes	Nombre de maisons	Nombre d'habitants
	2. — Canton de Guebwiller.		
758	**Bergholtz**	116	440
759	**Bergholtzzell**	88	321
760	**Buhl**	434	3 871
761	**Guebwiller**	1 882	11 834
762	**Lautenbach**	334	1 788
	a) Durrenbach, *ham.*	4	15
	b) Kappellacker, *ham.*	9	41
	c) Lerchenfeld, *ham.*	6	35
	d) [illegible], *ham.*	9	39
	e) Schweighouse, *vil.*	82	513
763	**Lautenbachzell**	229	1 180
	a) [illegible], *ham.*	81	401
764	**Linthal**	198	818
	a) Hilsen, *ham.*	15	59
	b) Herlen, *ham.*	38	184
	c) Remspach, *ham.*	22	94
	d) Rimbuhl, *ham.*	7	28
765	**Murbach**	88	282
	a) Belchental, *ham.*	15	82
	b) Geistal, *mais.*	4	21
	c) Muschental, *ham.*	3	17
766	**Orschwihr**	225	917
767	**Rimbach près Guebwiller**	43	187
768	**Rimbachzell**	78	287
	3. — Canton de Rouffach.		
769	**Gueberschwihr**	297	1 084
	a) St-Marc, *couvent*	1	53
770	**Gundolsheim**	136	571
771	**Hattstatt**	201	728
772	**Osenbach**	127	577
773	**Pfaffenheim**	319	1 238
	a) [illegible], *ferme et m. for.*	2	14
774	**Rouffach**	848	4 182
	a) Asile déptal d'aliénés	24	1 305
	b) [illegible], *ferme-école*	1	9
	c) Tuilerie	1	14
775	**Soultzmatt**	486	2 235
	a) [illegible], *ham.*	3	18
	b) Wintzfelden, *vil.*	77	365
776	**Westhalten**	177	770
	4. — Canton de Soultz.		
777	**Berrwiller**	146	682
778	**Bollwiller**	288	1 702
779	**Feldkirch**	188	479
	a) Colonie Alex	16	70
780	**Hartmannswiller**	108	446
781	**Issenheim**	289	1 298
782	**Jungholtz**	114	774
783	**Merxheim**	186	860
784	**Raedersheim**	88	380
785	**Soultz (Haut-Rhin)**	689	4 888
786	**Ungersheim**	161	790
	a) Moulins	2	15
787	**Wuenheim**	109	682
	a) Ollwiller, *domaine*	5	15

IV. — Arrondissement de Mulhouse.

Numéro d'ordre	Communes et annexes	Nombre de maisons	Nombre d'habitants
	1. — Canton de Habsheim.		
788	**Baldersheim**	140	618
789	**Bantzenheim**	225	1 005
790	**Battenheim**	128	684
791	**Chalampé**	77	382
	a) Chalampé-le-Bas, *ham.*	11	55
792	**Eschentzwiller**	147	589
793	**Habsheim**	325	1 383
794	**Hombourg**	82	311
795	**Illzach**	791	4 725
	a) Bourtzwiller, *vil.*	347	2 431
	b) Ile Napoléon, *ham.*	45	196
	c) Knoeckenschwartz-mühle, *fabr. et mais.*	3	18
	d) Modenheim, *vil.*	39	246
	e) Rue Vauban	25	218
796	**Niffer**	89	362
797	**Ottmarsheim**	188	686
798	**Petit-Landau**	124	480
799	**Riedisheim**	[illegible]	6 388
	a) [illegible], *mais.*	4	18
	b) Nagelyberg (route de Bâle), *mais.*	4	38
	c) [illegible], *ferme et mais.*	8	33
	d) [illegible], *mais.*	12	[illegible]
800	**Rixheim**	709	3 688
	a) Buchwald, *mais.*	3	18
	b) [illegible], *mais.*	10	68
801	**Rumersheim**	104	589
802	**Sausheim**	204	1 487
	a) Au canal, *mais.*	4	14
	b) Usines des Pins	7	44
803	**Zimmersheim**	103	484
	2. — Canton de Huningue.		
804	**Attenschwiller**	112	585
805	**Blotzheim**	388	2 088
	a) Blotzheim-la-Chaussée, *ham.*	115	611
	b) Dreihæuser, *ham.*	4	22
	c) Haberhæuser, *ham.*	106	565
806	**Bourgfelden**	189	1 263
	a) Maisons-Neuves	18	217
807	**Buschwiller**	118	687
808	**Folgensbourg**	128	688
809	**Hagenthal-le-Bas**	[illegible]	[illegible]
810	**Hagenthal-le-Haut**	[illegible]	[illegible]
811	**Hégenheim**	284	2 038
812	**Hésingue**	282	1 220
	a) [illegible], *ferme*	3	17
813	**Huningue**	301	2 080
814	**Knœringue**	48	197
815	**Leymen**	232	788
	a) Tannwald, *ham.*	11	58
816	**Liebenswiller**	37	182
817	**Michelbach-le-Bas**	97	388

Numéro d'ordre	Communes et annexes	Nombre de maisons	Nombre d'habitants
818	**Michelbach-le-Haut**	77	334
	a) Ferme Saint-Appolinaire	1	14
819	**Neuwiller**	72	363
820	**Ranspach-le-Bas**	119	582
821	**Ranspach-le-Haut**	72	380
822	**Rosenau**	110	525
823	**St-Louis**	888	5 780
	a) Michelfelden, *ham.*	13	99
	b) Route de Village-Neuf, *mais.*	4	21
824	**Village-Neuf**	480	2 288
825	**Wentzwiller**	91	425
	3. — Canton de Landser.		
826	**Bartenheim**	305	1 832
	a) Bartenheim-la-Chaussée, *ham.*	49	223
827	**Brinckheim**	46	186
828	**Dietwiller**	87	389
829	**Geispitzen**	74	316
830	**Helfrantzkirch**	118	482
831	**Kappelen**	78	338
832	**Kembs**	298	1 681
	a) Loechlé, *ham.*	46	202
	b) [illegible], *ham.*	19	94
	c) Schaeferhof, *ham.*	6	28
833	**Koetzingue**	83	382
834	**Landser**	78	318
835	**Magstatt-le-Bas**	50	179
836	**Magstatt-le-Haut**	62	238
837	**Rantzwiller**	92	382
838	**Schlierbach**	128	685
	a) Rue de la Gare	5	27
839	**Sierentz**	261	1 286
840	**Steinbrunn-le-Bas**	189	585
841	**Steinbrunn-le-Haut**	138	588
842	**Stetten**	73	338
843	**Uffheim**	113	487
844	**Wahlbach**	64	287
845	**Waltenheim**	35	187
846	**Zæssingue**	68	238
	4. — Canton de Mulhouse-Nord.		
847	**Kingersheim**	288	1 388
	a) Strueth, *ham.*	17	91
848	**Lutterbach**	485	3 202
849	**Mulhouse, Section Nord de la ville** (1)	4 128	48 588
	a) Ferme Mœnchsberg	1	16
	b) Rue de la Mertzau, *mais. N° 141 et suivants)*	4	15
	c) Rue de l'Ile, *mais.*	3	23
	d) [illegible], *mais.*	6	32
850	**Pfastatt**	884	3 987
	a) Pfastatt-le-Château, *ham.*	28	164
851	**Reiningue**	232	1 181
	a) Oelenberg, *couvent*	1	53
852	**Richwiller**	108	1 284

(1) Les deux sections formant la ville entière figurent après le n° 861.

Numéro d'ordre	Communes et annexes	Nombre de maisons	Nombre d'habitants
853	**Wittenheim**	881	4 847
	a) Cités Mines Fernand et Anna	120	854
	b) Cité Ste-Barbe	129	814
	c) Schœnensteinbach, *ham.*	8	59
	5. — Canton de Mulhouse-Sud.		
854	**Bruebach**	116	400
855	**Brunstatt**	884	3 528
	a) Ferme de l'Illberg	2	32
	b) Burnerkrix, *mais.*	4	25
856	**Didenheim**	206	1 015
857	**Flaxlanden**	128	677
858	**Galfingue**	94	481
859	**Heimsbrunn**	155	782
860	**Morschwiller-le-Bas**	315	2 088
	a) Foyer de l'ouvrier	1	123
	b) Cité Glanzstoff	9	132
	c) Fabrique Rossele	3	22
(849)	**Mulhouse, Section Sud de la Ville**	4 900	50 790
	a) [illegible] de la Sablière	4	35
	b) Colonie Illberg	26	196
	c) Colonie Mieg	3	78
	d) Rue de Belfort	8	61
	e) Rue de la Délivrance	5	58
	f) [illegible], *mais. N° 162 et suiv.)*	10	41
	g) Rue de l'Etang	3	21
	h) Rue de l'Illberg	20	97
	i) Rue du Lézard (*mais. N° 20 et suivante*)	3	27
	j) Rue du Meunier	2	19
	k) Zuckerberg, *ferme et mais.*	6	24
861	**Zillisheim**	236	1 488
	a) Collège épiscopal	1	332
(849)	**Mulhouse (ville entière)**	9 028	99 382

V. — Arrondissement de Ribeauvillé.

Numéro d'ordre	Communes et annexes	Nombre de maisons	Nombre d'habitants
	1. — Canton de Kaysersberg.		
862	**Ammerschwihr**	386	1 482
	a) Faubourg	7	56
	b) Trois-Epis, *couvent*	1	49
	c) Trois-Epis, *ham.*	7	43
863	**Béblenheim**	228	788
864	**Bennwihr**	187	688
	a) Gare, *mais.*	12	60
865	**Ingersheim**	417	2 036
	a) Logelbach, *mais.*	32	210
866	**Katzenthal**	172	480
867	**Kaysersberg**	485	2 363
	a) Alspach, *ham.*	12	154
	b) Hinter-Alspach, *m.*	2	14
	c) [illegible], *mais.*	28	206
868	**Kientzheim**	198	864
	a) Spiegel, *couvent et pensionnat*	2	182
	b) Weiss, *mais.*	9	33
869	**Mittelwihr**	179	686

Numéro d'ordre	Communes et annexes	Nombre de maisons	Nombre d'habitants
870	Niedermorschwihr	180	632
871	Ostheim	283	1 019
	a) Schoppenweier, *ferme*	8	38
872	Riquewihr	364	1 300
	a) Bästeinthal, *ham.*	10	36
	b) Ursprung, *ham.*	13	46
873	Sigolsheim	172	752
874	Zellenberg	90	270

2. — Canton de Lapoutroie.

Numéro d'ordre	Communes et annexes	Nombre de maisons	Nombre d'habitants
875	Bonhomme	187	833
	a) Bagenelles, *fermes*	6	29
	b) Chapelle, *ham.*	9	49
	c) Chiblin, *métairie*	3	14
	d) Fairupt, *ham.*	11	56
	e) La Mass, *fermes*	3	14
	f) [illegible], *ham.*	4	14
	g) Verse, *ham.*	7	38
876	Fréland	292	1 300
	a) Barlin, *fermes*	4	18
	b) Chamont, *ham.*	11	53
	c) Chaude-Côte, *ham.*	10	36
	d) Chêne, *ham.*	8	34
	e) Chenor ([illegible]), *ham.*	5	20
	f) Codongoutte, *ham.*	5	17
	g) Combe, *ham.*	4	20
	h) Decendue, *ham.*	4	18
	i) Grandmont, *ham.*	2	15
	j) Halle, *ham.*	6	28
	k) Haute-Combe, *ham.*	4	18
	l) Ht-Voirimont, *ham.*	5	23
	m) Kalblin, *ham.*	23	64
	n) Knolpré, *ham.*	8	34
	o) Noiregoutte, *ham.*	3	16
	p) Préchamps, *ham.*	8	27
	q) Queue de l'A, *ham.*	9	31
	r) Salem, *ann.*	1	84
	s) Taupré, *ham.*	7	44
	t) Verse, *ham.*	4	19
877	Labaroche	295	1 161
	a) Basse-Baroche, *ham.*	18	86
	b) Chapelle, *ham.*	11	63
	c) [illegible], *ham.*	3	14
	d) Chêne, *ham.*	11	56
	e) Christé, *ham.*	11	55
	f) Cottis, *ham.*	3	22
	g) Cras, *ham.*	8	28
	h) [illegible], *ham.*	7	31
	i) Eglise, *ham.*	8	29
	j) Evaux, *ham.*	10	36
	k) Faîte, *ham.*	10	45
	l) Gasson, *ham.*	10	22
	m) Giragoutte, *ham.*	12	49
	n) Goutte, *ham.*	10	48
	o) Granges, *ham.*	5	27
	p) Hazeall, *ham.*	16	63
	q) Lâmes, *ham.*	9	48
	r) Mulles, *ham.*	11	44
	s) Place, *ham.*	20	109
	t) Rochette, *ham.*	7	33
	u) Rochere, *ham.*	3	15
	v) Vieux-Champs, *ham.*	4	17
878	Lapoutroie	322	1 [illegible]
	a) Altenbach, *ham.*	4	16
	b) Bambois, *ham.*	3	18
	c) Barichiren, *ham.*	5	21
	d) [illegible], *ham.*	3	14
	e) Bohlé, *ham.*	3	15
	f) Chamont, *ham.*	4	19
	g) Champ-de-la-Croix, *ham.*	4	25
	h) Embaar, *ham.*	3	16
	i) Emboterhde, *ham.*	5	17
	j) Faudé, *ham.*	8	35
	k) Faurupt, *ham.*	3	22
	l) Forné, *ham.*	4	21
	m) [illegible], *mais.*	3	15
	n) Grandtrait, *mais.*	10	60
	o) [illegible] ([illegible]) *vil.*	44	204
	p) Hautpré, *ham.*	5	20
	q) Kermodé, *ham.*	4	22
	r) La Forêt, *ham.*	6	23
	s) La Gasse, *ham.*	6	34
	t) La Goutte, *ham.*	14	68
	u) Morelles, *ham.*	13	56
	v) Ribeaugoutte ([illegible]), *ham.*	11	40
	w) Sur le Mont, *mais.*	2	15
879	Orbey	575	3 [illegible]
	a) Allagouten, *ham.*	7	23
	b) Bââ, *fermes*	3	19
	c) Basses-Huttes, *ham.*	26	135
	d) Bas-d'Orbey, *ham.*	27	153
	e) [illegible], *ham.*	5	14
	f) Beauregard, *ham.*	5	20
	g) Bermont, *ham.*	4	23
	h) Bethlehem, *ham.*	12	66
	i) Beûs, *ham.*	5	29
	j) Blanc-Rupt, *ham.*	10	52
	k) Bois-le-Sire, *ham.*	8	40
	l) Busset, *ham.*	8	68
	m) Carmes, *ham.*	3	17
	n) [illegible], *ham.*	8	48
	o) Chesires, *ham.*	5	44
	p) Coin, *ham.*	5	21
	q) Commte, *ham.*	6	21
	r) [illegible], *ham.*	13	65
	s) Faudé, *ham.*	6	27
	t) Fontenelles, *ham.*	3	16
	u) Gas, *ham.*	6	71
	v) Goishof, *ham.*	7	43
	w) Grde-Vallée, *ham.*	7	25
	x) Grenelle, *ham.*	4	13
	y) Hambout, *ham.*	6	28
	z) Htes-Huttes, *ham.*	34	180
	a¹) Hopat, *ham.*	5	26
	b¹) [illegible], *ham.*	11	64
	c¹) [illegible], *fermes*	2	15
	d¹) Lais, *ham.*	7	28
	e¹) [illegible], *ham.*	6	28
	f¹) Matcelle, *ham.*	7	26
	g¹) [illegible], *ham.*	9	45
	h¹) [illegible], *ham.*	8	28
	i¹) Noir-Rupt, *ham.*	10	37
	j¹) Pairis, *ham.*	6	29

Numéro d'ordre	Communes et annexes	Nombre de maisons	Nombre d'habitants
	k¹) Pinasse, *fermes*	4	28
	l¹) Préaures, *ham.*	5	28
	m¹) Ranaure, *ham.*	4	17
	n¹) Remomont, *ham.*	4	20
	o¹) Rouge-Terre, *ham.*	5	29
	p¹) [illegible], *mais.*	4	44
	q¹) Schultzbach, *ham.*	6	34
	r¹) Sur-le-Plat, *fermes*	5	23
	s¹) Tannach, *ham.*	31	141
	t¹) Vers-Pairis, *ham.*	9	47

3. — Canton de Ribeauvillé.

Numéro d'ordre	Communes et annexes	Nombre de maisons	Nombre d'habitants
880	Bergheim	366	1 [illegible]
881	Guémar	240	981
	a) [illegible], *mais.*	8	66
882	Hunawihr	145	514
883	Illhaeusern	118	534
884	Ribeauvillé	837	4 977
	a) Grde Verrerie, *ham.*	18	81
	b) [illegible], *ann.*	1	101
	c) Petite Verrerie, *ham.*	8	24
	d) [illegible], *mais.*	4	37
	e) Route de Ste-Marie-aux-Mines, *mais.*	7	42
885	Rodern	98	328
886	Rorschwihr	88	365
887	Saint-Hippolyte	345	1 [illegible]
	a) Gare, et *mais.*	3	17
	b) Route de Colmar, *m.*	4	20
888	Thannenkirch	152	540
	a) Bienotte, *ham.*	6	22
	b) Melkerhof, *ham.*	6	31
	c) Schälkle, *ham.*	5	18
	d) [illegible] ([illegible]), *ham.*	6	26

4. — Canton de Sainte-Marie-aux-Mines.

Numéro d'ordre	Communes et annexes	Nombre de maisons	Nombre d'habitants
889	Aubure	64	296
890	Lièpvre	289	1 344
	a) Bois d'Abreux, *ham.*	13	66
	b) [illegible], *mais.*	15	64
	c) Fraerupt, *ham.*	7	34
	d) [illegible], *ham.*	23	94
	e) Spiémont, *fermes*	3	20
	f) Vetembach, *fermes*	3	22
	g) [illegible], *mais.*	20	82
891	Rombach-le-Franc	289	1 288
	a) Chambrettes, *ham.*	8	27
	b) [illegible], *ham.*	26	111
	c) La Hingrie, *ham.*	41	174
	d) Rougigoutte, *ham.*	18	80
	e) [illegible], *ham.*	11	44
	f) [illegible], *ham.*	11	41
892	Sainte-Croix-aux-Mines	470	3 [illegible]
	a) Barus, *ham.*	6	27
	b) Barbache, *mais.*	3	18
	c) [illegible], *fermes*	4	22
	d) Grd-Rombach, *ham.*	54	216
	e) Grd-[illegible], *fermes*	4	17
	f) [illegible], *ham.*	9	88
	g) [illegible], *fermes*	3	21
	h) Hury, *ham.*	9	40
	i) Jaboumont, *ham.*	4	18
	j) La Bouille, *ham.*	8	48
	k) [illegible], *mais.*	3	36
	l) Petites Halles, *mais.*	7	55
	m) Petit-Rombach, *ham.*	43	200
	n) Rougigoutte, *fermes*	3	17
	o) Solbach, *fermes*	3	17
	p) Stimbach, *ham.*	8	41
	q) Timbach, *ham.*	22	124
	r) Vraie-Côte, *ham.*	8	35
893	Sainte-Marie-aux-Mines	1 148	9 400
	a) Bourgonde, *ham.*	11	50
	b) Bürstenbuckel ([illegible]), *fermes*	3	15
	c) Cité Haffner, *mais.*	3	20
	d) Côte d'Echery, *fermes et mais.*	18	88
	e) Echery, *vil.*	75	620
	f) [illegible] ([illegible]), *ham.*	8	38
	g) Fertrupt, *vil.*	44	410
	h) Fischtal, *ham.*	7	22
	i) Fonderie, *mais.*	2	14
	j) [illegible], *fermes*	7	38
	k) Petit-Haut, *fermes*	6	27
	l) Petite-Lièpvre, *ham.*	26	127
	m) Puche, *fermes*	3	14
	n) Rauental, *ham.*	15	91
	o) St-Blaise, *ham.*	23	122
	p) St-Michel, *mais.*	3	19
	q) St-Philippe, *ham.*	11	41
	r) Sur l'Hâte, *ham.*	18	67

VI. — Arrondissement de Thann.

1. — Canton de Cernay.

Numéro d'ordre	Communes et annexes	Nombre de maisons	Nombre d'habitants
894	Aspach-le-Bas	88	462
895	Bernwiller	74	358
896	Burnhaupt-le-Bas	138	685
897	Burnhaupt-le-Haut	159	773
	a) Pont d'Aspach ([illegible]), *ham.*	10	80
898	Cernay	947	6 694
	a) Asile St-André	2	576
	b) Leitzelhof, *ferme*	2	13
899	Schweighouse	87	420
900	Staffelfelden	79	873
	a) Colonie, *mais.*	14	223
	b) Mine, *mais.*	14	189
	c) Nouvelle Colonie	1	24
901	Steinbach	147	705
902	Uffholtz	237	1 170
	a) [illegible], *fabr. et mais.*	10	40
903	Wattwiller	194	867
	a) Silberloch, *bar.*	2	18
904	Wittelsheim	288	2 770
	a) Colonie Amélie I	22	214
	b) Colonie Amélie II	14	123
	c) Colonie Gare	14	152
	d) Colonie Gra[illegible] ([illegible])	1	238
	e) Colonie Joseph-Else	25	297
	f) Colonie Lange-Bux	1	19

Numéro d'ordre	Communes et annexes	Nombre de maisons	Nombre d'habitants
	2. — Canton de Masevaux.		
905	**Bourbach-le-Haut**	94	422
	a) Berg, *ham.*	3	18
	b) Boutique, *ferme*	1	13
	c) Niederweiler, *ferme*	1	13
906	**Dolleren**	116	592
	a) Holmchlag, *ham.*	4	21
907	**Kirchberg**	134	717
	a) Am Berg, *ham.*	5	26
	b) Hecken, *ham.*	17	78
	c) Hohbuhl, *ham.*	14	84
	d) Langenfeld, *ham.*	21	112
	e) Steyn, *mais.*	4	18
	f) Strueth, *ham.*	11	63
908	**Lauw**	130	733
	a) [illegible], *mais.*	4	19
909	**Masevaux**	480	3 288
	a) Eichbourg, *ferme*	2	17
	b) [illegible], *ferme*	3	21
	c) Houppach, *ham.*	31	160
	d) Sanatorium	1	96
	e) Schimm, *fermes*	2	17
	f) [illegible], *ham.*	26	110
910	**Mortzwiller**	37	170
911	**Niederbruck**	88	312
912	**Oberbruck**	94	389
913	**Rimbach près Masevaux**	117	579
	a) Zimmerbach, *ham.*	23	113
	b) Herben, *ham.*	32	162
914	**Sentheim**	182	1 027
915	**Sewen**	146	786
916	**Sickert**	38	278
917	**Soppe-le-Bas**	102	488
918	**Soppe-le-Haut**	79	348
919	**Wegscheid**	84	410
	3. — Canton de St-Amarin.		
920	**Altenbach**	18	80
	a) [illegible], *mais.*	7	34
921	**Fellering**	274	1 380
	a) Ebenacker, *ham.*	3	23
	b) Hemmerspach, *ham.*	14	64
	c) Schliffels, *ham.*	30	214
	d) See, *ham.*	8	52
	e) Steinach, *ham.*	5	31
	f) Stichelmatt, *ham.*	5	20
	g) Thalhorn, *ham.*	3	17
	h) Wesserling-Fellering, *gare et mais.*	29	182
922	**Geishouse**	116	655
	a) [illegible]	1	16
	b) Unterlangmatt, *ham.*	4	19
	c) Oberlangmatt, *ham.*	6	25
923	**Goldbach**	84	388
	a) [illegible], *ham.*	4	16
	b) Neuhouse, *ham.*	7	34
924	**Husseren-Wesserling**	165	1 125
	a) Brand, *ham.*	5	20
	b) Cités, *mais.*	5	64
	c) Rothbrunck, *mais.*	1	19
925	**Kruth**	270	1 404
	a) Frentz, *ham.*	20	104
	b) Hof, *mais.*	3	17
	c) Runsche, *ham.*	5	31
	d) Sauwas, *ham.*	12	71
926	**Malmerspach**	113	722
	a) Kleinang, *ham.*	8	34
927	**Mitzach**	87	465
	a) Entzenbach, *mais.*	4	25
	b) Kumbach, *ham.*	3	19
928	**Mollau**	120	650
929	**Moosch**	285	2 [illegible]
	a) Gehren, *mais.*	9	62
930	**Oderen**	264	1 [illegible]
	a) [illegible], *mais.*	4	20
	b) [illegible], *ham.*	6	40
	c) [illegible], *mais.*	6	27
	d) Tacher, *ham.*	10	60
931	**Ranspach**	165	1 044
	a) Gronstein, *mais.*	5	19
	b) Pfaffmatt, *fabr.*	2	19
932	**St-Amarin**	368	2 104
	a) [illegible], *cité*	10	48
	b) [illegible], *ham.*	16	162
933	**Storckensohn**	80	367
	a) Buchel, *mais.*	10	41
	b) Chemin du Gazon	6	31
	c) Rue de l'Église	5	23
	d) Rue du Village	5	26
934	**Urbès**	112	675
935	**Wildenstein**	78	366
	a) Klein Rama, *mais.*	3	16
	b) [illegible], *mais.*	6	23
	4. — Canton de Thann.		
936	**Aspach-le-Haut**	121	607
	a) Gare	7	22
	b) Baraques	13	67
937	**Bitschwiller**	390	2 [illegible]
938	**Bourbach-le-Bas**	132	[illegible]
939	**Guewenheim**	178	779
940	**Leimbach**	121	[illegible]
941	**Michelbach**	38	[illegible]
942	**Rammersmatt**	54	[illegible]
943	**Roderen**	104	[illegible]
944	**Thann**	[illegible]	[illegible]
945	**Vieux-Thann**	[illegible]	1 [illegible]
946	**Willer-sur-Thur**	272	1 [illegible]
	a) [illegible], *fermes*	3	14
	b) Baraques	7	30

C. — Département de la Moselle.

I. — Arrondissement de Boulay.

Numéro d'ordre	Communes et annexes	Nombre de maisons	Nombre d'habitants
	1. — Canton de Boulay.		
947	**Bannay**	36	93
948	**Bettange**	47	156
949	**Bionville**	60	290
	a) Morlange, *ham.*	17	69
950	**Bisten-en-Lorraine**	74	244
951	**Boucheporn**	166	381
952	**Boulay**	432	2 158
	a) [illegible], *vac. la.*	4	21
953	**Brouck**	46	117
954	**Condé-Northen**	106	323
	a) Northen, *vil. avec moul. et ferme*	23	70
	b) Pontigny ([illegible]), *vil.*	29	93
955	**Coume**	153	572
956	**Denting**	53	283
957	**Éblange**	46	129
958	**Gomelange**	106	287
959	**Guerting**	113	650
960	**Guinkirchen**	55	283
961	**Gomelange**	13	51
962	**Hallering**	20	85
963	**Ham-sous-Varsberg**	281	1 [illegible]
	a) Rue de la Gare	36	202
964	**Helstroff**	92	383
	a) Macker, *vil.*	43	160
965	**Hinckange**	47	181
	a) Brecklange, *ham.*	11	46
966	**Holling**	66	241
967	**Loutremange**	19	78
968	**Mégange**	67	159
	a) Rurange, *vil.*	17	55
969	**Momerstroff**	64	240
970	**Narbéfontaine**	47	163
971	**Niedervisse**	67	229
972	**Obervisse**	40	127
973	**Ottonville**	104	485
	a) Rérange, *vil.*	32	151
974	**Piblange**	90	288
	a) Bockange, *vil.*	25	96
	b) Drogny, *ham.*	16	38
975	**Roupeldange**	66	255
976	**Téterchen**	132	672
977	**Valmunster**	38	168
978	**Varize**	65	233
979	**Varsberg**	130	594
980	**Velving**	72	241
981	**Volmerange-lès-Boulay**	75	252
982	**Zimming**	83	355
	2. — Canton de Bouzonville.		
983	**Alzing**	116	374
984	**Anzeling**	95	324
	a) Edling, *vil.*	23	90
985	**Berviller**	102	362
986	**Bibiche**	81	346
	a) Neudorf, *vil.*	14	62
	b) Rodlach, *vil.*	18	77
987	**Bouzonville**	385	2 251
	a) Aidling, *vil.*	31	131
	b) Benting, *vil.*	26	109
	c) Heckling, *vil.*	34	141
988	**Brettnach**	107	362
989	**Château-Rouge**	43	230
990	**Chémery-les-Deux**	107	385
	a) Chémery-L.-Neuve, *vil.*	49	166
	b) Hobling, *vil.*	32	90
991	**Colmen**	58	212
992	**Creutzwald-la-Croix**	700	3823
	a) Glockenhof, *ham.*	5	34
993	**Dalem**	109	542
	a) Ferme du Soleil	2	18
	b) Hôtel du Repos	1	18
994	**Dalstein**	60	286
995	**Ebersviller**	163	860
	a) Férange, *vil.*	23	10[illegible]
	b) Ising, *ham.*	12	54
	c) Laubruck, *ham.*	24	95
996	**Falck**	238	1 388
	a) Cité d. Chemin d. Fer	90	353
	b) Route de Falck	16	272
	c) Rue de la Gare	7	56
	d) Rue du Hech	5	24
997	**Filstroff**	108	673
	a) Beckerholtz, *vil.*	39	178
998	**Freistroff**	211	835
	a) Guiching, *ham.*	18	58
	b) Diding, *vil.*	25	108
999	**Guerstling**	85	396
	a) Niedwelling, *vil.*	26	102
1000	**Hargarten-aux-Mines**	164	980
	a) Moulin du Soleil	4	46
1001	**Heining**	67	294
	a) Leiding, *ham.*	5	14
	b) Schreckling, *vil.*	23	100
1002	**Hestroff**	122	427
1003	**Menskirch**	52	172
1004	**Merten**	180	948
	a) Bibling, *vil.*	60	325
1005	**Neunkirchen**	79	344
	a) Remeldorff, *vil.*	26	84
1006	**Oberdorff**	42	216
	a) Odenhofen, *ham.*	17	84
1007	**Remelfang**	32	155
1008	**Rémering-lès-Hargarten**	112	423
1009	**Saint-Bernard**	[illegible]	[illegible]
1010	**Saint-François**	[illegible]	[illegible]
	a) Lacroix, *vil.*	[illegible]	[illegible]
1011	**Schwerdorff**	[illegible]	[illegible]
	a) Cottendorff, *ham.*	13	[illegible]
	b) Otzwiller, *ham.*	12	80

Numéro d'ordre	Communes et annexes	Nombre de maisons	Nombre d'habitants
1012	Tromborn	92	443
1013	Vaudreching	88	362
1014	Villing	74	270
	a) Edling, ham.	3	15
	b) Gaweistroff, ham.	9	47
	c) Trois-Maisons, ham.	6	26
1015	Voelfling-lès-Bouzonville	40	149

2. — Canton de Faulquemont.

Numéro d'ordre	Communes et annexes	Nombre de maisons	Nombre d'habitants
1016	Adaincourt	30	161
1017	Adelange	76	[illegible]
1018	Arraincourt	71	[illegible]
1019	Arriance	[illegible]	[illegible]
1020	Bambiderstroff	185	694
1021	Chémery	30	71
1022	Créhange	87	[illegible]
1023	Elvange	73	274
1024	Faulquemont	[illegible]	[illegible]
1025	Flétrange	83	[illegible]
	a) Dorviller, vil.	29	130
1026	Fouligny	56	170
1027	Guinglange	57	[illegible]
	a) [illegible], ham.	7	23
1028	Hallering	40	126
1029	Han-sur-Nied	38	[illegible]
1030	Haute-Vigneulles	[illegible]	270
	a) Basse-Vigneulles, vil.	41	96
1031	Hémilly	[illegible]	157
1032	Herny	[illegible]	484
1033	Holacourt	27	87
1034	Landroff	[illegible]	[illegible]
1035	Longeville-lès-St-Avold	[illegible]	1 792
	a) Kleinthal, ham.	30	145
	b) Trois-Maisons, mais.	3	13
1036	Mainvillers	[illegible]	290
1037	Many	[illegible]	[illegible]
1038	Marange-Zondrange	[illegible]	[illegible]
	a) Zondrange, vil.	37	102
1039	Pontpierre	140	576
1040	Téting	145	[illegible]
	a) [illegible], ham.	7	43
	b) Tuilerie	3	45
1041	Thicourt	76	[illegible]
	a) Plâtrerie	1	18
1042	Thonville	44	[illegible]
1043	Tritteling	70	222
	a) Redlach, vil.	22	112
1044	Vahl-lès-Faulquemont	[illegible]	[illegible]
1045	[illegible]	111	[illegible]
1046	Vittoncourt	[illegible]	[illegible]
1047	Voimhaut	75	[illegible]

II. — Arrondissement de Château-Salins.

1. — Canton d'Albestroff.

Numéro d'ordre	Communes et annexes	Nombre de maisons	Nombre d'habitants
1048	Albestroff	124	[illegible]
	a) Hospice Ste-Anne	3	[illegible]
1049	Bénestroff	[illegible]	[illegible]
1050	Bermering	[illegible]	[illegible]
1051	Francaltroff	[illegible]	[illegible]
1052	Givrycourt	[illegible]	[illegible]
1053	Guinzeling	[illegible]	[illegible]
1054	Honskirch	77	[illegible]
1055	Insming	[illegible]	[illegible]
1056	Insviller	[illegible]	[illegible]
1057	Léning	[illegible]	[illegible]
1058	Lohr	[illegible]	[illegible]
1059	Lostroff	[illegible]	[illegible]
1060	Loudrefing	[illegible]	[illegible]
1061	Marimont-lès-Bénestroff	[illegible]	[illegible]
	a) Gare de Réning	2	15
1062	[illegible]	[illegible]	[illegible]
1063	[illegible]	[illegible]	[illegible]
1064	[illegible]	[illegible]	[illegible]
1065	[illegible]	[illegible]	[illegible]
1066	[illegible]	[illegible]	[illegible]
1067	[illegible]	[illegible]	[illegible]
1068	[illegible]	[illegible]	[illegible]
1069	Torcheville	[illegible]	[illegible]
1070	Vahl-lès-Bénestroff	[illegible]	[illegible]
1071	[illegible]	[illegible]	[illegible]
	a) Ste-Elisabeth, ferme	6	[illegible]
1072	Virming	[illegible]	[illegible]
	a) Ibrick, ham.	24	[illegible]
	b) Obrick, ham.	16	74
1073	Vittersbourg	[illegible]	[illegible]

2. — Canton de Château-Salins.

Numéro d'ordre	Communes et annexes	Nombre de maisons	Nombre d'habitants
1074	Abaucourt-sur-Seille	[illegible]	[illegible]
1075	Achain	[illegible]	[illegible]
1076	Amelécourt	41	[illegible]
1077	Attilloncourt	[illegible]	[illegible]
1078	Bellange	[illegible]	[illegible]
1079	Bioncourt	[illegible]	[illegible]
	a) Alincourt, ham.	[illegible]	[illegible]
1080	Burlioncourt	71	[illegible]
1081	Chambrey	[illegible]	[illegible]
1082	Château-Salins	[illegible]	[illegible]
1083	Château-Voué	[illegible]	[illegible]
1084	[illegible]	[illegible]	[illegible]
1085	[illegible]	[illegible]	[illegible]
1086	[illegible]	[illegible]	[illegible]
1087	[illegible]	[illegible]	[illegible]
1088	[illegible]	[illegible]	[illegible]
1089	[illegible]	[illegible]	[illegible]
1090	[illegible]	[illegible]	[illegible]
1091	[illegible]	[illegible]	[illegible]
	a) Gare, mais.	[illegible]	[illegible]
1092	[illegible]	[illegible]	[illegible]
1093	[illegible]	[illegible]	[illegible]
1094	[illegible]	[illegible]	[illegible]
1095	[illegible]	[illegible]	[illegible]
1096	[illegible]	[illegible]	[illegible]
1097	[illegible]	[illegible]	[illegible]
	a) [illegible], ham.	[illegible]	[illegible]
1098	[illegible]	[illegible]	[illegible]
1099	[illegible]	[illegible]	[illegible]
1100	[illegible]	[illegible]	[illegible]
1101	[illegible]	[illegible]	[illegible]
	a) [illegible], ferme	[illegible]	[illegible]

Numéro d'ordre	Communes et annexes	Nombre de maisons	Nombre d'habitants
1102	Riche	56	[illegible]
	a) Metzing, ham.	5	28
	b) Nivedanch, ham.	14	33
1103	Salonnes	80	[illegible]
	a) Burthécourt, ferme	3	19
1104	Sotzeling	16	63
1105	Vannecourt	[illegible]	[illegible]
1106	Vaxy	72	211
1107	Wuisse	61	181

3. — Canton de Delme.

Numéro d'ordre	Communes et annexes	Nombre de maisons	Nombre d'habitants
1108	Ajoncourt	34	110
1109	Alaincourt-la-Côte	40	135
1110	Aulnois-sur-Seille	76	214
1111	Bacourt	[illegible]	175
1112	Baudrecourt	57	[illegible]
1113	Bréhain	[illegible]	157
1114	Château-Bréhain	46	[illegible]
1115	Chénois	41	[illegible]
1116	Chicourt	40	[illegible]
1117	Craincourt	78	273
1118	Delme	167	[illegible]
1119	Donjeux	44	[illegible]
1120	Fonteny	107	[illegible]
	a) Faxe, vil.	21	45
1121	Fossieux	48	157
1122	Frémery	41	[illegible]
1123	[illegible]	[illegible]	[illegible]
1124	Jallaucourt	[illegible]	[illegible]
1125	Juville	[illegible]	141
1126	Laneuveville-en-Saulnois	[illegible]	[illegible]
1127	Lemoncourt	44	[illegible]
1128	Lesse	[illegible]	[illegible]
	a) [illegible], ferme	1	14
1129	Liocourt	51	174
1130	Lucy	[illegible]	277
1131	Malaucourt-sur-Seille	44	[illegible]
1132	Marthille	77	[illegible]
1133	Morville-sur-Nied	74	[illegible]
1134	Oriocourt	[illegible]	[illegible]
1135	Oron	[illegible]	157
1136	Prévocourt	[illegible]	157
1137	Puzieux	67	[illegible]
1138	Saint-Epvre	[illegible]	[illegible]
1139	Tincry	[illegible]	[illegible]
1140	Villers-sur-Nied	[illegible]	[illegible]
1141	[illegible]	57	[illegible]
1142	Xocourt	27	[illegible]

4. — Canton de Dieuze.

Numéro d'ordre	Communes et annexes	Nombre de maisons	Nombre d'habitants
[illegible]	[illegible]	56	[illegible]
[illegible]	[illegible]	[illegible]	[illegible]
[illegible]	[illegible]	[illegible]	[illegible]
[illegible]	[illegible]	101	[illegible]
[illegible]	[illegible]	[illegible]	[illegible]
	[illegible], ferme	[illegible]	[illegible]
[illegible]	[illegible]	[illegible]	[illegible]
[illegible]	[illegible]	[illegible]	[illegible]
[illegible]	[illegible]	[illegible]	[illegible]
1152	Guéblange-lès-Dieuze	42	[illegible]
1153	Guébling	[illegible]	[illegible]
1154	[illegible]	[illegible]	[illegible]
1155	Kerprich-lès-Dieuze	61	[illegible]
1156	Lidrezing	[illegible]	184
	a) Dordal, ferme	1	16
1157	Lindre-Basse	78	277
1158	Lindre-Haute	21	[illegible]
1159	[illegible]	[illegible]	[illegible]
1160	Rorbach-lès-Dieuze	24	84
1161	Saint-Médard	54	[illegible]
1162	Tarquimpol	22	110
	a) [illegible], chât. et ferme	4	22
1163	Vergaville	[illegible]	[illegible]
1164	Zarbeling	27	95
1165	Zommange	18	75

5. — Canton de Vic-sur-Seille.

Numéro d'ordre	Communes et annexes	Nombre de maisons	Nombre d'habitants
1166	Bezange-la-Petite	40	171
1167	Bourdonnay	123	[illegible]
	a) Marimont, ferme	2	47
1168	Donnelay	122	370
	a) [illegible], ferme	1	16
1169	Juvelize	64	[illegible]
1170	Lagarde	115	[illegible]
1171	Ley	[illegible]	[illegible]
1172	Lezey	46	[illegible]
1173	Maizières-lès-Vic	[illegible]	[illegible]
	a) [illegible], chât. et ferme	6	27
1174	Marsal	[illegible]	[illegible]
1175	Moncourt	[illegible]	142
1176	Moyenvic	130	[illegible]
1177	Ommeray	87	218
1178	Vic-sur-Seille	474	1 [illegible]
1179	Xanrey	[illegible]	[illegible]

III. — Arrondissement de Forbach.

1. — Canton de Forbach.

Numéro d'ordre	Communes et annexes	Nombre de maisons	Nombre d'habitants
1180	Alsting	[illegible]	1 071
	a) [illegible], ham.	14	74
	b) Zinzing, vil.	90	501
1181	Behren-lès-Forbach	[illegible]	[illegible]
1182	Bousbach	[illegible]	[illegible]
1183	Cocheren	[illegible]	[illegible]
	a) [illegible], ham.	5	40
1184	[illegible]	154	[illegible]
1185	[illegible]	[illegible]	[illegible]
1186	[illegible]	[illegible]	[illegible]
1187	[illegible]	[illegible]	[illegible]
	a) [illegible], vil.	[illegible]	[illegible]
	b) Tuilerie de [illegible]	2	[illegible]
1188	Forbach [1]	[illegible]	[illegible]
	a) [illegible]	[illegible]	[illegible]
	b) [illegible], mais.	[illegible]	[illegible]
	c) [illegible], vil.	120	715
	d) [illegible], mais.	4	[illegible]
	e) [illegible]	2	21
	f) [illegible], mais.	5	[illegible]
	g) Schoeneck [1], vil.	117	[illegible]

[1] [illegible] en vigueur le 1er [illegible], la commune de Forbach [illegible] « Schoeneck ». [illegible] Schoeneck [illegible] 117 maisons et [illegible] habitants.

Numéro d'ordre	Communes et annexes	Nombre de maisons	Nombre d'habitants
1189	Kerbach	70	368
1190	Merlebach	795	7 040
1191	Metzing	74	357
1192	Morsbach	220	1 225
	a) Gaensbach, *ferme*	10	54
1193	Nousseviller-lès-Puttelange	108	440
	a) Cadenbronn, *vil.*	41	158
1194	Oeting	136	740
1195	Petite-Rosselle	1 054	10 302
	a) Bergerie, *ham.*	22	159
	b) Cité Gargan	101	427
	c) Cité Wendel	700	4 481
	d) Puits Gargan	11	30
	e) Puits Vuillemin	11	48
	f) St-Charles-Bas, *vil.*	107	454
	g) St-Charles-Haut, *vil.*	64	322
	h) Urselsbach, *vil.*	36	200
	i) Vieille Verrerie, *vil.*	251	1 673
1196	Rosbruck	107	727
1197	Spicheren	205	1 160
	a) Brême d'Or, *mais.*	4	41
1198	Stiring-Wendel	1 264	8 402
	a) Brême d'Or, *ferme*	1	17
1199	Tenteling	111	471
	a) Ebring, *vil.*	40	168
1200	Théding	135	681

2. — Canton de Grostenquin.

Numéro d'ordre	Communes et annexes	Nombre de maisons	Nombre d'habitants
1201	Altrippe	60	317
1202	Baronville	82	270
1203	Bérig-Vintrange	70	257
	a) Vintrange, *ham.*	8	32
1204	Bertring	60	176
1205	Biding	79	287
1206	Bistroff	84	315
	a) [illegible], *ferme*	1	14
	b) [illegible], *ferme*	1	12
1207	Boustroff	40	160
1208	Brulange	50	182
	a) Gare	5	27
1209	Destry	51	180
1210	Diffembach-lès-Hellimer	66	257
1211	Eincheville	65	260
1212	Erstroff	54	205
1213	Frémestroff	73	265
1214	Freybouse	84	330
1215	Gréning	36	182
1216	Grostenquin	110	492
	a) Linstroff, *ham.*	23	90
1217	Guessling	105	427
	a) Hémering, *vil.*	53	174
1218	Harprich	71	167
	a) Béning, *ham.*	5	20
1219	Hellimer	142	[illegible]
1220	Landroff	121	[illegible]
1221	Laning	[illegible]	[illegible]
1222	Lelling	65	273
1223	Leyviller	[illegible]	[illegible]
1224	Lixing-lès-St-Avold	107	[illegible]
1225	Maxstadt	[illegible]	[illegible]
1226	Morhange	306	2 651
	a) Re[illegible], *ham.*	8	33

Numéro d'ordre	Communes et annexes	Nombre de maisons	Nombre d'habitants
1227	Petit-Tenquin	67	282
	a) Zellen, *ham.*	4	19
1228	Racrange	87	366
	a) Route de la Gare	5	26
	b) Route de Morhange	8	38
1229	Suisse	42	191
1230	Vahl-Ebersing	110	457
1231	Vallerange	78	320
1232	Viller	66	305

3. — Canton de St-Avold.

Numéro d'ordre	Communes et annexes	Nombre de maisons	Nombre d'habitants
1233	Altviller	70	345
1234	Barst	60	[illegible]
	a) Marienthal, *vil.*	22	105
1235	Bening-lès-St-Avold	60	[illegible]
1236	Betting-lès-St-Avold	73	408
	a) Bettingermühle, *moul.*	4	37
	b) Près de la Gare, *mais.*	8	38
1237	Cappel	[illegible]	[illegible]
1238	Carling	[illegible]	1 [illegible]
1239	Dourd'hal	[illegible]	[illegible]
1240	Farébersviller	120	[illegible]
1241	Folschviller	142	[illegible]
1242	Freyming	1 [illegible]	7 [illegible]
1243	Guenviller	67	[illegible]
1244	Henriville	[illegible]	[illegible]
1245	Hombourg-Haut	[illegible]	2 [illegible]
	a) Hellering, *ferme*	3	20
	b) Hellering, *vil.*	60	388
	c) Hombourg-Bas, *vil.*	112	694
1246	Hoste-Haut	101	469
	a) Hoste-Bas, *vil.*	27	134
	b) Valette, *vil.*	34	148
1247	Lachambre	97	[illegible]
	a) Holbach, *ham.*	20	[illegible]
1248	L'Hôpital	[illegible]	6 [illegible]
1249	Macheren	132	[illegible]
	a) Lauterwiller, *ferme*	1	12
	b) [illegible], *vil.*	36	204
	c) Petit-Ebersviller-Moulin-Neuf, *ham.*	10	88
1250	Porcelette	[illegible]	1 [illegible]
	a) Bruyère, *mais.*	3	18
	b) Diesen, *vil.*	66	415
	c) Route de Diesen et Farmadors	3	17
1251	St-Avold	[illegible]	[illegible]
	a) Carrière, *ham.*	12	[illegible]
	b) [illegible], *anc. moul.*	1	[illegible]
	c) Rue des Ponts	6	71
	d) [illegible], *anc. moul.*	[illegible]	[illegible]
1252	Seingbouse	[illegible]	[illegible]
1253	Valmont	[illegible]	[illegible]
	a) Colonie de Valmont	[illegible]	[illegible]
	b) Gare de St-Avold	[illegible]	[illegible]
	c) [illegible], *mais.*	[illegible]	[illegible]

4. — Canton de Sarralbe.

Numéro d'ordre	Communes et annexes	Nombre de maisons	Nombre d'habitants
1254	[illegible]	80	312
	a) [illegible], *ham.*	25	94
1255	Guéblange-lès-Sarralbe	221	[illegible]
	a) Audviller ([illegible]), *vil.*	42	173
	b) Schweix, *vil.*	50	229
	c) Steinbach, *vil.*	49	190
	d) Ventzviller, *vil.*	43	165
1256	Hazembourg	43	170
1257	Hilsprich	148	612
	a) Castviller, *ham.*	14	68
	b) Mornbronn, *ham.*	12	54
1258	Holving	187	[illegible]
	a) Ballering, *vil.*	24	98
	b) Betting, *vil.*	33	145
	c) Dieding, *vil.*	21	102
	d) Hinsing, *vil.*	22	86
	e) Hirbach, *vil.*	56	221
1259	Kappelkinger	117	[illegible]
	a) Ueberkinger, *vil.*	50	234
1260	Kirviller	43	180
1261	Nelling	72	274
	a) Petit-Rohrbach, *ham.*	7	22
1262	Puttelange-lès-Farschviller	287	1 675
	a) Diefenbach près Puttelange, *vil.*	63	265
	b) Ernestviller, *ham.*	10	29
1263	Rémering-lès-Puttelange	155	[illegible]
1264	Richeling	55	[illegible]
1265	Saint-Jean-Rohrbach	170	701
1266	Sarralbe	779	3 715
	a) Eich, *ham.*	25	111
	b) Haras, *saline*	12	45
	c) Rech, *vil.*	106	490
	d) Salzbronn, *ham.*	48	236
	e) Schlottenhof, *ferme*	2	20
1267	Willerwald	165	771
	a) Donnberg, *tuilerie*	2	25
	b) Vieille tuilerie	3	13

IV. — Arrondissement de Metz-Campagne.

1. — Canton de Gorze.

Numéro d'ordre	Communes et annexes	Nombre de maisons	Nombre d'habitants
1268	Ancy-sur-Moselle	220	792
1269	Arry	86	287
	a) La Lobe, *ham.*	11	44
1270	Ars-sur-Moselle	840	3 274
1271	Châtel-St-Germain	204	[illegible]
	a) Cité Verneville	1	23
	b) Moulin-Neuf, *ferme*	4	18
	c) Petit-Châtel, *ham.*	7	38
	d) Petit-Moulin, *mais.*	2	18
1272	Corny	196	780
1273	Gorze	[illegible]	[illegible]
1274	[illegible]	[illegible]	[illegible]
1275	[illegible]	[illegible]	[illegible]
1276	Jouy-aux-Arches	[illegible]	[illegible]
	a) [illegible], *ferme*	1	12
	b) Tuilerie	6	45
1277	Jussy	85	350
1278	Lessy	90	309
	a) St-Georges, *ferme*	1	14
1279	Novéant	327	1 280
1280	Rezonville	114	360
	a) Flavigny, *ham.*	5	20
1281	Rozérieulles	140	488
	a) Maison-Neuve, *ham.*	20	103
1282	Ste-Ruffine	74	300
1283	Vaux	110	482
	a) Ile de Vaux, *ham.*	7	44
1284	Vernéville	120	413
	a) Malmaison, *ham.*	13	46
1285	Vionville	104	361

2. — Canton de Metz.

Numéro d'ordre	Communes et annexes	Nombre de maisons	Nombre d'habitants
1286	Amanvillers	114	512
1287	Amnéville	800	5 [illegible]
	a) Cantine au Bois	1	421
	b) Cimenterie	28	420
	c) Colonie-du-Bois	12	121
	d) Moulin-aux-Scories	1	15
	e) Moulin-Neuf, *ham.*	17	78
	f) Vieille-Amnéville, *h.*	19	100
1288	Augny	140	944
	a) [illegible], *chalet et ferme*	3	15
	b) Orly, *ferme*	2	15
1289	Ban-St-Martin	210	1 040
1290	Borny	179	2 054
	a) Grigy, *ham.*	41	171
	b) Les Bordes, *ham.*	18	100
	c) Route de Borny, *m.*	9	130
	d) Route stratégique, *m.*	10	123
1291	Bronvaux	44	205
1292	Chieulles	28	92
1293	Fèves	84	322
1294	Hagondange	750	8 405
1295	Hauconcourt	124	480
1296	La Maxe	78	389
	a) Thury, *ham.*	4	26
1297	Longeville-lès-Metz	221	1 972
	a) Saint-Symphorien, *mais.*	45	206
1298	Lorry-lès-Metz	170	641
	a) Vigneulles, *ham.*	18	70
1299	Maizières-lès-Metz	571	4 155
	a) Les Ecarts, *colonie*	70	297
1300	Malancourt-la-Montagne	92	480
	a) Petite Sorre	2	25
1301	Marange-Silvange	278	1 700
	a) Silvange, *ham.*	30	230
	b) Ternel, *ham.*	35	608
1302	Mey	20	80
1303	Montigny-lès-Metz	890	11 792
1304	Montois-la-Montagne	174	1 080
	a) Maison-de-France	1	20
1305	Moulins-lès-Metz	180	1 008
	a) Brudin, *ferme*	2	16
	b) Château de Frescaty et Casernes	2	176
	c) Maison-Rouge, *ferme*	1	22
	d) Route de Jouy	19	160
	e) Tournebride, *ferme*	2	16

Numéro d'ordre	Communes et annexes	Nombre de maisons	Nombre d'habitants
1306	Norroy-le-Veneur	176	841
	a) Aumont, ham.	13	51
	b) [illegible], ham.	19	75
	c) La Rue, ham.	6	13
	d) Marengo, ham.	4	22
	e) [illegible], ham.	29	84
1307	Pierrevillers	182	[illegible]
1308	Plappeville	138	771
	a) Tignomont, ham.	16	54
1309	Plesnois	79	[illegible]
	a) Villers-les-Plesnois, h.	16	84
	b) [illegible], ham.	5	19
1310	Rombas	[illegible]	[illegible]
	a) Ramonville, ham.	2	17
	b) St-Paul, mine	10	82
	c) [illegible], vil.	28	[illegible]
1311	Roncourt	[illegible]	[illegible]
1312	Saint-Julien	[illegible]	1 [illegible]
	a) Bas-Chêne, ham.	45	427
	b) Châtillon[illegible], ham.	5	31
	c) [illegible], mais.	31	[illegible]
1313	Ste-Marie-aux-Chênes	[illegible]	1 [illegible]
	a) [illegible]	1	21
	b) Mine Ida	4	32
1314	St-Privat-la-Montagne	[illegible]	1 [illegible]
1315	Saulny	[illegible]	[illegible]
1316	Scy-Chazelles	[illegible]	[illegible]
	a) Chazelles, ham.	[illegible]	178
	b) Route de Metz, mais.	10	37
1317	Semécourt	[illegible]	[illegible]
1318	Talange	[illegible]	2 [illegible]
1319	Vallières	139	[illegible]
	a) Gare	4	36
	b) La Wade, ham.	33	[illegible]
	c) Les Bordes, ham.	6	40
1320	Vantoux	[illegible]	[illegible]
1321	Vany	[illegible]	[illegible]
	a) Villers-l'Orme, ham.	[illegible]	[illegible]
1322	Woippy	[illegible]	1 [illegible]
	a) Ladonchamps, chât.	2	4
	b) Maison-Neuve, ham.	12	78
	c) Maison-Rouge, mais.	3	26
	d) Ste-Agathe, ham.	5	26
	e) Ste-Jeanne, mais.	1	14
	f) St-Eloy, ferme	2	18
	g) St-Remy, ham.	23	94

3. — Canton de Pange.

Numéro d'ordre	Communes et annexes	Nombre de maisons	Nombre d'habitants
1323	Ancerville	[illegible]	[illegible]
	a) Ostry, ham.	7	22
1324	Ars-Laquenexy	[illegible]	[illegible]
	a) Chagny-la-Horgne, chât. et ferme	3	14
	b) [illegible], ferme	4	24
1325	Aube	[illegible]	[illegible]
1326	Bazoncourt	[illegible]	[illegible]
	a) Berlize, vil.	[illegible]	[illegible]
	b) [illegible], ferme	3	14
	c) Vaucremont, vil.	[illegible]	[illegible]
1327	[illegible]	[illegible]	[illegible]
1328	Beux	[illegible]	[illegible]
	a) Haute-Beux, ham.	5	[illegible]
1329	Chanville	[illegible]	[illegible]
1330	Coincy	[illegible]	[illegible]
	a) Colombey, ferme	2	19
1331	Colligny	[illegible]	[illegible]
1332	Courcelles-Chaussy	[illegible]	1 [illegible]
	a) Pont-à-Chaussy, ham.	16	45
1333	Courcelles-sur-Nied	[illegible]	[illegible]
	a) Chailly, ham.	7	[illegible]
1334	[illegible]	[illegible]	[illegible]
1335	Flocourt	[illegible]	[illegible]
1336	Landonvillers	[illegible]	[illegible]
1337	[illegible]	[illegible]	[illegible]
	a) [illegible], vil.	[illegible]	181
1338	Lemud	[illegible]	[illegible]
1339	Luppy	[illegible]	[illegible]
1340	Maizeroy	[illegible]	[illegible]
	a) Chevillon, vil.	[illegible]	[illegible]
1341	Maizery	[illegible]	[illegible]
1342	Marsilly	[illegible]	[illegible]
1343	Montoy-Flanville	[illegible]	[illegible]
	a) Flanville, ham.	11	[illegible]
1344	Ogy	[illegible]	[illegible]
	a) Puche, ham.	5	[illegible]
1345	Pange	[illegible]	[illegible]
	a) Mont, ham.	14	[illegible]
1346	Raville	[illegible]	[illegible]
1347	Rémilly	[illegible]	[illegible]
	a) Aubecourt, vil.	37	[illegible]
1348	Retonfey	[illegible]	[illegible]
1349	Sanry-sur-Nied	[illegible]	[illegible]
	a) Domangeville, vil.	[illegible]	[illegible]
1350	Servigny-lès-Raville	[illegible]	[illegible]
	a) [illegible], vil.	[illegible]	[illegible]
1351	Silly-sur-Nied	[illegible]	[illegible]
	a) [illegible], ham.	7	[illegible]
1352	Sorbey	[illegible]	[illegible]
1353	Thimonville	[illegible]	[illegible]
1354	[illegible]	[illegible]	[illegible]
1355	[illegible]	[illegible]	[illegible]
	a) [illegible], ferme	[illegible]	[illegible]
	b) [illegible], ferme	3	[illegible]
1356	Villers-Stoncourt	[illegible]	[illegible]
	a) Aoury, ham.	[illegible]	[illegible]
	b) La [illegible], ham.	[illegible]	[illegible]
	c) Stoncourt, vil.	[illegible]	[illegible]

4. — Canton de Verny.

Numéro d'ordre	Communes et annexes	Nombre de maisons	Nombre d'habitants
1357	[illegible]	[illegible]	[illegible]
1358	[illegible]	[illegible]	[illegible]
1359	[illegible]	[illegible]	[illegible]
	a) [illegible], vil.	[illegible]	[illegible]
[illegible]	[illegible]	[illegible]	[illegible]

Numéro d'ordre	Communes et annexes	Nombre de maisons	Nombre d'habitants
1367	[illegible]	[illegible]	[illegible]
1368	[illegible]	[illegible]	[illegible]
	a) La Horgne, ham.	14	[illegible]
1369	Jury	37	[illegible]
1370	Liéhon	[illegible]	[illegible]
1371	Lorry-Mardigny	113	[illegible]
	a) Mardigny, vil.	[illegible]	[illegible]
1372	Louvigny	[illegible]	[illegible]
	a) [illegible], ferme	3	16
1373	[illegible]	[illegible]	[illegible]
1374	Marieulles	[illegible]	[illegible]
	a) Vezon, vil.	61	172
1375	Marly	[illegible]	1 [illegible]
	a) Poste St-Privat, mais.	7	44
	b) Route de Frescaty	3	39
1376	Mécleuves	[illegible]	[illegible]
	a) Frontigny	[illegible]	[illegible]
	b) Poste de Block du Chemin de fer	1	16
1377	[illegible]	[illegible]	[illegible]
1378	Orny	77	[illegible]
1379	Pagny-lès-Goin	[illegible]	[illegible]
1380	Peltre	[illegible]	[illegible]
	a) Maison des employés du chemin de fer	1	22
	b) Crépy, ham.	10	34
1381	Pommérieux	[illegible]	[illegible]
	a) [illegible]	10	[illegible]
1382	[illegible]	[illegible]	[illegible]
1383	Pouilly	[illegible]	[illegible]
	a) St-Thiébault, ferme	1	14
1384	Pournoy-la-Chétive	[illegible]	[illegible]
1385	Pournoy-la-Grasse	[illegible]	[illegible]
1386	Sailly	[illegible]	[illegible]
1387	[illegible]	[illegible]	[illegible]
	a) [illegible], vil.	[illegible]	[illegible]
	b) [illegible], ham.	7	[illegible]
1388	[illegible]	[illegible]	[illegible]
	a) Gare	4	17
1389	Sillegny	[illegible]	[illegible]
	a) [illegible], ham.	13	37
1390	[illegible]	[illegible]	[illegible]
[illegible]	[illegible]	[illegible]	[illegible]

5. — Canton de Vigy.

Numéro d'ordre	Communes et annexes	Nombre de maisons	Nombre d'habitants
[illegible]	[illegible]	[illegible]	[illegible]
1401	Charly	[illegible]	[illegible]
	a) [illegible], ham.	[illegible]	[illegible]
1402	Ennery	[illegible]	[illegible]
1403	Failly	[illegible]	177
1404	Flévy	[illegible]	[illegible]
	a) [illegible], chât. et ferme	2	[illegible]
1405	Glatigny	47	[illegible]
1406	Hayes	[illegible]	[illegible]
	a) [illegible], chât. et ferme	1	13
1407	Les Étangs	[illegible]	[illegible]
1408	Malroy	[illegible]	[illegible]
1409	[illegible]	[illegible]	[illegible]
	a) [illegible], ham.	2	21
1410	[illegible]	[illegible]	[illegible]
	a) [illegible], ham.	6	21
1411	Sainte-Barbe	[illegible]	[illegible]
	a) Avancy, vil.	19	[illegible]
	b) [illegible], vil.	47	110
	c) [illegible], ham.	[illegible]	[illegible]
1412	Saint-Hubert	71	[illegible]
	a) [illegible], ham.	13	45
	b) Villers-Bettnach, vil.	7	35
1413	Sanry-lès-Vigy	[illegible]	[illegible]
	a) Méchy, ham.	[illegible]	[illegible]
1414	Servigny-lès-Ste-Barbe	[illegible]	[illegible]
	a) Poixe, vil.	17	[illegible]
1415	Trémery	[illegible]	[illegible]
1416	Vigy	[illegible]	[illegible]
	a) Hessange, vil.	[illegible]	70
1417	Vrémy	[illegible]	[illegible]
	a) [illegible], ham.	4	16
1418	Vry	[illegible]	[illegible]
	a) [illegible], ham.	[illegible]	[illegible]
	b) [illegible], ham.	10	[illegible]

V. — Arrondissement de Metz-Ville.

Numéro d'ordre	Communes et annexes	Nombre de maisons	Nombre d'habitants
1419	Metz	[illegible]	[illegible]
	1. [illegible] [1]	[illegible]	[illegible]
	2. [illegible] [1]	[illegible]	[illegible]
	3. [illegible] [1]	[illegible]	[illegible]

VI. — Arrondissement de Sarrebourg.

1. — Canton de Fénétrange.

Numéro d'ordre	Communes et annexes	Nombre de maisons	Nombre d'habitants
1420	[illegible]	[illegible]	[illegible]
1421	[illegible]	[illegible]	[illegible]
	a) [illegible] de la Gare	7	[illegible]
[illegible]	[illegible]	[illegible]	[illegible]
	a) [illegible], ferme	2	[illegible]
[illegible]	[illegible]	[illegible]	[illegible]
	a) [illegible], ferme	1	[illegible]

[1] [illegible]

Numéro d'ordre	Communes et annexes	Nombre de maisons	Nombre d'habitants
1434	Postroff	65	[illegible]
1435	Romelfing	128	[illegible]
1436	Saint-Jean-de-Bassel	[illegible]	[illegible]
1437	Sarraltroff	132	[illegible]
1438	Schalbach	142	[illegible]
1439	[illegible]	95	[illegible]
1440	Vieux-Lixheim	65	[illegible]

2. — Canton de Lorquin.

Numéro d'ordre	Communes et annexes	Nombre de maisons	Nombre d'habitants
1441	Abreschviller	300	1 [illegible]
	a) Grand Soldat, ham.	15	77
	b) Moulin-de-France ham. et ann.	6	111
	c) Valette, ham.	16	85
1442	Aspach	29	86
1443	Fraquelfing	42	127
1444	Hattigny	90	[illegible]
	a) [illegible], chât. et ferme	2	14
1445	Héming	124	[illegible]
1446	Hermelange	45	138
1447	Lafrimbolle	92	[illegible]
	a) Harcholins, vil.	61	199
1448	Landange	71	213
1449	Laneuveville-lès-Lorquin	49	[illegible]
1450	Lorquin	245	[illegible]
1451	Métairies-St-Quirin	90	344
	a) [illegible], ham.	16	66
	b) Halmoze, ham.	14	45
	c) [illegible], ham.	8	38
	d) [illegible], ham.	12	64
	e) Rond-Pré, ham.	7	24
1452	Neufmoulins	10	30
1453	Niderhoff	101	[illegible]
1454	Nitting	55	[illegible]
	a) Barville-Bas, ham.	4	13
	b) Barville-Haut, ham.	6	21
	c) Malgrécolle, ferme	3	14
1455	Saint-Quirin	276	867
	a) Verrerie (Lettenbach)	26	123
1456	Turquestein	31	79
	a) Scierie Durand	2	14
1457	Vasperviller	96	[illegible]
1458	Voyer	105	[illegible]

3. — Canton de Phalsbourg.

Numéro d'ordre	Communes et annexes	Nombre de maisons	Nombre d'habitants
1459	Arzviller	117	[illegible]
1460	Berling	97	[illegible]
	a) [illegible], mais.	2	15
1461	Bourscheid	35	95
1462	Brouviller	94	[illegible]
	a) [illegible], ham.	3	14
1463	Dabo	[illegible]	[illegible]
	a) [illegible], mais.	2	16
	b) [illegible], ham.	15	81
	c) [illegible], ham.	8	27
	d) [illegible], ham.	14	60
	e) [illegible], ham.	4	17
	f) [illegible], ham.	12	[illegible]
	g) [illegible], vil.	66	319
	h) [illegible], ham.	15	71
	i) Hopstein, ham.	10	40
	j) [illegible], vil.	95	414
	k) [illegible], ham.	10	44
	l) [illegible], mais.	3	20
	m) [illegible], mais.	3	16
	n) Rothenbach, ham.	12	70
	o) Schaeferhof, vil.	104	577
	p) Schneematt, mais.	3	13
	q) Stampf, mais.	3	16
	r) [illegible], ham.	9	[illegible]
1464	Danne-et-Quatre-Vents	144	[illegible]
	a) Bois-de-Chêne, ham.	3	12
1465	Dannelbourg	61	[illegible]
1466	Garrebourg	105	[illegible]
1467	Guntzviller	73	[illegible]
1468	Hangviller	83	[illegible]
1469	Haselbourg	91	[illegible]
	a) Guinguette, ham.	5	20
1470	Henridorff	148	[illegible]
1471	Hérange	37	[illegible]
1472	Hultehouse	71	[illegible]
1473	Lixheim	139	[illegible]
1474	Lutzelbourg	136	[illegible]
1475	Metting	80	[illegible]
1476	Mittelbronn	[illegible]	[illegible]
1477	Phalsbourg	515	2 470
	a) [illegible], vil.	44	165
	b) [illegible], vil.	37	[illegible]
	c) [illegible], vil.	39	[illegible]
	d) Maisons-Rouges, h.	19	[illegible]
	e) [illegible], ham.	4	37
	f) Trois-Maisons, vil.	118	[illegible]
1478	Saint-Jean-Kourtzerode	45	[illegible]
	a) Kourtzerode, ham.	9	[illegible]
1479	Saint-Louis	176	[illegible]
	a) Gare d'Arzviller	4	[illegible]
	b) Hofmuehl et Verrerie	4	[illegible]
1480	Vescheim	40	[illegible]
1481	Vilsberg	112	[illegible]
	a) [illegible], ham.	10	42
1482	Waltembourg	[illegible]	[illegible]
1483	Wintersbourg	[illegible]	[illegible]
1484	Zilling	76	[illegible]

4. — Canton de Réchicourt-le-Château.

Numéro d'ordre	Communes et annexes	Nombre de maisons	Nombre d'habitants
1485	Amenoncourt	75	[illegible]
1486	Avricourt	[illegible]	[illegible]
	a) Colonie, mais.	[illegible]	[illegible]
1487	Azoudange	[illegible]	[illegible]
	a) [illegible], ferme	1	[illegible]
1488	[illegible]	[illegible]	[illegible]
1489	[illegible]	[illegible]	[illegible]
1490	Fribourg	[illegible]	[illegible]
1491	Gondrexange	[illegible]	[illegible]
1492	Guermange	[illegible]	[illegible]
1493	Hertzing	[illegible]	[illegible]
1494	Ibigny	[illegible]	[illegible]
	a) [illegible], ham.	16	[illegible]
1495	Languimberg	[illegible]	[illegible]
1496	Moussey	75	[illegible]
	a) [illegible], ham.	1	[illegible]

Numéro d'ordre	Communes et annexes	Nombre de maisons	Nombre d'habitants
1497	Réchicourt-le-Château	180	647
1498	Richeval	47	187
	a) [illegible], ham.	6	30
1499	Saint-Georges	65	[illegible]

5. — Canton de Sarrebourg.

Numéro d'ordre	Communes et annexes	Nombre de maisons	Nombre d'habitants
1500	Barchain	24	101
1501	Bébing	34	155
	a) Rinting, ferme	3	24
1502	Biberkirch	122	[illegible]
1503	Brouderdorff	107	[illegible]
1504	Buhl-Lorraine	182	[illegible]
	a) [illegible], ferme	1	13
	b) Neuf-Moulin, moul.	2	13
	c) Pettling, ham.	3	25
1505	Diane-Capelle	78	270
	a) Écluse N° 1, mais.	4	17
1506	Harreberg	73	322
	a) [illegible], ham.	17	76
1507	Hartzviller	187	[illegible]
1508	Haut-Clocher	84	[illegible]
1509	Hesse	147	[illegible]
1510	Hoff	[illegible]	[illegible]
	a) Bellevue, usine	3	63
	b) Maladrie, ham.	12	65
	c) Rue de l'Entente	10	53
	d) Rue de Verdun	19	127
1511	Hommarting	[illegible]	[illegible]
	a) [illegible], ferme	1	13
1512	Hommert	97	[illegible]
	a) Guinguette	22	102
1513	Imling	[illegible]	[illegible]
	a) La Forge, mais.	3	15
1514	Kerprich-aux-Bois	84	[illegible]
1515	Langatte	[illegible]	[illegible]
1516	Niderviller	177	[illegible]
	a) [illegible], prieur.	3	18
	b) [illegible], mais.	1	24
	c) Vieux-Moulin, ham.	7	31
1517	Plaine-de-Walsch	[illegible]	411
	a) [illegible], ham.	4	19
	b) [illegible], ham.	7	56
1518	Réding	281	1 [illegible]
	a) Eich, vil.	45	[illegible]
	b) [illegible]	[illegible]	[illegible]
	c) Petit-Eich, vil.	35	194
1519	[illegible]	49	112
1520	Sarrebourg	707	[illegible]
	a) [illegible], mais.	2	[illegible]
	b) Moulin-Rouge, mais.	1	21
1521	Schneckenbusch	57	[illegible]
1522	Trois-Fontaines	[illegible]	1 [illegible]
	a) Vallerysthal, vil.	[illegible]	[illegible]
1523	Walscheid	[illegible]	1 [illegible]
	a) [illegible], ham.	41	179
	b) [illegible], ham.	6	31
	c) [illegible], ham.	3	[illegible]
	d) [illegible], ham.	11	[illegible]
	e) [illegible], ham.	4	[illegible]
	f) [illegible], ham.	21	[illegible]
	g) [illegible], ham.	[illegible]	[illegible]
	h) [illegible], colonie	[illegible]	[illegible]
1524	[illegible]	46	[illegible]

VII. — Arrondissement de Sarreguemines.

1. — Canton de Bitche.

Numéro d'ordre	Communes et annexes	Nombre de maisons	Nombre d'habitants
1525	Baerenthal	182	[illegible]
	a) Fischerhof, ham.	[illegible]	25
	b) [illegible], ham.	[illegible]	24
	c) Ober-Muhlthal, ham.	5	24
	d) Reinhardshof, ham.	9	40
	e) [illegible], mais.	5	16
	f) Unter-Muhlthal, ham.	11	41
1526	Bitche	436	3 [illegible]
	a) Camp Militaire, mais. et bar.	121	283
	b) Freudenberg, ferme	1	15
	c) Stockbronn, ham.	13	85
1527	Eguelshardt	91	412
	a) Bannstein, ham.	11	50
	b) [illegible], ham.	8	46
	c) [illegible] à Papier, ham.	10	58
	d) [illegible], h.	6	22
	e) Waldeck, ham.	13	47
1528	Goetzenbruck	187	[illegible]
	a) [illegible], moulin à émoudre	5	31
1529	Hanviller	[illegible]	[illegible]
	a) [illegible], ferme	1	16
1530	Haspelschiedt	[illegible]	[illegible]
1531	Lemberg	318	1 [illegible]
	a) [illegible], ham.	3	28
1532	Liederschiedt	84	[illegible]
	a) [illegible], ham.	4	19
1533	Meisenthal	[illegible]	877
	a) [illegible], ham.	42	210
1534	Mouterhouse	[illegible]	[illegible]
	a) [illegible], forge	8	77
	b) La Chapelle, ham.	10	96
	c) Langenberg, mais.	3	19
	d) [illegible], ham.	4	[illegible]
	e) [illegible], ham.	3	12
1535	Philippsbourg	112	[illegible]
	a) [illegible], ham.	10	40
	b) [illegible], ham.	30	142
	c) [illegible], ham.	7	22
	d) [illegible], ferme	7	30
	e) [illegible], ham.	9	47
1536	Reyersviller	[illegible]	[illegible]
	a) [illegible], ham.	12	[illegible]
1537	Roppeviller	[illegible]	[illegible]
1538	St-Louis-lès-Bitche	[illegible]	[illegible]
1539	Schorbach	[illegible]	1 [illegible]
	a) [illegible], vil.	[illegible]	[illegible]
1540	Siersthal	[illegible]	[illegible]
1541	Sturzelbronn	[illegible]	[illegible]
	a) [illegible], ham.	6	34

2. — Canton de Rohrbach.

Numéro d'ordre	Communes et annexes	Nombre de maisons	Nombre d'habitants
1542	Achen	[illegible]	[illegible]
1543	[illegible]	[illegible]	[illegible]
	a) [illegible], vil.	[illegible]	[illegible]
	b) [illegible], vil.	[illegible]	[illegible]
	c) [illegible], ham.	7	[illegible]

Numéro d'ordre	Communes et annexes	Nombre de maisons	Nombre d'habitants
1544	[illegible]	[illegible]	1 [illegible]
1545	[illegible]	[illegible]	[illegible]
	a) [illegible], ham.	[illegible]	46
	b) [illegible]	2	14
1546	[illegible]	[illegible]	[illegible]
1547	[illegible]	[illegible]	[illegible]
	a) [illegible], ferme	2	15
	b) [illegible], vil.	47	221
1548	[illegible]	175	[illegible]
	a) Gare	6	41
	b) Hutting, ham.	9	[illegible]
	c) [illegible], ham. et moul.	[illegible]	[illegible]
1549	[illegible]	[illegible]	[illegible]
	a) [illegible], vil.	47	212
1550	[illegible]	[illegible]	1 [illegible]
	a) [illegible]	3	24
	b) Moulin de St-Louis moulin.[1]	2	47
	c) [illegible], ham.	5	34
1551	[illegible]	175	[illegible]
	a) [illegible], ham.	5	24
	b) [illegible], f.	5	29
	c) [illegible], ham.	19	111
1552	[illegible]	[illegible]	[illegible]
	a) [illegible], moul.	2	19
1553	[illegible]	[illegible]	1 [illegible]
	a) Gare	9	71
1554	[illegible]	[illegible]	[illegible]
1555	[illegible]	171	[illegible]
	a) [illegible], ham.	7	[illegible]
	b) [illegible], vil.	40	[illegible]
	c) [illegible], ham.	27	110
1556	[illegible]	[illegible]	1 [illegible]
	a) Moulin de [illegible]	2	10
	b) [illegible], ham.	7	[illegible]

3. — Canton de [illegible].

Numéro d'ordre	Communes et annexes	Nombre de maisons	Nombre d'habitants
1557	[illegible]	172	776
	a) [illegible], ham.	4	15
1558	[illegible]	75	[illegible]
	a) [illegible]	1	13
	b) [illegible]	1	13
1559	[illegible]	[illegible]	[illegible]
	[illegible], ham.	[illegible]	[illegible]
1560	[illegible]	[illegible]	[illegible]
1561	[illegible]	[illegible]	[illegible]
1562	[illegible]	[illegible]	[illegible]
	a) [illegible], moulin.	4	37
1563	[illegible]	[illegible]	[illegible]
1564	[illegible]	[illegible]	[illegible]
1565	[illegible]	[illegible]	1 [illegible]
	a) [illegible], ferme et moulin. [illegible]	2	18
	b) [illegible], vil.	[illegible]	277
1566	[illegible]	[illegible]	[illegible]
1567	[illegible]	[illegible]	[illegible]
1568	[illegible]	[illegible]	[illegible]
1569	[illegible]	[illegible]	[illegible]
	a) [illegible], vil.	[illegible]	[illegible]
1570	[illegible]	[illegible]	[illegible]
	a) [illegible]	[illegible]	[illegible]
	b) [illegible]	[illegible]	[illegible]
1571	[illegible]	[illegible]	1 [illegible]
	a) [illegible], moulin.	3	[illegible]
1572	[illegible]	[illegible]	1 [illegible]
1573	[illegible]	[illegible]	[illegible]
1574	[illegible]	1 [illegible]	13 [illegible]
	a) Moulin de la [illegible]	4	[illegible]
	b) [illegible], ham. [illegible]	13	[illegible]
1575	[illegible]	[illegible]	[illegible]
1576	[illegible]	[illegible]	1 [illegible]
1577	[illegible]	[illegible]	[illegible]
1578	[illegible]	[illegible]	[illegible]
1579	[illegible]	[illegible]	[illegible]
	a) Gare	2	[illegible]
1580	[illegible]	[illegible]	[illegible]
	a)	1	[illegible]
1581	[illegible]	[illegible]	[illegible]
	a) [illegible], vil.	[illegible]	[illegible]
	b) Gare de [illegible]	5	[illegible]

4. — Canton de [illegible].

Numéro d'ordre	Communes et annexes	Nombre de maisons	Nombre d'habitants
1582	[illegible]	[illegible]	[illegible]
1583	[illegible]	[illegible]	[illegible]
	a) [illegible], vil.	[illegible]	[illegible]
1584	[illegible]	[illegible]	[illegible]
	a) [illegible], vil.	[illegible]	[illegible]
1585	[illegible]	[illegible]	[illegible]
	a) [illegible]	[illegible]	[illegible]
1586	[illegible]	[illegible]	[illegible]
	a) Ferme de [illegible]	[illegible]	[illegible]
	b) [illegible], moulin.	[illegible]	[illegible]
	c) [illegible], ham.	12	[illegible]
	d) [illegible], ham.	4	[illegible]
	e) [illegible], ferme	[illegible]	[illegible]
1587	[illegible]	[illegible]	[illegible]
1588	[illegible]	[illegible]	[illegible]
1589	[illegible]	[illegible]	[illegible]
	a) [illegible], ham.	11	[illegible]
1590	[illegible]	[illegible]	[illegible]
1591	[illegible]	[illegible]	[illegible]
	a) [illegible], ham.	[illegible]	[illegible]
1592	[illegible]	[illegible]	[illegible]
1593	[illegible]	[illegible]	[illegible]
	a) [illegible], ham.	[illegible]	[illegible]
	b) [illegible], vil.	[illegible]	[illegible]
1594	[illegible]	[illegible]	[illegible]
	a) [illegible], ham.	[illegible]	[illegible]
1595	[illegible]	[illegible]	[illegible]
	a) [illegible], vil.	[illegible]	[illegible]
	b) [illegible], vil.	[illegible]	[illegible]
1596	[illegible]	[illegible]	[illegible]
1597	[illegible]	[illegible]	[illegible]
	a) [illegible]	[illegible]	14

VIII. — [illegible]

1. — Canton de [illegible].

Numéro d'ordre	Communes et annexes	Nombre de maisons	Nombre d'habitants
[illegible]	[illegible]	[illegible]	[illegible]
1599	[illegible]	41	[illegible]
1600	[illegible]	[illegible]	[illegible]
	a) [illegible], moul.	2	[illegible]
	b) [illegible], vil.	[illegible]	257
1601	[illegible]	111	[illegible]
	a) [illegible], ham.	16	[illegible]
	b) [illegible], ham.	12	81
1602	[illegible]	[illegible]	[illegible]
	a) [illegible], ham.	8	[illegible]
	b) [illegible], ham.	19	[illegible]
1603	[illegible]	[illegible]	[illegible]
	a) [illegible], ham.	5	27
	b) [illegible], ham.	[illegible]	24
1604	[illegible]	75	[illegible]
	a) Cité Mine Charles-Ferdinand	17	167
1605	[illegible]	[illegible]	[illegible]
	a) [illegible], vil.	[illegible]	172
1606	[illegible]	[illegible]	117
1607	[illegible]	71	[illegible]
1608	[illegible]	[illegible]	[illegible]
	a) Moulin de [illegible]	4	[illegible]
1609	[illegible]	[illegible]	[illegible]
1610	[illegible]	[illegible]	[illegible]
1611	[illegible]	[illegible]	[illegible]
	a) [illegible], ham.	24	[illegible]
1612	[illegible]	[illegible]	[illegible]
	a) Mine Charles-Ferdinand, colonie	10	[illegible]
1613	[illegible]	[illegible]	[illegible]
1614	[illegible]	[illegible]	[illegible]
	a) [illegible], ham.	6	[illegible]
1615	[illegible]	[illegible]	[illegible]
1616	[illegible]	[illegible]	[illegible]
	a) [illegible], ham.	13	87
1635	[illegible]	[illegible]	[illegible]
	a) [illegible], vil.	[illegible]	171
	b) [illegible], ham.	[illegible]	[illegible]
1636	[illegible]	[illegible]	[illegible]
	a) [illegible], ham.	21	75
1637	[illegible]	[illegible]	[illegible]
	a) [illegible], ham.	6	37
1638	[illegible]	[illegible]	[illegible]
1639	[illegible]	147	[illegible]
	a) Fours à chaux	5	[illegible]
1630	[illegible]	[illegible]	[illegible]
1631	[illegible]	[illegible]	[illegible]
	a) [illegible], ham.	21	[illegible]
	b) [illegible], vil.	[illegible]	431
1632	[illegible]	[illegible]	[illegible]
	a) [illegible], ham.	7	[illegible]
	b) [illegible]	[illegible]	[illegible]
1633	[illegible]	[illegible]	[illegible]
	a) [illegible], ham.	5	19
1634	[illegible]	[illegible]	[illegible]
1635	[illegible]	[illegible]	[illegible]
	a) [illegible], vil.	[illegible]	[illegible]
1636	[illegible]	[illegible]	1 [illegible]
	a) [illegible], vil.	[illegible]	[illegible]
1637	[illegible]	[illegible]	[illegible]
	a) [illegible], vil.	[illegible]	170
1638	[illegible]	[illegible]	[illegible]
	a) [illegible] [illegible], ham.	10	45
	b) [illegible], ferme	1	16
1639	[illegible]	[illegible]	[illegible]
1640	[illegible]	[illegible]	[illegible]
1641	[illegible]	[illegible]	[illegible]
	a) [illegible], ham.	[illegible]	[illegible]
1642	[illegible]	[illegible]	[illegible]
[illegible]	[illegible]	[illegible]	[illegible]

2. — Canton de [illegible].

3. — Canton de [illegible].

Numéro d'ordre	Communes et annexes	Nombre de maisons	Nombre d'habitants
[illegible]	[illegible]	[illegible]	[illegible]

(1) A dater du 1er janvier [illegible]

Numéro d'ordre	Communes et annexes	Nombre de maisons	Nombre d'habitants
1654	Kerling	128	484
	a) Freching, vil.	22	96
	b) Haute-Sierck, vil.	46	165
1655	Kirsch-lès-Sierck	88	371
1656	Kirschnaumen	134	[illegible]
	a) Even[illegible], ham.	50	244
	b) Obernaumen, ham.	28	124
1657	Laumesfeld	88	317
	a) Calembourg, vil.	30	130
	b) Hargarten, ham.	12	51
1658	Launstroff	80	404
	a) Flatten, ham.	12	54
	b) Scheuerwald, ham.	14	70
1659	Malling	95	488
	a) Petite-Hettange, vil.	31	130
1660	Manderen	131	488
	a) Tunting, vil.	42	130
1661	Merschweiller	86	391
	a) Kitzingen, ham.	30	100
1662	Montenach	105	449
	a) Kaltweiller, ham.	8	37
	b) [illegible], moul.	2	14
1663	Rémeling	92	398
1664	Rettel	140	714
1665	Ritzing	58	297
1666	Rustroff	95	[illegible]
	a) Milchen, ham.	9	38
1667	Sierck	388	1 488
	a) Kœnigsberg, fermes	4	14
	b) Rodling, ham.	5	14
1668	Waldweistroff	138	440
1669	Waldwisse	178	728
	a) Betting, vil.	19	96
	b) Gongelfang, ham.	10	40

4. — Canton de Thionville.

Numéro d'ordre	Communes et annexes	Nombre de maisons	Nombre d'habitants
1670	Basse-Yutz	889	3 167
	a) Cité ouvrière	200	885
	b) Maison [illegible]	1	20
	c) Maison Lefebvre	2	16
	d) Route de Sarrelouis	23	198
1671	Haute-Yutz	149	[illegible]
1672	Illange	102	478
1673	Manom	289	1 [illegible]
	a) Logange, ham.	33	197
	b) Lagrange, chât. et ferme	9	60
	c) Maison-Rouge, ham.	7	37
	d) [illegible], moul.	3	17
1674	Terville	298	1 [illegible]
	a) [illegible]	8	78
1675	Thionville	1 [illegible]	13 [illegible]
	a) Crève-Cœur, moul.	5	30
	b) [illegible], moul.	2	30
	c) [illegible]	25	223
	d) Moulins à [illegible]	3	46
1676	Veymerange	72	349
	a) Elange, ham.	26	164

IX. — Arrondissement de Thionville-Ouest.

1. — Canton de Fontoy.

Numéro d'ordre	Communes et annexes	Nombre de maisons	Nombre d'habitants
1677	Angevillers	177	1 [illegible]
1678	Audun-le-Tiche	775	6 [illegible]
	a) Cité du Viaduc, [illegible]	6	[illegible]
	b) Route d'Aumetz, mais.	7	66
1679	Aumetz	[illegible]	2 [illegible]
	a) Cité Ida-Amélie	4	[illegible]
1680	Boulange	[illegible]	1 [illegible]
	a) Bassompierre, vil.	35	216
	b) Cité de la Mine	31	[illegible]
	c) Cité du Bois	14	[illegible]
	d) Cité Ida-Amélie	5	43
	e) Mine de Boulange	7	59
	f) Route de Beuvillers	3	[illegible]
1681	Fontoy	485	3 [illegible]
	a) [illegible]	1	71
	b) Cité du Haut-Pont	30	760
	c) [illegible]	3	16
	d) Moulin brûlé	2	[illegible]
	e) Moulin de Gustal	1	10
	f) Route de Lommerange, mais.	7	40
	g) Rue de Belgique	47	[illegible]
1682	Havange	[illegible]	[illegible]
1683	Lommerange	48	[illegible]
1684	Ottange	[illegible]	3 [illegible]
	a) Cité Nondkeil	[illegible]	[illegible]
	b) Nondkeil, vil.	[illegible]	[illegible]
1685	Rédange	[illegible]	1 [illegible]
	a) Sproëtt, ham.	9	[illegible]
1686	Rochonvillers	71	[illegible]
1687	Russange	[illegible]	1 [illegible]
1688	Tressange	[illegible]	[illegible]
	a) Bure (Bouvin), vil.	[illegible]	[illegible]
	b) Ludelange, vil.	29	[illegible]

2. — Canton de Hayange.

Numéro d'ordre	Communes et annexes	Nombre de maisons	Nombre d'habitants
1689	Algrange	[illegible]	[illegible]
	a) Chemin d'Angevillers	3	[illegible]
	b) Chemin des Dames	5	[illegible]
	c) [illegible]	2	[illegible]
	d) Rue Bompard	27	147
	e) » de Fontoy	[illegible]	[illegible]
	f) » de la Paix	[illegible]	[illegible]
	g) » de Londres	[illegible]	[illegible]
	h) » du [illegible]	4	[illegible]
	i) » Nationale	7	[illegible]
	j) » Wilson	6	[illegible]
	k) » Wilson II	3	[illegible]
1690	[illegible]	[illegible]	1 [illegible]
1691	[illegible]	[illegible]	1 [illegible]
	a) Budange-sous-Justemont, vil.	[illegible]	[illegible]
	b) [illegible], ham.	[illegible]	[illegible]
	c) [illegible], vil.	[illegible]	[illegible]
	d) [illegible], vil.	[illegible]	[illegible]

Numéro d'ordre	Communes et annexes	Nombre de maisons	Nombre d'habitants
1692	Florange	534	4 173
	a) Bétange, chât. et ferme	4	16
	b) [illegible], mais.	15	104
	c) Maison-Neuve, mais.	12	101
1693	Hayange	1 475	11 [illegible]
1694	Knutange	[illegible]	[illegible]
1695	Marspich	194	1 215
	a) Leyvange, ham.	14	75
1696	[illegible]	[illegible]	1 [illegible]
1697	Neufchef	[illegible]	[illegible]
1698	Nilvange	[illegible]	7 [illegible]
1699	Ranguevaux	[illegible]	[illegible]
1700	Richemont	[illegible]	1 [illegible]
	a) Bévange (Haut- et Bas-), vil.	44	179
	b) [illegible], ham.	8	[illegible]
	c) [illegible], chât. et ferme	3	[illegible]
	d) Tuilerie	2	21
1701	Serémange	[illegible]	1 [illegible]
1702	Uckange	319	2 [illegible]
1703	Volkrange	[illegible]	[illegible]
	a) Beuvange-sous-St-Michel, vil.	76	361
	b) Galerie Charles, mais. d'ouvr.	1	17
	c) Metzange, vil.	20	115
	d) Mine Rochonvillers, mais. d'ouvr.	1	12

3. — Canton de Moyeuvre-Grande.

Numéro d'ordre	Communes et annexes	Nombre de maisons	Nombre d'habitants
1704	Clouange	361	2 [illegible]
1705	Gandrange	112	718
	a) Boussange, vil.	43	342
1706	Moyeuvre-Grande	1 [illegible]	10 [illegible]
	a) Froidcul I, ferme	1	[illegible]
	b) [illegible]	1	22
1707	Moyeuvre-Petite	[illegible]	[illegible]
1708	Rosselange	[illegible]	3 [illegible]
	a) Moulin de Burwald	3	17
1709	Vitry-sur-Orne	[illegible]	1 [illegible]
	a) Bouvange-sous-Justemont, vil.	102	[illegible]
	b) Justemont, ferme	2	[illegible]
	c) Moulin-Neuf, mais.	3	21

Table alphabétique

des communes des départements du Bas-Rhin, du Haut-Rhin et de la Moselle ainsi que de leurs principales annexes.

Les chiffres indiquent les numéros d'ordre sous lesquels figurent les communes et leurs annexes.

Les noms des communes figurent en caractères gras.

(Abréviations voir page VII)

Gare de St-Hippolyte, 887 a.
Gare de Sarreinsming, Petite Amérique, c. de Zetting, 1561 b.
Gare de Secourt, 1368 a.
Gare de Sundhoffen, 692 a.
Gare de Vallières, 1319 a.
Gare de Walbourg, 580 a.
Gare de Wesserling-Fellering, 921 h.
Gare de Wihr-au-Val, 714 a.
Gare de Wœlfling, 1579 a.
Garrebourg, 1466.
Garsch, v. Garche.
Gasion I (*ferme*) et II, *mais.*, 1675 e.
Gaubiving, *vil.* 1187 a.
Gaudach, v. Jouy-aux-Arches.
Gauwies, v. Gavisse.
Gaveistroff, *ham.*, 1014 b.
Gavisse, 1609.
Gaz, *ham* 879 u.
Gazon, *ham.*, 877 l.
Gebenhausen, v. Guebenhouse.
Geberschweier, v. Gueberschwihr
Gebesdorf, v. Guébestroff.
Geblingen, arr. de Chât.-Sal., v. Guébling.
Geblingen, arr. de Forbach, v. Guéblange-les-Sarralbe.
Geboltsheim, *ham.*, 37 a.
Gebrœch, *mais.*, 711 e.
Gebweiler, v. Guebwiller.
Gehnkirchen, v. Guinkirchen.
Gehren, *mais.* 929 a.
Geinslingen, v. Guinzeling.
Geisbach, *mais.* 704 e.
Geisberg, *ham.*, c. d'Altenstadt, 526 b.
Geisberg, *mais.* c. de Soultzeren, 711 f.
Geishausen, v. Geishouse.
Geishof, *ham.*, 879 v.
Geishouse, 922.
Geispitzen, 829.
Geispolsheim, 33.
Geistal, *mais.* 765 b.
Geistkirch, v. Juvelize.
Geiswasser, 720.
Geisweiler, v. Geiswiller.
Geiswiller, 402.
Geitershof, *ham.*, 526 c.
Gellshofen, v. Jallaucourt.
Gelmingen, v. Gomelange.
Gelucourt, 1150.
Gemar, v. Guémar.
Gendersberg, *ferme*, 1529 a.
Genesdorf, v. Guénestroff.
Genweiler, v. Guenwiller.
Gerbécourt, 1069.
Gerbertshofen, v. Gerbécourt.
Gerden, v. Lagarde.
Gereuth, v. Neubois.
Germingen, v. Guermange.
Gerstheim, 17.
Gerstlingen, v. Guerstling.
Gertingen, v. Guerting.
Gertweiler, v. Gertwiller.
Gertwiller, 380.
Gesslingen, v. Guessling.
Geudertheim, 383.
Gevenatten, v. Guevenatten.

Gevenheim, v. Guewenheim.
Gildweiler, v. Gildwiller.
Gildwiller, 606.
Gildwiller-sur-la-Montagne, *ham.*, 606 a.
Gimbrett, 456.
Gingsheim, 403.
Gingoutte, *ham.*, 877 m.
Giringen, v. Jury.
Girlingen, v. Guirlange.
Gisselfingen, v. Gelucourt.
Givrycourt, 1052.
Glasenberg, *vil.*, 1549 a.
Glatigny, 1405.
Glatingen, v. Glatigny.
Glockenhof, *ham.*, 892 a.
Göhn, v. Goin.
Goerlingen, 213.
Goersdorf, 548.
Goetzenbruck, 1528.
Goin, 1368.
Goldbach, 923.
Gomelange, 968.
Gommersdorf, 804.
Gondreville, *ham.*, 1418 a.
Gondrexange, 1491.
Gongelfang, *ham.*, 1669 b.
Gorz, v. Gorze.
Gorze, 1274.
Gosselming, 1428.
Gosselmingen, v. Gosselming.
Gottenhausen, 256.
Gottesheim, 300.
Gottesthal, v. Valdieu.
Gougenheim, 454.
Goutte, *ham.*, 877 n.
Gouttrangoutte, *ham.*, 143 b.
Goxweiler, v. Goxwiller.
Goxwiller, 43.
Grambechle, *fermes*, 909 b.
Grande-Vallée, *ham.*, 879 w.
Grande-Verrerie, *ham.*, 884 a.
Grandfontaine, 149.
Grandmont, *ham.*, c. de Fréland, 876 i.
Grandmont, *fermes*, c. de Ste-Croix-aux-Mines, 802 c.
Grand-Rombach, *ham.*, 892 d.
Grandrové, *ham.*, 143 e.
Grand-Soldat, *ham.*, 1441 a.
Grand-Sterpois, *fermes*, 892 e.
Grandtrait, *mais.* 878 n.
Grange-aux-Bois, *ferme*, 1168 a
Granges, *ham.*, 877 o.
Gras, *ham.*, 1411 c.
Grassendorf, 404.
Graufthal, *vil.*, 282 a.
Gravelotte, 1275.
Gravière, *mais.* 285 a.
Gremecey, 1090.
Gremsich, v. Gremecey.
Grendelbruch, 129.
Grenelle, *ham.* 879 x.
Gréning, 1215.
Greningen, v. Gréning.
Grentzingen, 656.
Grenzingen, v. Grentzingen.
Gresweiler, v. Gresswiller.
Gresswiller, 116.
Gries, 384.

Griesbach, arr. de
Griesbach, arr. de
Griesbach-le-Bastberg.
Griesbach (H.-Rh.), v. Griesbach-au-Val.
Griesbach-au-Val, 701.
Griesbach-le-Bastberg, 188.
Griesheim, arr. de Molsheim, v. Griesheim près Molsheim.
Griesheim, arr. de Strasbourg-Campagne, v. Griesheim-sur-Souffle.
Griesheim-près-Molsheim, 130.
Griesheim-sur-Souffle, 456.
Grigy, *ham.*, 1290 a.
Grindorf, v. Grindorff.
Grindorff, 1650.
Grosbliederstroff, 1502.
Gros-Réderching, 1547.
Grossblittersdorf, v. Grosbliederstroff.
Gross-Hettingen, v. Hettange-Grande.
Grossmövern, v. Moyeuvre-Grande.
Gross-Moyeuvre, v. Moyeuvre-Grande.
Grossprunach, v. Pournoy-la-Grasse.
Gross-Rederchingen, v. Gros-Réderching.
Grosstänchen, v. Grostenquin.
Grosstein, *mais.* 931 a.
Grostenquin, 1216.
Gros-Wiesing, v. Ferme du Gros-Wiesing.
Grosyeux, *chalet et ferme*, 1288 a
Grube, v. Fouchy.
Grundviller, 1563.
Grundweiler, v. Grundviller.
Gruessenheim, 684.
Guebenhouse, 1564.
Gueberschwihr, 769.
Guébestroff, 1151.
Guéblange-les-Dieuze, 1152.
Guéblange-les-Sarralbe, 1255.
Guébling, 1153.
Gueblingen, v. Guéblange-les-Dieuze.
Guebwiller, 761.
Guélange, *ham.*, 1631 a.
Guémar, 881.
Guénange, 1631.
Guénestroff, 1154.
Guensbach, *fermes*, 1192 a.
Guenwiller, 1243.
Guermange, 1492.
Guerstling, 960.
Guerting, 959.
Guessling, 1217.
Guevenatten, 605.
Guewenheim, 909.
Gugenheim, v. Gougenheim.
Guiching, *ham.*, 690 a.
Guiderkirch, *vil.*, 1565 a.
Guinglange, 1027.
Guinguette, *ham.*, c. de Hombourg, 1469 a.
Guinguette, *ham.*, c. de Hommert, 1512 g.

, ferme, 1128 b.
Ormersviller, 1504.
Ormersweiler, v. Ormersviller.
Orn, v. Oron.
Ornach, v. Orny.
Orny, 1378.
Oron, 1135.
Orschweier, v. Orschwihr.
Orschweiler, v. Orschwiller.
Orschwihr, 766.
Orschwiller, 355.
Osenbach, 772.
Osenbur, ferme et mais. for. 773a.
Osthausen, v. Osthouse.
Ostheim, 871.
Osthofen, v. Osthoffen.
Osthoffen, 464.
Osthouse, 23.
Oswald, 30.
Ottange, 1684.
Ottendorf (H.-Rh.), v. Courtavon.
Ottendorf (Mos.), v. Ottonville.
Otterthal, 306.
Otterswiler, v. Otterswiller.
Otterswiller, 266.
Ottmarsheim, 797.
Ottonville, 973.
Ottrott, 133.
Ottweiler, v. Ottwiller.
Ottwiller, 218.
Otzwiller, ham., 1011 b.
Oudrenne, 1642.
Outremont, ferme, 1128 a.
Outry, ham., 1323 z.

Pagny bei Goin, v. Pagny-les-Goin.
Pagny-les-Goin, 1379.
Pairis, ham., 879 j 1.
Pange, 1345.
Pängen, v. Pagny-les-Goin.
Papeterie, fabr. c. de Heiligenberg 117 a.
Papeterie, fabr., c. de Wasselonne, 177 b
Papolsheim, v. Plappeville.
Parc Municipal mais., c. de Forbach, 1168 e.
Pavillon, ..., c. de Volgelsheim, 730 e.
Pelter, v. Peltre.
Peltre, 1380.
...ville, chât. et ferme, 1760e
...court, 380.
...ville, v. Pierrevillers.
Petit-Château, ham., 1279 c.
Petit-Ebersviller, vil., 1249 b.
Petit-Ebersviller-Moulin-Neuf, ham., 1249 c.
vil., 1659 a.
1518 e.
ham., 888 l.
1155.
mais., 882 l.
... ham., 881 c.
ferme, 880 ...
...
mais., 1271 d.

Petit-Réderching, 1551.
Petit-Rohrbach, ham., 1281 a.
Petit-Rombach, ham., 882 m.
Petit-Tenquin, 1227.
Petit-Wissing, v. Ferme du Petit-Wissing.
Pettenhofen, v. Pettoncourt.
Pettling, ham., 1504 r.
Pettoncourt, 1099.
Pévange, 1100.
Pewingen, v. Pévange.
Pfaffenbronn, ham., 520 b.
Pfaffenheim, 773.
Pfaffenhofen, v. Pfaffenhoffen.
Pfaffenhoffen, 198.
Pfaffmatt, fabr., 931 b.
Pfalzburg, v. Phalsbourg.
Pfalzweier, v. Pfalzweyer.
Pfalzweyer, 240.
Pfarrebersweiler, v. Farébersviller.
Pfastatt, 850.
Pfastatt-le-Château, ham., 850 a.
Pfetterhausen, v. Pfetterhouse.
Pfetterhouse, 668.
Pfettisheim, 465.
Pfirt, v. Ferrette.
Pfulgriesheim, 466.
Phalsbourg, 1477.
Philippsbourg, 1585.
Philippsburg, v. Philippsbourg.
Piblange, 974.
Picardie, ham., 236 b.
Pieblingen, v. Piblange.
Pierregoutte-le-Bas, ham., 891 e.
Pierregoutte-le-Haut, ham., 891 f.
Pierrevillers, 1307.
Pinesse, fermes, 879 k 1.
Pisdorf, 219.
Place, ham., 877 s.
Place de la Gare, mais., c. d'Urmatt, 125 a.
Plaine, 139.
Plaine-de-Walsch, 1517.
Plantières-Queuleu, arrt., 1419, 2.
Plappecourt, fermes, 1355 b.
Plappeville, 1308.
Plâtrerie, fabr., c. de Thicourt, 1041 a.
Plesnich, v. Plesnois.
Plesnois, 1309.
Plobsheim, 40.
Plumbs, mais., 21 b.
Poixe, vil., 1414 a.
Polka, ferme, 1276 a.
Pommérieux, 1361.
Pommeringen, v. Pommérieux.
Pont-à-Chaussy, ham., 1382 a.
Pont d'Aspach (Exbruecke), ham., 897 a.
Pont du Rhin, mais., c. de Marckolsheim, 340 a.
Pontigny, vil., 254 b.
Pontingen, v. Pontoy.
Pontoy, 1382.
Porcelette, 1060.
Porsdorf, 1250.
Pont du Rhin, mais., c. de Lauterbourg, 479 a.

Port du Rhin, mais., c. de Seltz 495 b.
Porzelet, v. Porcelette.
Postdorf, v. Postroff.
Poste de Block du chemin de fer, c. de Mécleuves, 1376 b.
Poste de Hommarting, ham., c. de Brouviller, 1462 a.
Poste de Hommarting, ferme, c. de Hommarting, 1511 a.
Postroff, 1434.
Pouilly, 1383.
Pournoy-la-Chétive, 1384.
Pournoy-la-Grasse, 1385.
Poutay, ham., 139 e.
Préchamps, ham., 876 p.
Preische, ham., 1598 b.
Près de la Gare, vil., c. d'Altenstadt, 526 d.
Près de la Gare de Betting-les-St-Avold, mais., 1236 b.
Près de la Gare d'Entzheim, mais., 30 a.
Près des Casernes, c. de Volgelsheim, 728 d.
Près Gare d'Entzheim, mais., c. de Hangenbieten, 431 a.
Près St-Maurice, ham., 372 a.
Près St-Pierre-Bois, ham., 372 b.
Près St-Privat, mais., 1375 a.
Présures, ham., 879 l 1.
Preuschdorf, 550.
Prévocourt, 1136.
Printzheim, 307.
Prinzheim, v. Printzheim.
Probsthofen, v. Prévocourt.
Puberg, 241.
Puche, fermes, c. de Ste-Marie-aux-Mines, 883 m.
Puche, ham., c. d'Ogy, 1344 a.
Püschingen, v. Puzieux.
Püttingen, v. Puttigny.
Püttlingen, arr. de Forbach, v. Puttelange-les-Farschviller.
Püttlingen, arr. de Thionville-Est, v. Puttelange-les-Thionville.
Puits Gargan, c. de Petite Rosselle 1195 d.
Puits-Sarre, c. de Malancourt-la-Montagne, [illegible] a.
Puits-Vuillemin, c. de Petite-Rosselle, 1195 e.
Pullingen, v. Pouilly.
Pulversheim, 758.
Puttelange-les-Farschviller, 1262.
Puttelange-les-Thionville, 1616.
Puttigny, 1101.
Puzieux, 1137.

Quatzenheim, 467.
Quelles, fermes, 150 f.
Queue de l'A, ham., 876 q.
Quirinsweiler, v. Métairies St-Quirin.

Racrange, 1228.
Radersdorf, 646.
Raedersheim, 784.
Rahling, 1552.

[illegible]a.
[illegible] v. Xocourt.
[illegible] ferme, 871 a.
[illegible] 1540.
[illegible] vil., 1091 b.
Schrémange, 1704.
Schremingen, v. Schrémange.
[illegible]bach, ham., 879 q l.
Schwabweiler, v. Schwabwiller.
Schwabwiller, 528.
Schwangerbach, ham., 1536 a.
Schwarzbach, vil., 154 a.
Schwebwiller, ham., 273 b.
Schweighausen (B.-Rh.), 82.
Schweighausen (H.-Rh.), v. Schweighouse-Thann.
Schweighof, ferme, 582 a.
Schweighouse, vil., 782 e.
Schweighouse-Thann, 869.
Schweinheim, 271.
Schweinsbach, fermes, 712 k.
Schweitzerhof, ham., 1583 a.
Schweix, vil., 1255 h.
Schweixingen, v. Xouaxange.
Schweizerlandel, ham., 1527 d.
Schwerdorf, v. Schwerdorff.
Schwerdorff, 1011.
Schweyen, 1594.
Schwindratzheim, 420.
Schwitz, mais., 177 e.
Schwoben, 582.
Schwobsheim, 347.
Schwyz (Rebacher), ham., 888 d.
Scierie Durand, c. de Turquestein, 1456 a.
Scierie Reipertswiller, c. de Reipertswiller, ham., 242 b.
Sey, v. Sey-Chazelles.
Sey-Chazelles, 1316.
[illegible], 1388.
[illegible], ham., 821 d.
Seingbouse, 1262.
[illegible], 857.
[illegible], 465.
[illegible] (Hahnwald), ham., 1591 a.
Selz, v. Seltz.
[illegible], v. Coin-sur-Seille.
Semécourt, 1317.
[illegible], ham., 1617 e.
[illegible], v. Seingbouse.
[illegible]-Fohrenbach, ham., 703 a.
Sennheim, v. Cernay.
[illegible], ham., 1308 e.
[illegible], 814.
[illegible], 1812.
Seppois-le-Bas, 672.
Seppois-le-Haut, 673.
[illegible], 12.
[illegible] bei Ste-Barbe, v. Ser-
[illegible] 1389.
[illegible] 1414.
[illegible] v. Servigny-lès-Ste-
[illegible] v. [illegible]

[illegible] ham., 821 e.
[illegible] 628.
[illegible] 1337.
Sierentz, 829.
Sierenz, v. Sierentz.
Siersthal, 1555.
Sieweiler, v. Siewiller.
Siewiller, 222.
Sigach, v. Sey-Chazelles.
Signarshofen, v. Semécourt.
Sigolsheim, 873.
Silberloch, hor., 903 a.
Silbernachen, v. Servigny-les-Raville.
Sillegny, 1389.
Sillers, v. Silly-sur-Nied.
Sillingen, v. Silly-en-Saulnois.
Silningen, v. Sillegny.
Silly-en-Saulnois, 1350.
Silly-sur-Nied, 1351.
Siltzheim, 293.
Silvange, ham., 1301 a.
Silzheim, v. Siltzheim.
Sindelsberg, ham., 265 e.
Singling, vil., 1547 b.
Singrist, 272.
Sirène, mais., 728 e.
Sitifort, colonie, c. de Walscheid, 1523 g.
Stifort, ham., c. de Harreberg, 1506 a.
[illegible], ham., 1611 a.
Solbach, 156.
Sollbach, fermes, c. de Ste-Croix-aux-Mines, 892 a.
Solberg, ferme et mais., c. de Munster, 708 l.
Solberg, mais., c. d'Eschbach-au-Val, 700 e.
Solgen, v. Solgne.
Solgne, 1391.
Sondernach, 709.
Sondersdorf, 648.
Soppe-le-Bas, 917.
Soppe-le-Haut, 918.
Sorbach, v. Sorbey.
Sorbey, 1252.
Sotzeling, 1104.
[illegible], 1556.
Souffelweyersheim, 443.
[illegible], ham., 443 e.
Soufflenheim, 70.
Soultz (Haut-Rhin), 785.
Soultzbach-les-Bains, 710.
Soultzeren, 711.
Soultz-les-Bains, 126.
Soultzmatt, 775.
Soultz-sous-Forêts, 394.
[illegible], [illegible], 1092 h.
Sous la Petite Forge, ham., 1594 d.
Sparsbach, vil., 165 a.
Spangen, v. Pange.
Spechbach, 245.
Spechbach-le-Bas, 563.
Spechbach-le-Haut, 564.
[illegible], ham., 1516 b.
[illegible], ham., 282 h.
Spicheren, 1197.
Spichern, v. Spicheren.
[illegible], mais. et [illegible], [illegible].

[illegible], fermes, 880 e.
[illegible], fermes, 708 l.
Spittel, v. L'Hôpital.
[illegible], ham., 1635 a.
Staffelfelden, 900.
Stahlheim, v. Amnéville.
Stambach, ham., 257 a.
Stampf, mais., 1463 q.
Stampoumont, ham., 140 e.
Station Pommérieux-Verny, mais., c. de Pommérieux, 1381a.
Stattmatten, 71.
Staufenberg, ham., 250 f.
Steige, 371.
Steinbach, cant. de Cernay, 901.
Steinbach, vil., c. de Guéblange-lès-Sarralbe, 1255 e.
Steinbach, ham., c. de [illegible], 154 h.
Steinbach, ham. et asile dép. d'aliénés, c. de Sarreguemines, 1574 b.
Steinbacherhof, ham., 210 a.
Steinbiedersdorf, v. Pontpierre.
Steinbourg, 310.
Steinbrunn-le-Bas, 840.
Steinbrunn-le-Haut, 841.
Steinburg, v. Steinbourg.
Steinmauer, mais., 712 l.
Steinseltz, 538.
Steinselz, v. Steinseltz.
Steinsoultz, 674.
Steinsulz, v. Steinsoultz.
[illegible], mais., 1397 a.
Stemlisberg, ham., c. de Breitenbach-Haut-Rhin, 699 e.
Stemlisberg, mais., c. de Luttenbach-près-Munster, 704 g.
Stephansfeld, mais. de santé, 379 a.
Sternenberg, 616.
Stetten, 842.
Steye, mais., 807 e.
[illegible], ham., 921 f.
Stieringen-Wendel, v. Stiring-Wendel.
[illegible], mais., 908 a.
Still, 124.
Stimbach, ham., 892 p.
Stiring-Wendel, 1198.
Stockbronn, ham., 1526 e.
Stockenmatt, cité, 232 a.
[illegible], ham., 909 f.
Stoncourt, vil., 1256 e.
Stondorf, v. Villers-Stoncourt.
[illegible], v. Storckensohn.
Storckensohn, [illegible].
[illegible], ham., 1517 h.
Stossweier, v. Stosswihr.
Stosswihr, 712.
Stotzheim, 308.
[illegible], 478.
Strueth (H.-Rh.), 676.
Strueth, ham., c. de Kingersheim, 847 a.
Strueth, ham., c. de [illegible], 997 f.
Strueth (B.-Rh.), 206.
[illegible], ferme et hôtel, 151 e.
Stuckange, vil., 1687 a.

TABLE DES MATIÈRES

www.ingramcontent.com/pod-product-compliance
Ingram Content Group UK Ltd.
Pitfield, Milton Keynes, MK11 3LW, UK
UKHW021109260726
13994UKWH00002B/810